完全解読 ヘーゲル『精神現象学』

竹田青嗣
西 研

講談社選書メチエ
KODANSHA SENSHO MÉTIER
402

目次

はじめに

竹田青嗣

哲学者の主要著作を〝完全解読〟するという試みの結果については、いろんな考えがありうると思う。文学テクストの完全解読などというものがあるとすればかなり滑稽なことだろう。哲学の解読も一つの解釈を出ない以上、これに類するものと考えることも可能である。しかし、もし現在、長い歴史をもつ哲学の知の意義と価値が大きな誤解にさらされ、ごく少数の専門家の間での〝謎解き〟の対象にすぎぬものと見なされて、一般の人間の世界と生の知見からまったく分離されたところで囲い込まれている状況が存在するとすれば、あえて危険を犯してこのような試みを行なう価値はあるように思う。

現代は、反哲学の時代である。コントを出発点とする近代実証主義（社会学を含む近代の社会科学）、マルクス主義、プラグマティズム、現代言語哲学（分析哲学）、現代思想、これらが一九世紀の半ば以降現われた「近代哲学」への批判思想だった。この流れはもちろん現在も続いている。この流れの中で、現在中心的に流通しているのは、哲学は「形而上学」にすぎないとする誤った批判か、あるいは逆に、哲学は形而上学の場所に棲息するほかはないという衰弱した観念のいずれかである。われわれの考えからは、双方ともに哲学の理解としては恐ろしくゆがんだものというほかはない。そこで、われわれは、これを一般の人々の判断にゆだねようと考えたのである。

＊

『精神現象学』

この完全解読の仕事をヘーゲルの『精神現象学』からはじめる理由は、ここには近代哲学の知のもっとも重要な精髄が存在すると考えるからだ。

一般的には、ヘーゲルは近代哲学の完成者にして最大の哲学者であると言われている。だがそこには同時に、ヘーゲルは、近代観念論哲学、そして主観主義的形而上学の完成者であるという負の評価も含まれている。

じつは、わたしと西研もまた、ほぼ右のような想定から、ヘーゲルの徹底的な解読と批判を目標として解読をはじめたのだった（一九九五年前後）。しかし読み進むうちに、われわれの想定は完全に逆転されていった。すなわち従来の一般的なヘーゲル評価とはまったく逆のヘーゲル像が浮かび上がってきた。われわれの理解からは、むしろヘーゲル的な思想の観点と方法が、近代実証主義の素朴客観主義や、マルクス主義の決定論や、分析哲学およびポスト・モダニズム思想の方法的相対主義の限界に対する、最も本質的な批判となっているのである。

このことはわれわれを少なからず驚かせた。しかしもっと決定的なことは、ヘーゲル哲学の根本性格についての像がわれわれの中で百八十度転回されたことである。

＊

われわれがはじめに持っていたヘーゲル批判のポイントは、第一にスピノザを継承した有神論的世界体系理論の完成者であること。これはヘーゲルが、「世界とは一体どのような存在であるか」という問いに対して精緻な理性的推論によって答えようとする、典型的な形而上学的哲学者であることを意味する。そしてまさしくヘーゲルはそのような体系を打ち立てていた。第二にヘーゲルは、「国家」を「人倫」原理の担い手として個人的「自由」の上位におくことで、近代ナショナリズムのもっとも強力な哲学的擁護者であるということ。これも「国家」を「市民的自由」の上位に立つ「人倫」原理とみなしているという点では、その通りである。

つまり、この二つのヘーゲル批判の論点はそれ自体誤解ではない。しかしわれわれの見解は、この批判の観点によって、ヘーゲル哲学のもっとも重要な核心点が完全に覆われてきたというものにほかならない。

ヘーゲル哲学の決定的に重要な核心点は、ふたつ。

第一に、「近代」とは何か（人間の「歴史」とは何かを含む）という問いに対する哲学的な解釈論、つまりきわめて卓越した歴史哲学。そしてこれは、とうぜんながらヘーゲル独自の近代社会の本質論、つまり社会哲学を導いている。

第二に、ここから近代的人間の本質論、そして人間存在の本質論が導かれている。それは主として、人間関係の哲学的原理論として打ち立てられている。

重要なのは、ヘーゲルではこの二つの領域、社会哲学と人間本質論とが、完全に有機的な形で結合されている、言いかえれば人間本質論がまさしく社会理論の基礎をなすという仕方で両者がリンクされている、という点である。

＊

われわれは十数年にたわるヘーゲル講読を通して、このヘーゲル思想の基軸とその連繫を十分に理解したと考えたが、するとまた、このヘーゲル的観点と方法が、本質的に、近代実証主義（近代の社会科学）、マルクス主義、分析哲学、現代思想がもつ人間思想、社会思想としての限界を超え出るものであることを理解せざるをえなかった。

もういちど言うと、ヘーゲル思想の主線は、象徴的に言えば、まず人間本質論つまり人間的欲望の本質論がおかれ、ここから人間関係の本質論が立てられ、さらにこれが歴史論に展開され、そして近代社会の基本理念に達するという仕方で進んでいる。この「本質論」はヘーゲル独自のものであるが、また哲学の方法に独自のものでもあり、近代の実証主義（マルクス主義を含む）や論理相対主義による批判理論（分析哲学や現代思想）とはまったく方法を異にしている。

われわれはそれぞれこれをヘーゲル論としても提示した（西研『ヘーゲル・大人のなり方』（NHKブックス）、竹田『人間的自由の条件』（講談社）、『予言するヘーゲル』（ちくま新書　近刊予定））。しかし何と言っても、ヘーゲルがほんとうにそのような説を提示しているのかどうかふつうには判読不可能である。そこで、一般の読者の理解と判定にこれを委ねたいと考えたのである。

＊

ヘーゲルを少しでも読んだことのある読者は、その異様なほどの難解さに驚いた経験があるに違いない。なぜこれほどヘーゲルは難解なのか、そしてヘーゲルを解読するためにどのような方法があるのかについて少し示唆しておきたい。

ヨーロッパ哲学が突然難しくなったのはやはりカントからである（『純粋理性批判』）。そのあと、ドイツ観念論哲学はたちまち抽象語と概念語だけでできた隠語のような文章になり、どれだけ難解に書けるかの競争のようになった感がある。当時の大学生は人口の数パーセントにすぎなかったろうから、普通の人に理解できる配慮の必要がなかったこともあるだろう。

ヘーゲルでは、これに加えてヘーゲル自身が作り上げた独自の話法、文法がある。そして、自分の説を展開してゆくのに、すべてをこの自分だけの話法＝文法に折り込んで語る。だからヘーゲルを読むには、いわゆる〝ヘーゲル語〟に一定習熟しなければならない。このやっかいな話法・文法は『大論理学』で詳細に展開されているので、ヘーゲル語になじむには、『大論理学』（や『小論理学』）を読んでおく必要がある。ところがこの『大論理学』がまた『精神現象学』に輪をかけて難解ときている。

というわけで、われわれも『精神現象学』を解読するために、結局、『大論理学』、『宗教哲学講義』『歴史哲学』『哲学史講義』『美学講義』など、ヘーゲルの主要な著作を回り道して読むはめになった（わたしの考えを言うと、『大論理学』は哲学としてはもはやほぼ使い道がなく過去の遺物であるし、『宗教哲学講義』や『歴史哲学講義』はばかげた神学体系で、そこから哲学の精髄を取り出すことはほとんどできない。根っからのヘーゲル学者になろうとするのでなければ、すべて『精神現象学』の注釈くらいに考えていい）。

ともあれ、そういうわけで『精神現象学』は直接読もうとしても無理で、必ず一定のツールが必要なのである。

＊

まず、かなり多岐にわたる重要なヘーゲル語（概念）を理解しておく必要がある。たとえば「概念」という言葉は、単なる概念の意味で使われる場合から、運動否定を積み重ねて矛盾を統合してゆく運動の本質としての「概念」までいくつかのニュアンスがあり、場合によってそれを読み分けねばならない。ふつうわれわれが使う「本質」は、ヘーゲルでは「本質」「概念」「理念」というより高次の審級をもっている。弁証法も、普遍性――特殊性――個別性という類型だけでなく、特殊性――個別性――普遍性、あるいは普遍性――個別性――その統合といった類型としても使われる。

そういうわけで、ヘーゲルを読むには、余計なヘーゲル語法をいわば小骨を取り分けるように横に取り出しつつ進む、という作業がどうしても必要となる。この完全解読と『精神現象学』を併読するなら、その処理作業のツボが必ず理解できるはずである。

＊

われわれの立てた方針は、元のテクストの難易度を、多少哲学に興味のある大学生ならまず誰でも読めるほどのところにまで解読するというものだった。電車の中でも、ソファに寝ながらでも読めるはずである。途中で多くの概念や論理にひっかかるとは思うが、通読すれば必ずヘーゲル思想の全体像をつかめるように配慮してある。

しかし、一つ重要なことは、先にも述べたように、本来、哲学のテクストに〝完全解読〟というか客観的な解読というものはありえないということだ。そこで、この〝完全解読〟は、隅から隅までという意味でも、ヘーゲルの意を完全に〝翻訳した〟というのでもない。むしろ、逐語的には、単純な誤読もあるだろうし、もっと適切な理解を見出せる箇所も多くあると思う。

しかしわれわれがこれを〝完全解読〟としたのは、ヘーゲルを詳細に講読するうち、われわれの中にヘーゲル理解の一つの一貫した観点が成立し、全体としてこの書に謎めいたところがなくなり、いわば霧が晴れたように『精神現象学』のエッセンスを捉ええたと感じたからである。この感覚がなければわれわれはこの〝解釈〟、〝翻案〟を、「完全解読」と名づけることに大きな躊躇をもっただろう。

これをもう少し具体的にいえば、『精神現象学』のテクストは、歴史哲学（歴史の意味本質の解釈）、人間精神の本質論、近代社会の基礎理論、宗教理論、そしてヘーゲル独自の世界存在論といった要素が絡まりあって一本の縄としてあざなわれている。われわれはこれらの諸要素のそれぞれの核心を理解し、またこの絡み合いから現われるヘーゲルの思想動機というものを理解できたと考えた。そしてそこにわれわれは「哲学」という方法原理の新しい希望と可能性を見出した。まさしくこのことが、われわれに〝完全解読〟といういわば常識はずれの作業を促したのである。

＊

そんなわけで、この〝完全解読〟は、基本的には西、竹田による一つのヘーゲル解釈であり、ヘーゲル論でもある。あるいはまた、一つの一貫したヘーゲル理解が成立しなければ、このような〝解読〟はそもそも可能ではなかったろう。しかし、そうはいってもわれわれは、この解読が哲学のテクストを読むという行為のエッセンスを損なわないように最大限の配慮を払った。

ヘーゲルのテクストをもっと平易にかみ砕くこともできたし、たとえばまた、もっと多くの注をつければ理解としてはさらに平明になったはずだ。しかしこれについては一定のバランスが保たれていると思う。つまり、解読文はかなりの程度ヘーゲルの文脈と語法を残しており、〝解読〟を通読することを通して、誰でもヘーゲル思想から自分なりの理解と解釈を取り出せるようになっているはずである。

＊

この解読は二人による執筆だが、べつべつのものではない。われわれは『精神現象学』の主要部分を、この一〇年ほどの間に、おおまかに言って三度一緒に講読した。二人の考えはそのつど相互に触発しあい補いあっているので、ほとんど区別できないほどになっている。この意味で、この解読は、西と竹田による共解釈と言えるように思う。しかしまた、それぞれが受け持つ部分は明確に分かれているので、二人の個性や重点の違いも読み取れるはずである。

『精神現象学』は「序文 Vorrede」、「緒論 Einleitung」そして本論へと続いている。序文のマニフェストもよく知られているが、方法論上の指針としては「緒論」がはるかに重要なので、ここでは序文は省き緒論から始めたことを断っておく。

最後に、解読の作業は、多くの先人の仕事に大きな恩恵を蒙っている。ここですべてをあげることができないが、まず四人の『精神現象学』の訳業がある。金子武蔵氏、樫山欽四郎氏、長谷川宏氏、牧野紀之氏。これらの先人の大きな仕事がなければ、われわれはとうてい現在の一貫したヘーゲル理解に達することはできなかった。ほかにイポリット、コジェーヴ、フィッシャー、加藤尚武氏といった人々のヘーゲル理解からもつねに大きな示唆を受けたことを記しておく。

＊

ヨーロッパの知の歴史の中で、「哲学」という独自の方法とその本質的動機は、さまざまな事情によって、この一世紀のあいだ知の地平から姿を消していた。われわれの時代の課題は大きく重い。哲学の本質的思考は、この課題を切り開く新しい一歩になるかも知れない。われわれは『精神現象学』の哲学としての精髄をもう一度一般の読者の前におき直し、その判断に委ねてみたいと思う。

【凡例】

＊用語は基本的に金子武蔵訳に対応させた。

＊（⇒は解読者の補説）

＊解読度を【A】詳細解読、【B】要約的解読、【C】簡潔解説解読、【D】概説、に区分した。ただし、解読の詳細さには多少ばらつきがある。

＊各章の冒頭には「章頭解説」をつけた。

＊『精神現象学』本文からの長い引用は『　』で括り、ホフマイスター版（第六版）と大全集版の二つの原書頁をつけた。区別のために前者をイタリックにしてある。

例：『およそ経験のなかにないものは、なにものも知られない』（*558*, 429）

なお、金子武蔵訳の頁の上方にはラッソン版の原書頁が記載されているが、これはホフマイスター版とはほとんど変わらないので、ホフマイスター版の頁によって金子訳を参照することができる。また訳文に関しては、金子訳を参照しつつ西が手を加えた。

ヘーゲル『精神現象学』

緒論【A】

〔一　絶対者のみが真なるもの、真なるもののみが絶対〕

哲学において、真に存在するものを認識するに際して、まず「認識」（あるいはその認識方法）について厳密に研究しておく必要があると考える（表象する）のは自然なことだ。このときわれわれは認識を、それを通して「絶対的なもの」（絶対者）を捉えたり見たりする「道具」や「手段」と考えている。ある認識方法がその認識対象に適切かどうか、また、認識一般が何らかの限界を持つのでないかといったことを確定しておいてはじめて、正しい認識に到達しうる可能性が現われる、とわれわれは考えるからである。

じっさいこの憂慮は、「認識」と認識されるべき「絶対者」たる対象そのものとの間には、決定的な境界がある、という考えを生みだしてきた（⇒カントの「物自体」などを指している）。すなわち、認識が「道具」だとすれば、それは対象そのものを加工することによって変形してしまうし、また認識がなにか受動的手段（媒体〈＝媒質〉）で、それを通して真理の光を見るといったようなものだとしても、その場合でも、この真理は媒体を通して見えたもので真理自体ではない、というわけである。いずれにせよ、認識をそのような「道具」や「手段」と考える限り、われわれは「対象そのもの」には到達できないという議論にゆきつく。

これに対して、道具の働き方（作用）をしっかり把握しておきさえすれば、この難点は克服できるのではないか、という説もある。われわれに見えたものからいわばこの道具の作用を差し引けば、「対象それ自体」が残される、というわけだ。しかしそんなことは錯覚で、形成されたものから道具の作用を差し引けば、はじめに手にあったものが残されるだけだと言うほかはない。

そこでまた、認識は「鳥モチ」のようなもので、「対象そのもの」を変形せずそれをただ手元に引き寄せるだけである、という考え方も現われる。しかしそんな言い方は、結局、認識の正当性といった問題を言葉の上で回避しているだけで、捉えられるべき絶対者がいるとしたら嘲笑するに違いない。また認識を「媒体」と考え（表象し）、それは真理の光線を屈折させるものだから、その屈折のあり方を差し引けばよいといった考えもあるが、これも無意味であることはさきに触れたとおりだ。

このように認識問題についてさまざまな議論があるわけだが、一方で学的な認識が（自然科学の形で）現に立派に成立していることを考えると、こういった議論はすべて学（科学）に対する不信を意味することになるが、そもそもなぜこのような「不信」自体に疑義が呈されないのだろうか。

認識に対するこの不信や恐怖にはそれなりの理由がある。まず認識と観察主体であるわれわれとを切り離し、認識を「道具」や「媒体」であると表象した上で、一方に対象である「絶対的なもの」を置き、もう一方にそれと分離した形で「認識」を置く。まさしくこのような認識と認識対象の絶対的な分離の考えこそ、認識への憂慮、恐怖の考え方が生じる原因なのだが、これは「誤謬に対する恐怖」（間違うことへの恐れ）というより「真理に対する恐怖」（真理をつかむことへの恐れ）と言うのが適切だろう。このような結論は、**『絶対者のみが真なるものであり、言いかえると真なるもののみが絶対である』**（65. 54）（⇒認識はこの「絶対的なもの＝真」を捉えうるか、捉ええないかのどちらか）という考え方から出てくるのである。

これに対して、ある認識は必ずしも「絶対者」（⇒ドイツ観念論では、「絶対者」は世界の本体＝至上存在＝神を示唆し、認識論の最終目的はこの「絶対者」の認識ということに擬されている）の認識でなくて

『精神現象学』

も「真」でありうる、という考え方をとるなら、あるいはまた認識は、絶対者の把握にはいたらないが、一般的な事物の認識としては可能である、という考えをとれば、上のような結論は否定される。ともあれ、次第に明らかになるが、このような認識問題にかんするさまざまな議論は、「絶対的に真なるもの」と「相対的に真なるもの」との区別がまだあいまいにしか把握されていないために生じているものにすぎない。これまで論者たちが「絶対者」とか「認識」などと呼んできた語は、まだ深い概念規定を得ていないのである。

〔二　現象知叙述の要〕

こうして、認識を「道具」や「媒体」と考える（表象する）ことからくるさまざまな議論は、総じて無用のものである。「認識」と「絶対者」（認識されるべき絶対的対象）の完全な分離が、そのような「表象」に由来している。だとしたら、そのことから現われている難問に解答を与えようとする努力自体、無駄なものではないだろうか。そこで使われている「絶対者」「認識」「客観的」等々の言葉は、十分検討されたものと言えないし、そういった「表象」にすぎない考えは、「真の学」（真なる哲学、暗にヘーゲル自身の哲学を指している）が登場したあかつきにはすぐに消え去ってしまうだろう。

だが、真の学が登場してくるといっても、それは他のさまざまな「知」のありかたと並んで現われるわけで、すぐさまその学の優位性が明らかになるわけではない。真の学が己れの存在にかけて、自分こそ「真」であると断言しても、他の知にも同じように「断言」することの権利があるわけだから、互いに相手を現象にすぎないと言いあうわけで、そのことでは自己の真理性を主張できない。

重要なのは学はこのような「仮象」から自由になろうとするが、そのためにはまずこの「仮象」に立ち向かわなくてはならない、ということだ。ある学が、他の知を蒙昧として自己の独自性を「断言」しても無意味であるし、もう一方で、真実に達していない知が自分のうちには「より善き知への予感」がある、などと主張することも不毛である（⇒金子注では、ここはフィヒテ哲学とシェリング哲学が想定されている）。いわば一方は存在自体に訴えるが、一方は己れ自身に訴えており、つまり、己れの真のありかた（即かつ対自的ありかた）に訴えるのではなく、まだ十全とは言えない「己れの現象」に訴えているにすぎない。

ともあれ、このような事情から、われわれとしてはまず「現象知の叙述」をこそ必要としていると言わねばならない。

〔三　叙述の方法〕

〔一　進行の仕方と必然性〕

『精神現象学』は「現象する知 das erscheinende Wissen」だけを対象とする。だからそれは、いわゆる学問固有の形をもつ自由な学とはちがったものになるだろう。「われわれ」の立場からは（⇒ヘーゲルは自分の哲学的観点を、意識経験のプロセスを経た自覚した立場として、しばしば、「われわれの立場からは」、あるいは「われわれにとって」は für uns という言い方で示している）、ここでの叙述は、自然な（素朴な）意識が、徐々に真実の知にまで高まって行くその全道程をくまなく描くものだと言える。言い換えれば、「魂」が自分の本性にしたがって自己自身の可能性をすべて経験してゆくことで、本来的な自己了解にまで到達し、そのことで、（全体としての）「精神」にまでいたるその道程を描くのである。（『**言いかえると、魂（ゼーレ）が己れの本性によって予め設けられている駅々としての己れ**

の一連の形態を遍歴して行き、己れ自身をあますところなく完全に経験し、己れが本来己れ自身においてなんであるかについての知に到達して、精神（ガイスト）にまで純化させられるさいの魂の道程であると、この叙述は見なされることができるのである。』(67, 56)

このプロセスをへてのち、自己意識ははじめて自分の知が真のものでなかったことを知るのだが、素朴な意識ははじめはそのように思わないため、この道程は否定的なものに見え、また自己喪失的な事態としても現われる。つまり自己意識にとってこの道程は、自己の真理（であること）を喪失するプロセスでもあり、だから懐疑や絶望の道程として現われる。

このプロセスでは、獲得されたどんな知も「じつはそうでなかった」という事態が繰り返し反復されるため、この意味で一つの徹底的な懐疑主義の道程であると見えるのだ。真理と学とに対する熱い思いが、しばしばどんな権威にもよらず一切を自分で吟味しつくそうとする決意の形を取るが、しかし真理への道は、むしろ懐疑の真なる徹底を必要とする。この一切の既成の権威を排して内的な確信だけに依拠しようという決心は、そのことだけでは学の真理性を保証しえない。むしろそこにはしばしばうぬぼれがつきまとう。

こうして真の学たるためには、そのような決心だけではなくむしろ独自の真なる方法が見出されなければならない。すなわち、まだ仮象の真理に囚われている意識が自己を高めてゆく諸段階（諸形式）を余すところなく記述してゆき、それらが真の認識へと高まる展開のプロセスをすべて把握したときはじめて認識の最高の実が示される、といった方法が必要なのである。

だから、素朴な仮象の段階の認識のありようを叙述することは、決して単に否定的運動を描くということではない。たしかに人間の自然な意識として、ある認識がじつはそうでなかったという経験が繰り返されると、必ず「懐疑主義」といったものを生み出さざるをえない。懐疑主義は、「結果のうちについに純粋な無」(～でなかった。確実なものはなにもない)だけを見ようとするのだが、じつはその「無」と見えること自体が、ある「真実」の所産なのである。

懐疑主義はこの「無」という結果にぶつかってそれ以上進むことができなくなるのだが、この無という結果を「限定された否定」と受け取るなら、じつはこの否定のうちに自ずと「移行」(現象の進展)が生じており、そこに新しい事態への展開の道が開かれていることを知るはずである。

このような知の展開にとってその「目標」もまた明らかであって、それは『**概念が対象に、対象が概念に合致するところ**』(69, 57)にある。だから目標までの進行は休みなきもので途中で満足することは許されない。

自然な生命は自分の規定性を超えて進むことはできないが、人間の「意識」は、「対自的に己れの概念」でありうるという本質をもっている(つねに自分の存在を対象化できるという本質をもつ)。だから比喩的に言えば、自己意識においては、個別的なものと「彼岸」という二重の視点がつねに同時に措定されている(⇒自己自身にとって、と、対象的、客観的観点という二重の視点。いわば実存的視点と客観的視点)。このため自己意識は決して自分の意識のあり方に閉じこめられず、そこに現われた矛盾をつねに超えていこうとする本性をもつ。そしてこのことのうちに、意識が自己の世界経験を展開し、徐々に高度な場面へと移行していく原理が存在するのである。

たしかに、意識は自己の喪失を恐れる「不安」から「真理」へ近づくプロセスを断念することもあるし、また、「虚栄心」から、自分が現在もっている「真理」こそが最高のものであると見なして、つぎの地平へ進もうとせずこれに固執するということもある。しかしそれは単に「自己満足」と言うほかない。意識そのものの本性は、必ず自己の内的な矛盾をバネとして自らを最後の「目標」にまで展開してゆく力をもつのである。

〔二　知と真〕

学の進行の仕方とその必然性について述べたが、またそれによって、いかに真の認識が実現されてゆくかという方法の原理についても述べよう。

この叙述は、「学が現象知に関係すること」と考えられるし、また「認識の実在性を吟味すること」とも考えられるが、この場合、吟味の「尺度」（規準）というものが問題となる。何かを吟味するとは、ある尺度を対象にあてがって測ることだが、このとき尺度と対象との「等、不等」が、つまり認識と対象とが一致するものかどうかが問題とされる。学がひとつの尺度だとすると、そういう意味で学の正しさが問われるからだ。

われわれの学はまだ出発したばかりで、その方法も十分明らかになっていないから、それが尺度としての正しさを持つのかという疑問が当然生じてくるだろう。だが、この問題（尺度と対象とがほんとうに一致しているのか）という問題については、「知 Wissen」と「真 Wahrheit」という二つの契機をおいてこれを考えれば、上に見たような難問も克服することができる。すなわち、

①まず、**『意識は或るものを己れから区別すると同時にこれに関係しもする』**（70, 58）。この「関係すること」を、ふつう対象が「意識に対してある」と呼び、またこの関係のあり方を「知」と呼ぶわけである（対他存在＝「知」）。

②だがまた、われわれはこの「対他存在 Sein für ein anderes」とは別に、「自体存在 das

Ansichsein」なるものが存在すると考える（「自体存在」は「即自存在」とも訳されるが、基本的に同じ意味）。そしてこちらを「真」と呼ぼう（自体存在＝「真」）。

さて、われわれの認識の営みは、「知」が「真」に一致するかどうかを探究するわけだが、するとまず自分の「知」（認識）がどのようなものかを吟味しなければならない。だがこのとき、「知」はわれわれにとっての対象なのだから、そこでつかまれたものは、あくまでわれわれにとっての「知」でしかないことになる（認識はあくまで「主観的」だから）。すると、結局われわれは、「知」と「真」とが（主観と対象〈客観〉）そのものとして一致しているかどうか、決して調べられないことになる。これがいわゆる「認識問題」の核心的な難問である。だが、つぎのように考えれば困難は解決する。

われわれは「知」と「真」との「一致」を問題にしたが、「知」はどこまで行っても主観的なものであるため、これを自体存在としての「真」と比較しえないと考えた。だが、重要なのは、よく考えれば、この「知」と「真」という区分自体がわれわれの「意識」の中で生じている、という点だ。

さらに詳しく言えばこうなる。要するに、意識は、ある対象の意識にとっての存在仕方を「知」と呼び、しかしまた対象それ自身としての存在仕方を想定してこれを「真」と呼んでいるのである。この場合、「知」のほうを概念と呼び「真」のほうを対象と呼んでもよいし、また逆に「真」を概念と呼び、「知」を対象と呼んでもよいが、いずれにせよ、吟味とは、「対象」と「概念」が一致するかどうか、を問うことである。そして重要なのは、この「概念」と「対象」という両契機がともに、『**我々の探究する知ること自身のうちに属しており、したがっていろんな尺度を我々が持ちこんだり**（中略）**する必要はないということ**（*71f.* 59）』である。

このことが意味するのは、まず、尺度もそれによって吟味されるものも、ともにじつは意識のうちにあるものだから、前に見たように、認識方法（尺度）の正当性（その一致の可否）をあれこれ考えたりする必要はないということだ。言い換えれば、いわゆる「認識問題」の難問は仮象の難問にすぎないのである。

要するに、「対象」（自体存在＝真）という契機と「概念」（対他存在＝知）という二つの契機が意識に与えられているのだが、この両者は、絶対的に分割されているものではなく双方ともじつは「意識の対象」にほかならない。だから意識は、この二つの自己の契機を対比しながら吟味を進めてゆくことができるし、またそれ以上の吟味の尺度を外から持ち込む必要はまったくないのである。

このとき、重要なのはつぎの点だ。意識は「知」を「真＝対象」に一致させようとして自分の「知」のあり方を変える（ああ、あれかと思ったらこうだった）。この場合、「知」の契機だけが変化したように思えるが、「知」は「対象の知」であるから、このとき当然「対象」自身も変化しているといえる。

こうして、意識は、はじめ「自体」（そのもの）と思っていたものが、ただ「己れに対して自体的であったにすぎなかった」ことに気づく。このようにして、われわれの意識のうちの「知」と「真」の契機は、こもごも、より高次のものへと展開されてゆく。認識の営みのこのような原理を把握するなら、われわれは、従来の「認識能力」という尺度の正しさ自体を問題にする「認識問題」のありよう自体が誤ったものであることを理解できるはずだ。

（⇩）ここは、精神現象学における「認識論」の核心部分。

ヘーゲルは「客観」―「主観」（世界―意識）という対立項的図式を、〔意識（知―対象）〕という意識一元論的図式に変更することで、認識能力の厳密な批判（カント）という難問を克服しうる、と考えた。フッサール現象学との大きな共通項である。

フッサールはいわば方法的独我論によってこの「一致」図式を克服するが、これも意識一元論と言える。フッサールの図式は、〔主観↔客観〕→〔意識（主観＝現象↔客観＝確信の構成―確信の構成＝客観）〕という形になっている。認識問題を解く方法として、この観念論的還元は必須であり、これ以外の方法は、厳密真理主義またはその逆に相対主義にゆきつくことになる。

〔三　**経験**〕

こうして意識は自己のうちで、知と真（対象）についての弁証法的運動を行うが、それが意識にとって新しい「真」をもたらすかぎり、この運動は「経験」と呼ばれる。この経験の運動をさらに詳しく検討しよう。

まず、意識がある対象を知る。この対象ははじめの「自体」（ある何かそれ自体）である。しかしこの「それ自体」は、また意識にとっての「ある何か」＝対象でもある。したがって、意識はここで二つの対象をもつことになる。第一に「最初の自体」（対象それ自体＝「真」）、第二に「意識にとってのその自体」（意識にとっての対象＝「知」）。

つまり、このとき第二のものは、対象それ自体の「表象」ではなくて、意識の自己反省によって生じた「意識にとっての対象」の表象にすぎないように見える。しかしさきほど見たように、意識経験においては、この意識にとっての対象が自分にとっての「自体」となる。つまり「（新しい）自体が意識に対して存在すること」が新しい「真」となっている。

経験をこのようなプロセスと考えると、ふつうの「経験」という概念とは食い違う面が出てくる。つまり一般には、認識の経験とは、あくまで「真」なるもの（「即自かつ対自的に存在しているもの」）をあるがままに正しく把握することだと考えられているから、はじめの「真」が意識において変化するというのはおかしな言い方に聞こえる。しかし、これはあくまで、対象と認識とを絶対的に区分する素朴な意識にとってそう見えるということにすぎない。だからそこからしばしば懐疑論へ陥るということもおこるのだ。

この（懐疑論の）意識では、自分の「知」がもともとの「真」と完全な一致を得ないという経験を繰り返すことで、そこに「無」（⇒非真理＝じつは違っていた。あるいは決定的な答えが出ない）だけを見出すことになるのだが、さきに述べたように、この「無」は経験の展開の必然的な一経緯であって、決して無意味なものではない。

これに対して、われわれの観点、つまり意識経験の観点からは、はじめに「真」と思われたものはそれについての「知」となるのだが（**『自体が自体の意識に対する存在と成る』**（74, 61））、まさしくこの「知」こそ新しい「対象」（新しい真）を形成していると見なされる。そしてこの「新しい真」に対応してまた新しい「知」の意識が生じてくる、という具合なのである。

（⇒）ここの文脈はかなり煩雑だが、要点は以下のとおり。意識がある対象を知るとき、ふつうは一方に「対象自体」があり、意識の側では「意識にとっての対象」をもっている、と考えたくなる。しかし意識にとってはそうではない。意識が対象を経験してゆくとは、対象についての、ああこういうものだったかという新しい発見が重なることであり、このとき、意識にとっては「真なる対象」と考えられるものが意識のうちで変化していく、と考えればよい。つまり意識は「自分にとって対象」をより「真なる対象」として経験してゆくのである。これにかんしては次の図を参照のこと。

ちなみに、フッサール現象学では、現象〈現われ〉の絶えざる変化が、「知＝確信」のあり方を少しずつ変化させてゆく、あるいはより充実したものへと信念が変様してゆく、という言い方になる。

この展開の必然性そのものは、いわば意識の背後に隠れている。経験そのものに没頭している意識には、なぜ「新しい対象」が前のものから生じてくるのかは理解されない。それを理解するのは「われわれ」の観点（この展開の進展を形式的に取り出す哲学者の観点）だけであり、だからこそ、この意識経験の道程の必然性を描くことが「学」であり、また「この道程は意識の経験の学である」と言えるのである。

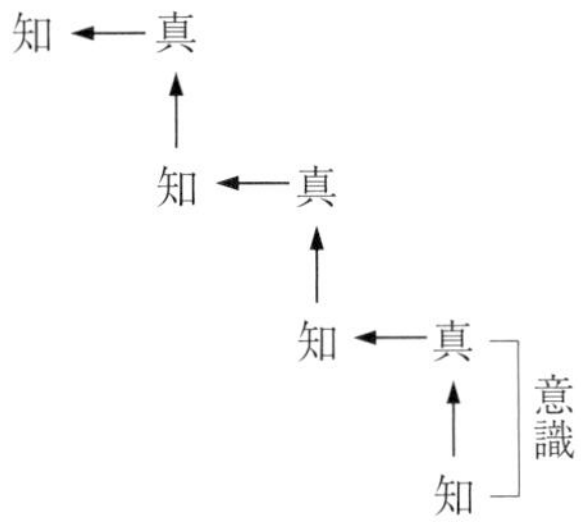

知と真の図

こう考えると、意識だけが世界を「経験」するのだが、また、意識はこの展開の必然性以外の仕方では決して世界を経験できないと言える。だから、「この経験は精神の真理の全領域を含む」。だがまたその経験の諸契機は、決して「抽象的な純粋な諸契機」ではない（⇒これはおそらくフィヒテ的「思弁」のことを指す）。

ここに現われる全体の諸契機はあくまで「意識の諸形態」としてである。こうして意識は経験の進展の中である立場に到達するが、そのとき意識は、単に「他者」として「己れに対してあるもの」に囚われているという外観を克服し、「現象は本質とひとしく」なり、意識の叙述は**『精神に固有の学の立場と一致する』**(75, 62)ことになる(⇒「絶対者」の真なる把握という立場)。**『そして最後に意識自身が**(精神であるという)**己れの本質を把握するときには、意識は絶対知自身の本性を示すであろう。』**(75, 62)

(⇒)ヘーゲルの最後の言葉を要約すると、われわれの経験の進展はついに「本質」と等しくなるまで、つまり世界の「絶対知」、全体的真理と言えるようなところにまで進むであろう、と主張しているように見える。これではむしろヘーゲルの方が「世界全体それ自体」と「これについての経験知」という二項を想定しているではないか、と言いたくなるかも知れない。

しかし、ヘーゲルの体系からは、「世界」は大きな意味で「精神」それ自身であり、したがって「世界」とは精神が経験しているものの一切なので、世界を「実在の全体」とこれに対する「経験の全体」とに対置させる必要はなくなり、「世界経験」の必然性の本質構造と全体構造を把握することがすなわち世界の全体知であるというロジックになる。世界を精神的存在とみなすかぎりではこれは一貫している。

いま現象学的観点からこれを見ると、世界は精神的存在であるというのは、ヘーゲルの時代に共有されていた一つの世界像であり、過剰な推論である。世界が精神的存在であるか物質的存在であるかは、哲学的には原理的に決定できない。それぞれの時代の中で、それについての自然な信憑が生じる。現在では、世界はそれ自体物質的存在として客観存在しその中で人間は精神世界を形成している、という信憑が自然なものになっているが、現象学的には、その正しさではなく、この時代的な信憑の必然性は構造として明らかにすることができる、という言い方になる。

第一章
意識

「意識」章頭解説（西）

◆意識・自己意識・理性

さて、これから私たちは意識のなすさまざまな経験をたどっていくことになるのだが、ヘーゲルは意識のあり方を大きく三つのタイプに分けている。（狭義の）意識と自己意識と理性とである。あらかじめ、それぞれの特質を簡単に整理しておくことにしよう。

①意識――これは「対象」意識とでもいうべきもので、ここでは、意識はもっぱら自分の外にある物体や自然に目を向けて、それらの対象の真理（対象とは真実には何であるか）を求めようとする。もろもろの自然現象を統一的に説明する「法則」を打ち立てようとする科学の態度も、ここに含まれる。この意識の特徴は、対象を意識からまったく独立したもの、とみなしている点にある。

②自己意識――次のタイプが、自己意識である。自己意識は、自分の外なる対象ではなく、もっぱら「自己」を意識する。自己意識は、観察したり思考したりするような理論的態度ではなく、自己の自立性と自由とを実現しようとして他者や自然に関わっていく、実践的な態度をとる。

③理性――最後のタイプが、理性である。理性は対象意識と自己意識との統一であって、対象のなかに自己を見出そうとする意識である。理性は最終的には、社会制度という対象が自分の存在と深く結びついていることを洞察することになる。

一言でまとめるならば、意識は「外なる対象の真理」を、自己意識は「自己の自由」を、理性は

「外なる対象のなかに自己を」求めて進んでいく。つまり、それぞれが目標とするものがちがうのだ。

しかしこれら三つは完全に別々のものではない。意識はその最終局面で自己意識に転換し、自己意識もその最終局面で理性に転換する、というふうに進行していくのである。

◆「意識」章の構成

さて、私たちがこれから読んでいく意識の章は、感覚的確信→知覚→悟性、という順番で進んでいくことになる。この流れについても、簡単にスケッチしておこう。

①感覚的確信――これは最低次の認識である。さまざまな色や形の感覚が豊かに与えられている点ではとても豊かだが、そこに含まれる知としては「これがある」としか言えないような意識であって、きわめて貧しい。

②知覚――次の知覚は、対象を、さまざまな諸性質をもった「物」として認識する。つまり、一つの物（たとえば食塩）について、そこに白や辛さなどのさまざまな一般的諸性質を見出すのである。

③悟性――悟性は、もう目のまえにある具体的な物を対象としない。具体的な諸現象を生み出す〝もと〟になるもの、つまり「力」や「法則」を対象とする。

この歩みの全体の流れは、眼前にある対象を感覚的に捉える段階から出発して、次第に対象と世界とを思考によって再構成し捉え直していく歩み、といえる。そしてこれは同時に、対象と自己とをまったく別々のものと思っていた意識が、自己意識へと転換していく歩みでもある。

悟性の最後において、対象世界の真理だと思っていた自然法則が、じつは、対象世界を統一的に説明しようとする思考の運動であったことがわかってくる。自分が対象の真理と思っていたものは、自己の思考の運動だったのである。それに気づくことによって、対象意識は自己意識へと転換していくことになる。

Ⅰ　感覚的確信　あるいは「このもの」と思いこみ【A】

〔感覚的確信とは〕

最初にすぐにわれわれの対象となってくる知は（最低次の知であるから）「それ自身無媒介な知」、つまりあれこれと反省したり思いめぐらしたりすることなく、感覚をそのまま受け取り確信するような知である。それはまた「無媒介なもの」ないし「存在するもの」の知であって、自分の対象は意識とは無関係にそれ自体として客観的に存在しており、かつ、一切の他の対象とも無関係な独自な個別的なものである、と信じて疑わないような知である（⇒これは具体的には、見たり聞いたりする感覚によって与えられるものをそのまま信じる態度のことだから、感覚的確信と呼ばれる）。意識経験を観察するわれわれも、この知に変更を加えずその知のなす経験をそのままに受け取らなくてはならない。

さて、「感覚的確信 die sinnlichen Gewißheit」の内容はきわめて具体的なので、一見するともっとも豊かな認識であるように見える。感覚の与えるものは時間と空間の広がりにおいても無限に多様であるし、また一片を採って分割していってもたえず新たなものが見つかるからだ。また感覚的確信はもっとも真実なものであるように見える。なぜなら、対象をそのまま無媒介に受け取るだけで、あれこれ考えて対象の姿を歪めることがないからだ。

しかしこの確信はじつはきわめて抽象的で貧しいものにすぎない。なぜなら、それが口に出して言うのはただ「これがある（存在する）」ということだけだからだ。ここでの対象は、さまざまな性質をもった具体的な事物ではなく、ただ「これ」（個別的なこのもの）としかいいようのないものなのである。（⇩というのも、もし確信が対象にさまざまな性質を認めて「赤い」とか「丸い」と口にするならば、そのとたんに、その対象が他の赤いものや丸いものと似ていて、他の青いものや四角いものとは似ていないことを認めてしまうことになる。つまり対象が他のものと関わりをもつことを認めてしまうことになるからだ。しかし確信はそのようなことはせず、感覚の与えてくるものにいわば〝ひたって〟いるだけなのだから、確信はただ「これはある」としかいえないのである。）

この確信においては、意識のほうも「このひと」（個別的なこの私）としかいいえない。なぜなら、この意識は、対象をあれこれ比較したり判断したりするような思考を一切欠いているし、また他人と自分とを比較することもないからだ。このように、この確信がうちに含む対象も意識も、きわめて貧しいものなのである。

〔一　主客の未分離状態〕

（⇩これから感覚的確信が経験することを、最初から段階的にたどっていくことにしよう。感覚的確信の出発点は、感覚の与えてくるものにいわば〝ひたって〟いて言葉を発することもない状態であり、そこでは自我と対象の区別すらもないだろう。）ただ「ある」としかいえないようなこの状態を「純粋存在」と呼ぶならば、そこからはすぐに、「自我としてのこのひと」と「対象としてのこのもの」という二つの契機が離れ落ちてくる（⇒これはいわば〝我にかえった〟状態である。）こうなってみると、自我は対象を通じて「これはある」という確信をもっているのであり、対象のほうも自我によって確信されていることになる。だからじつは、対象も自我も、まったく他から切り離された無媒介なあり方をしているのではないことになる。

だがこれは、あくまでも意識経験を観察するわれわれが見て取ったことにすぎない。確信じしんが経験のなかでこのこと（対象も自我も無媒介な個別的なものではないこと）を自覚していくのでなくてはならないが、そのありさまをこれから見ていこう。

〔二　対象こそが無媒介に存在する、とする立場〕

確信はまず、意識ではなく対象こそが無媒介に存在すると思う。対象は①知られる・知られないにかかわらずそれ自体として存在しており、かつ、②他の対象とも無関係に独自に存在する個別的な「これ」なのだ、と信ずる。対象こそが本質的なものであり、意識のほうはたまたま知ることも知らないこともあるという意味で、非本質的なものだとみなされる。

ではたして、確信の思いは真実かどうか。そこで確信に向かって「これとは何か」と尋ねてみることにしよう。わかりやすくするために、「これ」を「〈いま〉〈ここ〉にあるもの」とみなして、まず「〈いま〉とは何か？」と問うてみる。

いったん「〈いま〉は夜である」と書き留めてみた。しかししばらくすれば〈いま〉は昼になっている。つまり、〈いま〉とは、夜でも昼でもありながらそれらでは〝ない〟ものであり、いわば、〝否定を通じて持続する〟ようなものである。〈いま〉をその意味で、「普遍的（一般的）なもの ein

Allgemeines」と呼ぶことができる。〈ここ〉についてもまったく同じことがいえる。「〈ここ〉は樹である」が、私が後ろを向けば「〈ここ〉は家である」と変わってしまう。〈ここ〉もまた、普遍的なものなのである。

そもそも言葉というもの自体が、普遍的なものといえる。確信はそれ自体として個別的に存在するものを思い浮かべつつ、「これはある」と言うのだった。しかし「これ」とか「存在する」といった言葉は、あらゆるものに適用できる「普遍的なもの」に他ならないのである。

かくして、確信は、無媒介な個別的なものこそが真理であると思い込んでいたが、真理はむしろ「普遍的なもの」なのである。

（⇓）ここでは「個別的なものなど存在しない」などという、きわめて理解しがたいことが言われている、と思った方もいるかもしれない。しかしヘーゲルは、個別的なものの存在を否定しているのではない。私たちが感覚によって物事を捉えるときにも、すでになにがしかの普遍的一般的な把握が入り込んでいることをヘーゲルはいいたいのである。たとえば、目のまえの物について「このコップ」と言うときにも、「他のコップと同じく水を飲むためのもの」という知的な把握（現代哲学では「意味」と呼ばれる）が含まれている。われわれは知的な一般的な把握のもとで個別的なものを捉えているのである。

ちなみにフッサールならば、私たちが物事を捉えるとき、そこには事実性の契機と意味性の契機の二つがある、と言うだろう。いまコップを見るときでも、〈いま〉〈ここ〉に起こっている具体的な一回性としての事実性の契機と、コップ、ガラス製品等々「として」了解されるという意味性の契機とがある、とされる（フッサール『イデーンⅠ』「事実と本質」）。

〔三　意識の側にこそ無媒介性があるとする立場〕

では、確信は次にどう対処するか。

これまでは対象こそが無媒介で本質的である、と考えていた。しかし次に確信は『**対象は自我がこれについて知るから存在する**』(83, 66)と考える。つまり、対象がどうであろうと、「私が見ていること」は確実でありそれは独自な個別的なものだ、と考えるのである。

(⇒) この態度については、次のような意見とみなせばわかりやすい：「対象が実際にどうあるのか、そんなことはどうでもよい。私がいま感じているこの感覚〈味・香り・色あい〉の個別性・具体性、これこそが確実であり真実である。これは他の人が感じるものとも、また私が他のどんなときにも感覚してきたものとも異なった、独自なものなのだ」と。この立場は、感覚的確信＝感覚の確実性というネーミングにぴったりである。

しかし、こういう感覚の個別性に固執する態度もアッサリと覆される。「私が見ているもの」は樹である。「他の私が見ているもの」は家である。どちらも同じ権利をもって並び立つ。じつは「私」というのは、「〈いま〉〈ここ〉〈これ〉と同じく「普遍的なもの」である。「見ること」も、家を見る・樹を見る、でありながら、家でも樹でもない「普遍的な見ること」なのである。

(⇒) これには思わず反論したくなる方もいるかもしれない。私は私であって、他の人とはちがう、この当たり前の区別をヘーゲルは無視するのか、と。もちろん個別的な私は存在しているのだが、しかし私が「私」という言葉を用いて語ることができるのは、「自分以外にもさまざまな人がいて、そのそれぞれが感じたり考えたりする『私』なのだ、自分はそうしたもろもろの私のなかの『one of them』なのだ」という了解があるからである。**『私が私、この個別的な私と言うときにも、私の言っているのは総じてすべての私のことであって、各人が私の言うところのもの即ち私であり、この個別的な私なのである』**(83, 66f)。そのように、「一般的な私のなかにこの私もまたいる」という把握を私たち各人はもっているはずである。

見ることも同じである。私たちはしばしば「いまこれを見ている、この感覚は独自だ」と思う。しかし「見る」という言葉を用いる以上、聞くのではなく見ている、というふうに把握しているはずだ。感覚といえどもまったくの素のままではなく、必ずそれなりの知的な把握のもとにあり、意味づけられているのである。

〔四　自我と対象との直接の関係に閉じこもる〕

では確信はどうすればよいか。次なる戦略は、自分と対象との直接無媒介な関係のなかに閉じこもる、という戦略である。もう言葉を用いることも、過去の〈いま〉と現在の〈いま〉とを比較したり、身体の向きを変えて前の〈ここ〉といまの〈ここ〉とを比較したりすることもしない。こうすれば、自分と対象との直接の関係のなかにひたっていることができるだろう、と確信は考える。

この確信は対話の場に出てこないので、われわれのほうでこの確信の立場に成り代わってみる以外にない。確信は言葉を用いたり比較したりしてはならないのだから、成り代わったわれわれは、真理であるはずの個別的な〈いま〉を、われわれに対して「指示」してみることにする。するとつぎのようなことが起こる。

①まず〈いま〉を指示して、「この〈いま〉は存在する、これこそ真なるものである」とする。しかしそのとたん、それは「存在した」ものになっている。最初の真理を取り消さなくてはならなくなる。②「〈いま〉は存在した、ということが真理である」とする。③しかし存在したものは存在するものではないから、この第二の真理をも否定して、「〈いま〉は存在する」という第一の真理に復帰する。

こうして、〈いま〉を指示しようとすれば、それは無媒介な固定的なものではなく、むしろ、「いまを指示―→存在しなくなる―→またそれを打ち消して最初に復帰する」という運動であることがわかる。〈いま〉は、**『他的存在のうちにおいても**（〈いま〉でなくなりつつも）**自分がそうであるものにとどまるところの、自己内に反省したもの、つまり単一なもの』**（86, 68）であり、「普遍的なもの」なのである。

〔五　総括〕

感覚的確信は実際にはいつも、自分の真理が個別的なものではなく普遍的なものであるという結果にまで進んでいく。〈ここ〉は樹であると言い、次にはそれを取り消して〈ここ〉は家であると言うことによって、〈ここ〉が普遍的なものであることを経験しているのだ。だが、確信は自然的な意識（学的でない日常的な意識）であるから、この結果をいつも忘却してしまうのである。

これは自然的な意識としては無理のないことだが、しかし、**『このものないし感覚的な物としての外物の実在ないし存在は、意識に対して絶対的真理を持つ』**という説（87, 69）が、哲学的主張や懐疑主義の結論として唱えられるとすれば、まことに奇怪なことである。

知恵の最下級の学校であるケレスとバッカスについての古代のエレウシスの密儀においても、人びとはパンを喰らいブドウ酒を飲むことによって感覚物の絶対性を否定している。動物さえも、感覚物を食い尽くすことによってその実在性を否定しているのである。

哲学的な主張についてさらにいえば、それは存在する外的な対象を『現実的な、絶対に個別的な、まったく個人的な、個体的な諸物であり、それぞれは自分と絶対に同一のものをもたない諸物』(88, 69f.)として規定する。たとえば目のまえの「この紙片」がそうである、と。

しかしこれを言葉にすることはできない。『思いこまれている感覚的な「このもの」は、自体的に(本性的に)**普遍的なものである意識に所属する言葉にとっては到達できないものだからだ**』(88, 70)。

言葉でなく指示しようとしても同じである。私たちが指示する〈ここ〉は、純粋な点としての〈ここ〉(まったくの無媒介な、それだけとしての〈ここ〉)などではない。あくまでも、一定の空間のなかでの位置としての〈ここ〉であるはずだ。つまり、もろもろの〈ここ〉では〝ない〟ものとしての〈ここ〉なのであり、その意味で、もろもろの〈ここ〉と〝関連〟した〈ここ〉なのである。『**これは他のもろもろの〈ここ〉のうちのひとつの〈ここ〉であり、言い換えるとそれ自身において多くの〈ここ〉の単一な集合である。つまり、普遍的なものである**』(89, 70)。

こうして私は、「この紙片」を、直接無媒介なものではなくて、真にあるとおりにとらえる(⇩知覚する nehme ich wahr。ドイツ語の「知覚する」はもともと「真にとらえる」という意味の言葉)ことになるのである。

II 知覚、あるいは物と錯覚【C】

〔一 性質も物も矛盾を孕む〕

「知覚 die Wahrnehmung」は、もう感覚の確実性と個別性に固執しないで、自覚的に思考を働かせる。反省的な立場をとって対象の真理をつきとめようとするのが、「知覚」の態度である。

知覚は、感覚的確信とちがって、普遍性という見方〔思考〕をもっている。例えば、「塩は白い・辛い」というように、対象のなかにさまざまな「性質」があることを、知覚は見出す。知覚が対象とするのは「このもの」ではなく、さまざまな性質を備えた「物 das Ding」なのである。そのさい重要なのは、たんなる感覚としての白と性質としての白とはちがうということだ。「性質」という捉え方には、思考が含まれているからだ。それはどういうものか。

まず第一に、性質は「普遍的なもの」としてつかまれている。塩は「白い」が、砂糖だって「白い」。「白さ」は他の物にも共通する一般的なものなのだ。

しかし第二に、白さはこの塩の性質でもある。「性質〔固有性 Eigenschaft〕」とは、まさに物の特質を表現するものであり、それが他ならぬ「塩」であることをあらわすものでもある。つまり性質とは、物の独自性・固有性を表現するものでもある。

「性質」という捉え方に含まれている思考をこのように解きほどいてみると、それはとても不思議な性格をもっていることがわかる。つまり、〈普遍性にすぎないものがどうやって物の独自性を表現できるのか〉という矛盾がそこには孕まれているのだ。

そんなことは簡単に解決できる、と思った人もいるだろう。〈一つの性質だけを挙げるから混乱するのだ。塩には他にもいろいろな性質がある。塩は同時に、辛く、結晶が立方体でもある。それらの諸性質が全体として塩の独自性を表現する、と考えればよい〉と。

確かにこれはかなり説得力がある考え方といえる。「白くて、辛くて、立方体」。このように性質が三点そろえば、塩といっていいだろう。この考え方は、物を分類するのに役立つし、じっさい私たちは諸性質の組み合わせでもって物を分類することも多い。この考え方は、物を他の諸物との比較や共通性、他との連関によって定義する。物とは、相互に没交渉な諸性質を「〜でもあり、……でもある」という仕方で共存させる「普遍的な媒体 das allgemeine Medium」なのである。

しかしそのとき、物の独自性・唯一性はやはり保たれないのではないか。物はそれ自体としては「一つ」なのではないだろうか。そう考えるならば、物の真理は、諸性質を排斥してみずからが一つであることを主張する「排斥する統一 ausschließende Einheit」であることになる。

性質において見られた矛盾は、いまや「物」に即してこういうかたちをとる。〈物の本質は一般的な諸性質の媒体＝「多数」なのか。それとも「一つ」なのか。どちらが本当なのか。〉意識はこの問題に直面し、あれこれと解決策を練ろうとする。

〔二　知覚の経験〕

知覚はまず、物は真実には「一つ」である、と考える。私が見るから白く、舌で味わうから辛く、触るから立方体なのだ。つまり、多数の諸性質はあくまで「意識にとって」そう現れるだけだ。対象それ自体は、あくまで「一つ」であろう。こうして意識は、「一つ」を対象の側に、「多数」を自分の側にふりあてる。

こうして、物の側には「一つ」という規定しか残らないことになった。しかし、新たな疑問が起きてくる。様々な物はそれぞれちがっているはずなのに、どの物も目鼻を欠いたノッペラボウの「一つ」だとするなら、物の区別がまったく成り立たなくなる。塩は、白く・辛く・立方体であるからこそ、塩といえるのだ。とすると、物自体に諸性質が備っていると考えざるをえなくなる。

そこで、逆転が起こる。〈自分は錯覚していた。物の側にこそ「多数」の諸性質がある。それが「一つ」であるのは、意識の側がそれらをまとめて「一つ」にしているのだ〉と。

意識はこのように、さまざまな試みをする。しかし、次第に意識はこう考えるようになる。〈自分はさっきは「一」を物にふりあて、「多」を自分にふりあてていた。今度は「多」を物にふりあてて、「一」を自分にふりあてている。これはかなり無理なことをやっているんじゃないか。物そのものに「一」と「多」が同時にそなわっている、と考えるしかないんじゃないか〉と。

物の本質は、一でも多でもない。一つであるものが、多数の性質としてみずからを現し出し（したがって他の諸物とも連関し）、しかもそれらの性質を一つである自分のなかに取り収める。一から多への発現と、一への収束。自分だけである状態から他との連関に身をおき、ふたたび自分のなかに戻る。物がそういう特異な存在の仕方をしていることを、意識は認めざるを得なくなる。

このことは、意識についてもいえる。さっきの経験のなかで、意識も一つであったり多であったりした。意識じしんが一つであり、かつ、様々な性質を知覚する多数の意識となり、ふたたび自分のなかに戻って一つになる。意識も物も、このような二重の存在性格をもつのである。

（⇓）この知覚の章は、「対他存在」「対自存在」というヘーゲル独自の術語を用いて展開されているので、この二つの術語について解説しておこう。

物が多数の諸性質の「媒体」である、というあり方は、物を他の諸物との連関において捉えることでもあった。このように、他と連関し他に対してあるあり方のことを、ヘーゲルは「対他存在 Sein für ein Anderes」と呼ぶ。これは物が独立性を失っているあり方でもある。

これに対して、物が「一つ」である、というあり方は、物が他との連関を断ち切って独立しているあり方である。これをヘーゲルは、自分が自分だけに対面しているあり方、という意味で「対自存在 Fürsichsein」と呼ぶ。

さて、〈物は、真実には対他存在なのか、対自存在なのか？　いや、どちらかではなく、そのどちらでもある〉というのがこの章での結論であった。しかし、この結論はかなり異常なものにみえるかもしれない。対自存在・対他存在とは、物のあり方ではなく、むしろ意識のあり方ではないだろうか。意識はたしかに、さまざまなものを意識しながらそれでも一つにとどまる、といえるだろう。でも、物に対してそういう言い方ができるのか。一であり多であるというのは、物にそなわったものではなく、意識の観点の移り変わりではないか。意識が物を一つとみたり、多数の性質とみたりするだけのことだ、と。

たしかに、そういってかまわない。しかし、意識の場面において叙述される意識経験の学においては、意識の観点の移り変わりは対象そのものの変化でもある。物は一つとみなされ、そのかぎりで一つで「ある」。しかし多数の性質をもつとみなされるかぎりでは多数で「ある」。つまり、意識の二重性と物の二重性は、じつは同じ一つの運動なのである。ヘーゲルは本文の中でそのことをはっきり認めている。私たちからみると、これはほんらい意識の運動というべきものだろうが、この運動を物のがわにひきよせて表現すれば、物の二重性という言い方も可能なのである。

〔三　無制約な普遍性〕

さて、この経験がもたらしたものは何だったのだろうか。知覚は、一つという規定と、多という規定をそれぞれ独立したものと考えていた。〈自分であること＝対自存在〉と〈他との連関＝対他存在〉という二つの規定も、相容れない排他的なものと考えていた。ところが、意識はこの経験をつんで、一と多、自と他が不可分に連関していることを知った。一と多、自と他という規定が、それだけでは真理たりえないことを知ったのである。真理は対自存在と対他存在とが不可分に統一されたもの、ということになるが、それはすでに「物」とはいいえないものであり、「無制約な絶対的普遍性 unbedingte absolute Allgemeinheit」と呼ぶのがふさわしい。

Ⅲ　力と悟性、現象と超感覚的世界【C】

〔一　力と悟性〕

意識の二重性と物の二重性は、一つの同じ運動の異なった表現に過ぎなかった。このことを意識の経験を観察する「われわれ」ははっきり自覚している。しかし、意識はそう自覚してはいない。意識は自分自身の在り方を洞察しないで、あくまで対象の側に真理があると思い、それを追い求めるのである。だから意識は、こうした二重の性格を備える新たな対象を、物の真理として求めることになる。

この新たな対象は、もう「物」ではない。物は、「一つ」と「諸性質」で構成されていたが、いま求められているのは、一つでも諸性質でもないようなもの、だからだ。この新しい対象は、さしあたり、「力 Kraft」と呼ばれる。電気や重力のような力は、様々な現象や諸性質を生み出しつつ、それ自身としては一つであるようなものだからだ。

この新たな対象と対応する新たな意識形態は「悟性 Verstand」と呼ばれる。これは知覚と異なって、純粋な「思想」だけを対象とするような意識である。知覚の段階では、「性質」に見られたように、感覚的なものと思想とが入り交じって捉えられていた。ところが、力とは、感覚的なものでは〝ない〟ものなのだ。もっとも最初のうちはどこかまだ感覚的に捉えられているが、それが感覚を超えたもの（超感覚的なもの）であり純粋な思想であることが、悟性のつむ経験のなかで次第にはっきりしてくることになる。

〔二　力とその発現〕

私たちはふつう、「力」というときに、それを何かエネルギーの塊のような実体としてイメージする。その実体としての力が外に現れ出て様々な結果を引き起こす、というふうに考えるのだ。そのとき私たちは、内側に存在していた「本来の力 die eigentliche Kraft」と、外に現れ出た「力の発現 Äußerung」とを区別した上で、前者こそが力の本質だとみなしていることになる。

〈この「本来の力」と「その発現」とはどのような関係になっているのか。内的な力のほうが力の本質といいうるのか〉――悟性は力の本質を解明しようとして、この問題につきあたることになる。

まず悟性が気づくのは、内的な力はそれ自体として独立している実体的なものではありえない、ということだ。力は、外に現れ出る（発現する）ことがなければ、力とはいえないだろう。力が力たりうるためには、発現することが必要なのだ。だとすれば、内的な力は独立した存在を持ちえない。もちろん「力の発現」のほうも、独立した存在をもちえない。様々な諸現象は、それが「力の発現したもの」とみなされる以上、独立したものではありえないからだ。

さらにいえば、「本来の力」と「力の発現」の区別も、決して実体的な区別ではない。内的な力は発現せざるを得ないのだから、すぐさま「力の発現」へと移行する。発現した力も同じで、すぐさま「内的な力」へと戻っている。

ようするに、力とは、物のような固定的な実体ではなく、内→外→内という運動であり、「内的な力」と「発現した力」の両面を合わせ持つ全体なのである。

(⇩) 私たちはふつう、力を「対象」の側にあるものとみなしている。電気や物理的な力などは、思考とは関わりなく客観的に存在するものだと思っている。しかしヘーゲルがこの悟性の章を通じて最終的に言いたいのは、力の運動とはほんらい私たちの思考過程に他ならない、ということだ。私たちは、様々な諸現象、例えば「落雷」を見たとき、「電気という力」がそれを引き起こしている、と考える。そして、電気という力のほうから諸現象を説明しようとする。つまり、内→外→内、という力の運動の内実は、じつは私たちの思考のプロセスなのだが、そのことを私たちは見ないままに、「客観世界の本質は力にあり」と考えるのである。

ヘーゲルはこの章で、人々が物の本質について考えつめていくと「力」という概念へとたどりつかざるを得ないという必然性と、そして力という概念がほんらい思考であり、私たちが世界を説明しようとして創り出す概念であることを示そうとしている。

〔三　現象と内なるもの〕

次に、感覚的な世界を「現象 Erscheinung」とみなし、その背後に「内なるもの Inneres」（本質）を想定する意識が登場する。ここでは、意識は、感覚的なものからまったく解放された純粋な思想を対象とすることになる。

力は「われわれ」からみると思想なのだが、意識はそれをまだどこか感覚的な実質を伴うものとイメージしてもいた。しかし、意識は「本来の力」と「力の発現」の二項目が独立した実体ではないことを知ると、なかば感覚的だったそれらの「現象」を超えて、その背後に存在するだろう「内なるもの」を求めることになるのである。

内なるものとは、超感覚的な世界であり、彼岸である（⇩現実の感覚的世界の背後または上方に超感覚的な世界を考えるこのタイプの発想は、一般に「二世界論」と呼ばれる。イデア界を想定するプラトンもそうだし、天国を考えるキリスト教もそうだ）。しかし、この超感覚的な彼岸は最初はまったくの「空虚」である。なぜなら、それは現象（感覚的な世界）ではないもの、という規定しか持たないからだ。彼岸の内容を満たすものがあるとすれば、それを感覚的な世界から汲み上げるしかない。（⇩例えば天国や極楽も感覚的なイメージで彩られているだろう）悟性は、彼岸のほうを「本質」と考えて感性的な世界をその「現象」とみなすが、「われわれ」からみると、むしろ現象のほうがもとになっている。われわれは感覚的な現象を説明するために本質（彼岸）をつくりあげるのである。

つまり、本質／現象という区分は決して実体的なものではなく、本質が先にあるのでもない。内的な力／発現した力という区分が実体的なものではなく、思考のプロセスであったのとまったく同じことなのだ。私たちは感覚的な物事に出会い、それを可能にする超感覚的な本質を想定し、そこから物事をその本質の「現象《あらわれ》」として説明するのである。

〔四　法則と説明〕

具体的な「内なるもの」として「法則」というものがある。悟性は、たえず変化して不安定なさまざまな現象から、静止した安定したものを取りだす。「不安定な現象の安定した像」、それが法則である。変転する現象としての世界に対して、静かな法則の世界が成立する。

ところが、法則は現象の全体を説明することはできないから、いくつかの法則がつくられることになるだろう。しかし悟性はそれに満足せず、いくつかの法則を統一した「ひとつの法則」を求めることになる。なるべく普遍的な説明方式を求めるのは、悟性の本性なのだ。例えば、物体落下の法則（ガリレオ）と天体運動の法則（ケプラー）が万有引力の法則（ニュートン）に統一されていったように（⇒現在でも、物理学は「大統一理論」をめざしている）。

このように悟性は、より一般的な法則を手に入れようと努力するが、しかしそれだけでは満足できなくなる。例えば、物体落下の法則は、$S=\frac{1}{2}gt^2$（S：落下した距離、g：重力定数、t：経過した時間）とされる。そこでは、時間と空間という項目があり、この二つが関係づけられている。ではなぜ、時間と空間はほかならぬそういう仕方で関係づけられるのだろうか？　つまり、時間と空間の結びつきの必然性、法則の根拠はどこにあるのか、を悟性は考えざるを得ない。

そこで悟性は、ふたたび「力」を持ちだす。しかし以前の力とはちがって、こんどは法則の根拠として考えられたものだ。たとえば悟性はいう、「物体落下の法則がかくかくしかじかであるのはなぜか。重力がもともとそういう成り立ちをしているからだ」と。しかし、これは明らかに同語反復（トートロジー）にすぎない。このような説明にならない説明を、悟性は平気で行っているのである。

（⇓）万有引力の法則が働くのはなぜか。なぜそのような公式で描かれるのか、と問うてみるとしよう。これを説明しうる、より根本的な力なり法則なりが発見されるかもしれない。ではその法則はなぜこうなっているのか？　このようにして、より根本的な説明を求めて悟性は進もうとする。しかし最終的には、「こうなっているからこうなっている」「この力はもともとそういう性質をもっている」というような同語反復的説明に到達するしかない。完全な説明、ということはありえないのである。ヘーゲルの語ることをそのように受け止めてみれば、これがじつに鋭く本質的な指摘であることがわかるだろう。

しかしながら、この「説明 Erklären」の指摘には決定的な意味がある。力の運動も、現象と内なるものも、区別項をもつ法則とその根拠としての力も、いっさいが意識の運動であり思考過程である、ということを、意識じたいが自覚する契機となるからだ。これらはすべて、様々な区別（多）を見出したのちに、それらを統一的なもの（一）へと還元し、そこから区別（多）を説明する、という意識のなす運動なのである。

しかし、さらに重要なことがもう一つある。区別→統一→区別という運動は、ほんらい意識そのものの存在の仕方である、ということだ。意識は、外に出てさまざまな多様なものを意識しながら、すぐさま内にかえって一つになる。意識は、固定的な実体ではないのだ。意識がこのような存在の仕方をしているからこそ、区別→統一→区別、というかたちで対象世界を〈説明〉することが可能になっている。今まで語られてきた「諸思想」は、意識自身の在り方を対象的な場面に投影したものともいえるのである。

このことを、「われわれ」は洞察している。悟性は、対象というかたちで自分の在り方をみていたのである。つまり、意識はほんらい「自己」を意識する「自己意識」だったのである。しかし、悟性はあくまで対象と自分とを分離して考えるため、そのことに気づくことができない。

〔五　無限性（解説）〕

（⇒）もう私たちは、［対象］意識の最後に到達している。自己意識の章へと移行するにあたって、ヘーゲルは「無限性 die Unendlichkeit」という概念をとりあげている。これは、ヘーゲル哲学のかなめともいうべき概念なので、詳しく解説しておこう。

「無限性」とは、さしあたって、区別→統一→区別……という意識の在り方を論理的な概念として捉えたもの、といっていい。「無限」といっても、限りなく広がる、ということではなく、限定されたものではないということ。意識は、さまざまな限定されたものへと自分を区別するが、すぐさま自分へと戻る。つまり、限定されたものに関わってはいても、それから自由に自己同一性を保つ存在なのだ。

無限性には、いろいろな表現がある。「統一と区別との統一」「同一性と非同一性との同一性」「他と関わりつつ自己同一であること」等々。力点によって、言い方がかわる。

一つの力点は、「一と多」にある。意識は一であり、かつ多である。だから、「意識は統一と区別との統一」である。

もう一つの力点は、「自己と他者」にある。意識は、内面にひきこもって自分である（同一性）が、外に出て様々な他者に関わって自己同一性を失う（非同一性）でもある。しかし、それでも自己同一を保っている。だから、意識は「同一性と非同一性との同一性」である。「他と関わりつつ自己同一である」も同じこと。

無限性には、いろいろな表現がある。同一なもの（A）が、区別項（B、C）へと分離する。その時点で、①区別されたBとCが対立し（B／Cの対立）、②またもとの同一なものと区別項とが対立する（A／B、C）。しかし、BとCの区別はじつは絶対的なものではなく、相互に規定を交換して、もとのAに戻る（左の図を参照）。

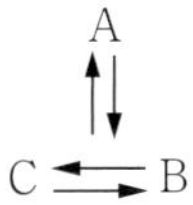

この無限性の概念は、意識ないし自我から汲み取られたというより、もともとはヘーゲルが若かったころの「生命」の概念から得られたものだ。個々の生命体を貫いて流れる普遍的な生命と個体との関係について、かつてのヘーゲルはこういっていた。「普遍的な生命と個体との関係は、神秘であって語りえない。もしそれを言葉にするならば、結合と非結合との結合としかいいえない」（「一八〇〇年体系断片」）と。普遍的な生命と個体とは、結合しているが、分離してもいる。結合と分離が一つになっている。青年ヘーゲルがこの時点では「語りえない」としていたものを、哲学者ヘーゲルは、無限性という論理的な概念として語りうるものにしたのだ。

つまり、無限性とは、意識ないし自我の存在性格でもあるし、普遍的な根源実在の存在性格でもある。普遍的な生命は、さまざまな生命体へと分離しつつ、普遍的なものとしてとどまっている。そういう在り方が無限性なのだ。先回りして言っておけば、この無限性は、根源実在たる「精神」の本質であって、『精神現象学』は、そうした精神の本質としての無限性を、意識が経験を通じて次第に自覚していくプロセスなのである。

〔六　自己意識への移行〕

静かな法則の国と変転する現象世界とが区別されたとき、自己同一性と変化とは、別々の世界にふりあてられていた。しかし、この対立はくずれ去って、世界全体が「無限性」として捉えられる。つまり、世界はさまざまに変化しつつ自己同一を保つ存在、として捉えられることになる（⇓これは次の自己意識の章で、自然全体でもある巨大な「生命」として登場する）。

このとき、意識の在り方としての無限性が、対象世界の在り方の無限性と一致する。意識と対象の区別は脱落し、意識と対象世界の在り方全体が無限性であることがあきらかになる。

第二章

自己意識

「自己意識」章頭解説（竹田）

◆ヘーゲルの全体体系

まず、もう一度ヘーゲルの「体系《システム》」の全体像を簡単に確認すると以下のようである。

世界は一つの「実体」（絶対精神＝絶対者）である。この「実体＝精神」は自らの本質的な運動として個別者としての「主体」（さまざまな生命主体、ここではとくに人間の精神）を分離して生み出す。人間精神は「自由＝無限性」という「精神」の本質を分かちもっているので、個別の精神として「意識」→「自己意識」→「理性」という運動を必然的なものとして展開してゆく。「意識」は、単に対象を認知、認識するだけの「主体」。「自己意識」は人間的な「自我」の意識と考えればよい。

ヘーゲルのこういった全体体系は、基本的には一時代前の「汎神論」の枠組みの中にあり、今ではこれを真面目に受け取る人はほとんどいない。しかしここで提示されている、いわば人間精神あるいは「人間的欲望」の本質論は、近現代における人間思想として最高の達成を見せているといって過言ではない。以下、その要点を整理してみよう。

まずヘーゲルはこう言う。生き物一般の「欲望」の本質は、他を否定して自己の自立性を維持すること（他を食べて自分を維持すること）である。人間的欲望の本質は、「自己の自立性（＝自由）」についての自己確信」、少しひねると「自己価値」についての「確証」の欲望である。つまり、「ワタシは世界の主人公だ」「ワタシは立派な存在だ」という自己価値確証こそ、人間的な「自己欲望」の本質である（⇒「自己価値」「自己確証」、あるいは「自己欲望」という言葉は解読者の翻案で、ヘーゲルでは「自己自身だという確信」あるいは「自立性」の確信という言い方になる）。

ところで、この「自己確証」は必ず「他者の承認」を必要とする。そこで人間の欲望は、必然的に、他者との関係の中でしか実現しない。言いかえれば、人間的欲望の範型と展開は必ず関係的意識の諸形式をめぐることになる。この人間的欲望の展開の諸形式として、われわれは、さまざまなものを列挙することが可能だが、ヘーゲルがここで提示しているのは、①「承認をめぐるたたかい」としての「主奴」関係。②「自己意識の自由」とその三類型、である。そして、この提示がやはり卓越しているというほかはない。

◆「承認をめぐるたたかい」から「主奴論」へ

ヘーゲルの『精神現象学』は、二重の読み方の軸を想定しておくと読みやすい。一つはいわば系統発生的な観点、つまり、人間の歴史がどのような本質契機で展開して来たかという歴史解釈の流れ。もう一つは個体発生的観点、つまり一人の人間がその「意識」(精神)をどのように展開させるかという流れ。

「承認をめぐるたたかい」は、記述の展開としては、人間欲望は「承認」の欲望を含むので、それが他者関係の中でどのような形態を取るか、という箇所だが、ここで書かれていることの重点は、ヘーゲルの歴史解釈にあると考えて読むと進みやすくなる(むしろそれを念頭におかないで読み進むことはきわめて困難である)。

人間の欲望は自己の自立性の確証を求めるが、それは他者との関係では「承認をめぐる相克」(自分のほうが上位に立ちたい)となる。これを歴史的な文脈で考えれば、見知らぬ他人同士(あるいは共同体どうし)は、つねに存在の自立性(=自由)をかけて死を賭した戦いを行なってきた、ということになる。そしてその結果として、人間社会は、ほぼ例外なく「主《しゅ》-奴《ど》」という支配構造を作り上げてきたのである。

ここでは、一見、支配階層たる「主」が人間としての「自立性」を確証し、「奴」はそれを喪失しているように思える。しかし人間精神の内的な本質から言うと、「主」の「自立性」(=自由の確立)は「奴」への圧政とその労働への依存によるものにすぎず、けっして本来的なものではない。ヘーゲルによればむしろ「奴」のほうに本来的な「自己確証」の可能性が存在する。

まず「奴」は死によって脅かされるという深刻な経験をもつことで、人間実存の深い自覚の可能性をもち、つぎに「労働」の経験、すなわち自己の力を〝外化〟して自然を形成するという経験によって、自分の内的本質を〝表現〟するという普遍性の契機を知るからだ。これがヘーゲル「主奴」論のもう一つのポイントである。

◆「自己意識の自由」とその三類型

「自己意識の自由」は「主と奴」の次の展開とされている。つまり、古代的帝国的な「主と奴」の範型の次に現われる、ギリシャ・ローマ(初期)の哲学流派(ストア主義・懐疑主義など)の類型と、さらにその次のキリスト教の登場という歴史の推移が含意されている。だから「自己意識」の章は、古代→ギリシャ・ローマ→中世へ、というヨーロッパの歴史哲学として読むことができる。

ヘーゲルがここで特に力点をおいているのは、「自己意識」のキリスト教的範型としての「不幸の意識」だが、この時期を彼は、人々がはじめて自己意識の明確な対象として「神」=キリストという絶対者(不変者)を自覚し、内面化し、この理想との一体化を求めて格闘する段階として描いている。またここはヘーゲルの宗教論にも深く関係している。

しかしもう一方で、ここを個体発生的な観点で、つまり思春期から青年期にかけての人間の「自己欲望」の範型論として読むことができる。おそらくこちらが現代の読者には焦点を結びやすいと思えるので、さしあたってその力点で彼の議論をたどってみよう。

「自己意識の自由」のニュアンスは以下である。人間は、他者関係の中で自己の自立性と優位を確証し続けていくことはきわめて難しい。とくに第二の自我が目覚める思春期以降は、「自己欲望」自身がとても強くなり、しかも他者関係の中でそれを作り出す術をまだ知らない。そのため人（若者）は、「自己意識」のうちで、つまり自分自身の意識内部で、自己の自立性・優越性（＝自由）の確証を行なおうとする。これが「自己意識の自由」である。

「自己意識の自由」の三類型は①ストア主義　②スケプシス主義　③不幸の意識。

①ストア主義：日常生活の中では多くの人間の欲望がせめぎあい、各人がいわば「自由」の拡大を求めて争いあっているが、ストア主義は、この現実の欲望競争の諸関係をいわば純粋な自己意識へと還元しようとする。つまり、そういう欲望競争の秩序自体が、人間の意識が作り上げたものにすぎないのだから、これに超然とした態度を取りさえすればこれらの欲望に煩わされず、つねに自分の自由と平静を確保できる、と考える態度をとる。

したがって、ストア主義の（心理的）優位は、自分だけがこの欲望競争の醜さと愚かさを知っているという点にある。自己意識はこの点に自己価値の優位を見出そうとするのである。

②スケプシス主義（懐疑主義）：ストア主義が、外的現実に対し「内的な自由」を対置して自己の優位をはかろうとするのに対して、スケプシス主義は、もう一歩積極的な戦略をとる。

スケプチストは、意識の運動の弁証法的性格を自覚している。つまりそれは、まず、絶対的な真理などというものはこの世に存在しないという理論、つぎに、どんな主張も観点を変えることで相対化されてしまうという二つの理論を武器とする。この武器によってスケプチストは、つねにあらゆる主張や理論の優位に立つことができると考え、それによって自己の自立性・優位性（＝自由）を確保しようとする。

③不幸の意識：しかしスケプシス主義は、この一切を否定し、相対化する論理がじつは自分の主張にもおよぶことを暗々裏に知っているため、その優位にははじめから矛盾がある。そこで、この矛盾の意識の自覚の形態として「不幸の意識」が現われる、とされる。

不幸の意識は、ひとことで言うと、若者が、すでに存在する特定の強力な理論＝何らかの絶対的理想に傾倒することである。先に触れたようにヘーゲルはこれを、「キリスト教」をモデルとした、「絶対者」に対する人間（自己意識）の信仰の本質論という形で論じている。

この箇所はかなり込み入っているが、大きくは、青年期的な絶対的「理想理念」への傾倒と熱中、「絶対的なもの」（理想）へ少しでも近づこうとすること、からはじまり、自分のうちの醜い「自己動機」を自覚していっそうの自己否定を試みること、人間における現実生活への欲望と美しい理想追求との間に解けない矛盾が横たわっていることとの自覚、などを通して、結局自己意識は、この「絶対的なもの」に届こうとする努力に挫折する、というプロセスが描かれる。

こういった観点から見られたこの節の大きな結論は以下である。

人間の欲望は、本質的に「自己価値」への欲望（自己の自立性・優越性の確証）という形をとる。とくに近代社会ではこの自己欲望が解放され、一定の典型的類型を描くことになる。そのはじめの形式が「自己意識の自由」、すなわち自己意識の内側で自己価値を確証しようとする範型である。
しかしこれら「自己意識の自由」の三類型は、結局のところ、「他者の承認」という本質的契機を欠くために挫折の運命を免れない。自己意識はやがてこの挫折の必然を自覚する。このときはじめて自己意識は、自己欲望の可能性のつぎの道すじへ踏み出す。それが「理性」の段階、つまり現実の他者関係・承認関係の中で自己価値を求めようとする段階である。

Ⅳ　自分自身だという確信の真理

経験の進み行きの中で、意識がはじめの段階でもっていた、「対象それ自体」（真）と「意識」とは別のものだという把握は消えてゆく。つまり、「対象」対「その意識」という素朴な図式は退き、対象とはあくまで意識にとっての対象であると見なされ、このことで「対象」の概念が一歩高次のものとなる。いまや従来の「意識—対象」という素朴な区別のかわりに、どんな対象もあくまで私の「意識」にとっての存在である、という自覚が生じてくる。この段階に至って、「意識 Bewußtsein」ははじめて「自己意識 Selbstbewußtsein」（自分の意識のありかたについての意識）というかたちをとる。

〔一　先行形態と自己意識〕【B】

「自己意識」というあり方によって、われわれは「真理」という概念をより本質的な仕方で把握することになる。「意識（主観）」—「対象」という素朴な図式はここではもはや消え去っている。「真理」をつかむということは、ここでは外側の対象を正しく把握するということを超え、むしろ「自分自身の意識」のありようを吟味し、了解するということを意味する。

つまり、自己意識では、「私の意識」とは、単に外的対象についての知ではなく、この他的存在に対して立っている存在である、という自覚が現われる。そのような存在として「私」はある自立した「統一」（＝「同一者」）である。言いかえれば、自己意識はまずなんらかの対象への「欲望 Begierde」として現われる。

「欲望」とは自己意識としてこの対象を否定しようとする意識にほかならない。この否定性こそは「私」の同一性の主張なのである。

〔二　生命〕【B】

上述したように、自己意識は自分のうちに「対象」を認めるが、この対象は、「自己意識」の内なるものとして自己へと統一されるべきものとして現われる。つまり、外的対象が、自己によって否定され、自己へと統合されるべきものとして現われるとき、自己意識はこの対象に対する「欲望」として存在している。そしてここで自己意識の「欲望」の対象となるのは、他の「生命」である（⇒動物は他の動植物の「生命」を食べて＝否定して、自己の同一性＝統一を維持する）。

さて、「生命」の本質を「無限性」と規定することができる。つまりそれは区別と再統一の絶えざる運動性だと言える。ここで区別とは、器官の区別であり、「植物」と「動物」の区別であり、また「動植物」の即自的な無限性と「自己意識」の対自的、自覚的な無限性との区別でもある。「自己意識」は、動物の意識とちがって、自らを「類」として自覚する意識である。この意味で人間的な自己意識は、最も高度な無限性をもっている。

生命の運動は、総体として、そういったさまざまな生き物の大きな生存競争のうちにある。つまり、個体的生命が絶えず他を否定しながら区別と統一を繰り返している運動である。生命は一つの個体としても、種や類としても、また大きな生命全体としても、この区別と統一の総体的な円環、つまり生命の連鎖を形成している。これを生命の「普遍的流動性」と呼ぶことができる。

〔三　自我と欲望〕【A】

ここまで、生命の個別的な運動とその全体的運動、生命過程と形態の多様化といった契機における統一の様を見てきた。この両契機の統一はある動物の「類」（の存続）として現われるわけだが、動物は自分のそのような普遍的統一を自覚してはいない。このことを自覚することができるのは、人間の意識、すなわち「自己意識」だけである。

自己意識もはじめは単純な形をとっているが、生命の無限性の本質を発露して、やがて生命がたどったようなより豊かな展開の道をたどってゆく。

自己意識は、単なる「諸契機の統一」ではなく、この諸契機に対して自らがつねに否定的本質として立つことにおいて「自己意識」たりうる。だから、自己意識は絶えず他の（生命の）否定、これを我がものとして蕩尽することで自分の自立性を経験する。つまり欲望と他の否定によるその満足が「自己自身であるという確信」をもたらすのである。

しかしこの確信が続くためには否定すべき対象をつねに必要とし、それは同時に欲望とその充足が繰り返し生み出されねばならない、ということでもある。この経験によって自己意識はある真理に達する。つまり、自己意識の欲望の本質は自己の「自立性 Selbständigkeit」の確証という点にあるが、これが満たされるためには自立的な他者を否定することが、しかも自立的な他者がつねに「自分のほうで否定を実行してくれる」ことが必要であるということである（⇒他者のほうが自発的にこの私の自立性を承認するということ）。

欲望の対象が単なる生命であるときには、その否定は、たんなる他への欲望としてか、形態上の限定としてか、あるいはいわゆる自然への否定といった契機として現われたが（食べたり、身体や道具を使って自然に働きかけたりすること）、この場面では、問題となっている対象は自分と同じ類的な自覚をもつ自己意識（＝他者）であり、自己意識はこの他の自己意識の否定においてはじめて、自己確信の欲望を安定的に満たすことができるのである。

こうして自己意識の概念は、いま見た三つの本質的契機をもつと言える。

①最初のまだ区別（対象意識）をもたない直接的な「自我」。
②欲望としての否定性をもつことで、自己の自立性を確信する自己意識。
③自分が他の自己意識に対する「対他存在」であることを自覚している自己意識。

こうして、人間の自己意識は、動物的な生命としての「意識」とはまったく違う本質をもつものになっている。ここでは、つねに**『ひとつの自己意識がひとつの自己意識に対して存在』**（140, 108）する。「欲望」の対象は他なる自立的対象、すなわち単なる他的対象ではなく、それ自身否定の原理をもった自己意識である。

ここにわれわれは「精神」の概念を見ている。ここで自己意識が体験する関係は、自己の欲望に対する「他的存在」ではなく、自己意識に対する他なる「精神」との関係だからである。

自己意識（＝自我）は、自分が生命として一つの類であることを自覚している。それだけではなく自我は、自立的な存在として「他の存在」（他者）に対して否定的な仕方で立っていることで、はじめて自我の存立がありうることをも自覚している。つまり自己存在の「対他的な自己性」を意識している。このためこの否定性は、単に他の「生命」の単純な否定ではなく、自己意識どうしの承認をめぐる相剋関係という形をとることになる。

「欲望」としての自我は、唯我独尊する自我ではなく、普遍的に他者たちと共に、対立的に、この世界に存在していることを知っている。そしてこの他者たちとの対立関係のうちで、自己をうち立てようとする。このような意味で、自我は自分の「自立性」の満足を、「他者の否定（撤廃）」ということではじめて得る存在となる。しかも、自我は、他者（対象）が「自分のほうで否定を実行してくれる場合」に、真なる満足をうるのである。

他の存在の否定は、たとえば、単なる食べ物を見つけて食べることとか、何かを道具などとして利用、消費、蕩尽するとかということもあるが（没交渉的形態、無機物）、人間の自己意識が、欲望としての自己において最も自己性をうるのは、「他者」存在の否定ということによってである。ここがつまり、自己と他者の「自己意識」をめぐるはげしい相剋という事態の起点となるのである（主と奴の弁証法へ）。

A　自己意識の自立性と非自立性、主と奴

自己意識の「無限性」という本質から、自己意識は他者との相互規定的、相互関係的意識であるという本質をもつにいたる。そのため、自己意識は「承認 Anerkennen」ということのうちでのみ自

己を展開させる存在となる。

〔一　承認の概念〕【A】

自己意識が「他者」と向き合うとき、いわば二重の自己喪失をもつ。①自分は他者にとっての自分となる。②他者は自分にとっての他者となる（他者のうちに自分を見る）。

自己意識は、自己性を取り戻すためにここでの「他者性」を撤廃しようとする。これも二重の意味をもつ。①まず他者の自立存在性を否定しようとする。②しかしそのことでじつは他者にとっての自己、というものを撤廃することになる。

このような他者の撤廃の試みは、同時に自己にとって自己帰還の試みでもある。（⇩ヘーゲルの文脈ではこれもまた二重の意味をもつ。①他の存在の撤廃によって「自己自身」にもどろうとする。②しかしそれは他者の自立性を認めることになる。しかしこの煩瑣な「二重の意味」の繰り返しはヘーゲル的〝文法〟であってほとんど重要性をもたない。大事な点は、ここでは人間＝自己意識どうしの相互規定的な関係意識の中で、自己の自立性と自由の確証のせめぎあいが生じる、ということ。）

ここまでは自己意識の側の一方的な対他者意識のありかたを見てきた。しかし「われわれ」にとっては、この意識の運動（あるいは行為の関係）は、じつは双方向的、相互規定的なものであることが明らかになっている。言い換えれば、ここではすべての行為とそれについての意識が双方的であり、そのことで相互規定的な意味をもつことになる。一方的な行為というものは存在しない。

この人間関係の相互規定的な展開は、すでにわれわれが本来の「内的な力」と「力の発現」という「両力の遊戯」で見てきた事態と本質を同じくする。ただ「両力の遊戯」では、こちらと思えばまたあちらといった相互的対立運動として展開していくことを媒介していたのは、自己意識だった。しかし、「承認」の運動では、媒介者（＝「中項」Mitte）となるのは、対極に立つそれぞれの自己意識である。つまり、二つの自己意識が相対する関係があり、それぞれ自己意識として「自己外化」を行なっている。このことが両項の関係を規定していて、ここにはちょうど二つ鏡の反照性に似た関係がある。

両者はこの運動の中で、一方で自己意識の本性として、自己が自己のみで自立した存在であることを確証しようとするが、しかし、もう一方で、自分の自己性が他者の自己意識を通して存立するものであることを了解する。こうして大事なことは、**『両極は相互に承認しあっているものであることを承認しあっている』**（143, 110）ということである。そしてこれが**『承認の純粋概念である』**（ibid.）。

こうしていまや「承認の純粋な概念」、つまり、相互承認による二つの自己意識の統一のプロセスが考察されねばならないのだが、これを自己意識の経験の場面において考察してみよう。

するとそれはまず、相互の自己意識の不同、対立として、すなわち、一方的な承認を勝ちとるための闘いとして現われることになる。

〔二　承認のための生死を賭けた戦い〕【A】

はじめは、自己意識は、単なる「自分だけ」の存在。単なる「エゴ」（自我）として現われる。それは他者をもたず、他者と無関係である。このような直接態においては、登場してきた他者は単なる「自分ではないもの」、つまり自分にとって本質的でない否定的な対象にすぎない。

しかし他者もまた一つの自己意識だから、この関係においては、互いが相手への反措定（反対者）

として現われることになる。つまり単なる敵対物、外敵としての「生き物」として現われるだけだ。

ここで自己意識は、双方とも、他の直接的存在の撤廃によって自己自身＝自己意識たりうる、という絶対的な抽象をまだ行なっていない。双方とも主観的な自己確信をもっているだけなので、それは客観的な真理となってはいない。それが真理であるには、自己存在の自立性が自分に対してだけではなく、相手（対象）にとってもその真理であることが示されねばならない。

ほんとうは真の意味での「承認」が成立するには、「他者による自己確信」という営みの相互的な承認が必要なのだが、ここでは双方がただ、相手の承認を一方的にかちとろうとするのである。

「他者による自己確信」という純粋抽象の営みは、対象たることとの純粋な否定、つまり自己意識であることが何ものからも規定され拘束されないこと、生命にさえ規定されないことを示す、という形をとる。この営みは、他に対すると同時に自己に対する行為という二重性をもつ（⇩「私は私である」という自己意識こそ自分の絶対の本質であって、それ以外の外的な一切のものは、他者はいうに及ばず、私の身体や私の生命でさえ本質外のものである、という意識のありようを言っている）。

こうして、この試みは、両者の「死を賭した闘い」という形をとって行なわれる。この闘いによって双方は、自己存在の確証を「客観的」なものとなそうとする。つまりそれを自他にとっての真理たらしめようとする。そして、自己が、単なる直接態、生命の延長にすぎぬものではないこと、むしろ、一切のものがそこをたえず駆け抜けてゆく純粋な自己存在としての「現在」という地点にほかならぬことを証明するのは、ただ生命を賭けることによってのみである。

このため、命を賭けない者は一人の人格だとは言えても、自立存在としての確証と承認を得ることができない。こうして両者は、自分の命を賭けて他者の否定＝死をめざすことになる。他者は、自己の現実にとっては価値のない外的存在にすぎない。他者もまた、純粋に多様な仕方で現にある意識だが、自己からは、それは純粋な自立存在、つまり絶対的な否定性と見なされるだけである。

さて、死を賭した闘いは、自他における「死」を重視しないことによって自己であることの「自己確信」をつかもうとする試みとなるが、自己確信は本来相手の承認を必要としている。そこで相手の生命を奪うことは、その「意識」を消し去る単なる否定であるために、承認の必要を充たすことができない。相手の完全な否定＝死という自己確信の試みは、自己確証のための「媒介項」を抹消することで、その本質を解体してしまうようなものとなる。本来必要なのは、「意識」における他者の否定、そしてそのことで他者の承認を得ることなのだが、ここでは単に相手の存在を抹消するという抽象的な否定があるだけになってしまう。

この経験を通して、自己意識は、自己意識とともに生命もまた自分にとって本質的な存在であることに気づくことになる。はじめは自己意識は、自己意識であるという側面だけを自分の本質と思っていたが、さきの経験によって自己意識のこのような単純な一体性は解体する。この解体によって、自己意識は、自分が純粋な自己意識としてあるだけでなく、他者に対する意識でもあることを学ぶ。つまり、自己意識は自分を「意識」という存在であると同時に、「物」的存在でもあると知ることになるだろう。「私」とは「意識」であるとともに「物」でもあること、これらの双方が本質契機なのである。

しかし向き合って関係する自己意識は、はじめは対立的な関係の意識しかもてず、そのためあくまで純粋な自己意識であることが自立的かつ本質的であり、「物」であることは非自立的であるかのようにふるまう。つまり絶対的な「意識」でありうることが「主《しゅ》 Herr」であり、「物」的対象であることが「奴《ど》 Knecht」であるような関係を作りあげることになる。

〔三　主と奴〕

〔主であること〕【A】

「主」は、主奴関係の中において、じつはそれ自身として純粋な自己意識なのではなく、非自立的な存在である「奴」という媒介項を通して自立的な存在となっている。つまり、一方で「意識」をもった存在であるとともに、他方で従属的な「物」的存在でもある二重性をもった奴との関係によって、主ははじめて自己の自立性を保つことになる。したがって、自立的な存在としての主がこの奴に対して取る関係のあり方も二重になる。つまり、主は、一方で自己の欲望の対象にすぎない物として、他方で物という性格をもった「意識」存在として、奴に対する。

主の奴に対するありかたをさらに言うと、一方で直接的な自立的存在として奴に対しているが、他方で奴という媒介項を通してのみ自立的存在でありうるという側面をもつ。また奴との媒介的関係も二つの面をもつ。

①まず、主は自分自身の「自立的存在」を介して奴に関係する。というのは、主は、闘いの際、物に対する自分の絶対的な自立性を譲らなかったという点で、自分の威力を打ち立てているからだ。つまり、主はいわば「死の威力」をもって奴に支配力をふるい、奴を労働させる。

②第二に、主は奴を介して物に関係する。すなわち主は奴の労働を支配し、そのことを通して物を自由に享受する。（⇒ここも〝ヘーゲル的文法〟で一見ややこしいが、要点は単純。主は一見自立的存在を保っているように見えるが、それは「死の威力」によって奴を支配し、また奴の労働を通して物を支配してい

るにすぎず、本質的な自立性をもつわけではない、ということ。)

一方、奴の方は、「自己意識」であるという点では一定の否定力を物に対してもつが、しかしその否定力は限定されており、彼はただ物に労働を加えることができるだけで、それを自己のものとすることができない。主が物への支配力をもっているからである。主は、奴の労働を介して物と関係し、物に対する純粋な否定力＝直接の支配力をもつことができる。すなわち、奴の労働によって物の自立性を支配し、物に対する一方的な「享受」をうることができるのである。

ここでは、一方の側の自立性についての絶対的な承認が成立しているように見える。というのは、奴は、主への従属と物への従属という両契機において、自分の非自立性を認めており、一方的に主の絶対的な支配を承認しているからだ。すなわちここでは、まず奴の方が自ら進んで自己の自立性を否定するということ、さらに相手の絶対的な自立性を認めその意志に自分の行動を従属させる、ということが行なわれている。この点で、主の意識存在についての完全な自由ということが承認関係においって成立しているように見える。

しかし、ほんとうはここには本来の承認関係と言えるものは存在しない。この承認は一方的な承認にすぎず、対等かつ相互的な承認ではないからだ。

こうして、絶対的な支配をふるう主と奴の関係は、一見、主の絶対的な自由の承認を完成させるかに見えるが、じつはそうではない。この関係において、主はやがて本質的な自立性の意識を獲得することができないことに気づくことになる。主奴関係は主による自己確証の試みの結果なのだが、主奴関係が成立するやいなや、むしろ主は、自分の存在の非自立性意識をせざるをえなくなる。そしてむしろ、自立的存在としての可能性をもつのは奴の存在であることが明らかになってくる。

〈奴の畏怖と奉仕〉【A】

つぎに奴の「意識」としての側面をみよう。

奴は主人のありかたの中に完全な「自立存在」をみて、これを自分の真理（本質）と見なして憧れているが、それは自分の現実ではない。しかしじつは、ある意味で、奴は、本来の自立性という真理を自分のうちに持っているのである。つまり真の自立性の「契機」がかえって奴のほうに萌している。そしてそれは奴が奴としての経験をもつことによって生じたものにほかならない。

まず、奴は死によって脅かされることによって奴となったのだが、まさしくこの（主人から与えられた）「死への畏怖」によって奴は、「自己意識の純粋な自立性」（⇩いわば実存の契機）を深く自覚する契機をうる。奴は、主と奴の戦いにおいて経験した死への畏怖によって、日常におけるそのときどきの不安といったものではなく、いわば自分の存在全体に対する根本的な不安に震撼されたからだ。そのことで奴は、「自己意識」の純粋な本質、いわば絶えず流動する絶対的な否定性という自己の本質を感得している。この不安と畏怖から現われる自己存在の絶対的な純粋性という契機は、主には現われなかったものである。

さらに奴は、「奉仕」、つまり労働の経験によって、この自己意識の本質を、潜在的なものとしてだけではなく実際に実現する可能性をつかむ。労働は、奴に、そのつどの欲望への執着を耐えそれを先延しすることを教えるからである。

〈奴の形成の労働〉【A】

すでに見たように、死への畏怖によって、奴に自己の絶対性を自覚するという契機が生じるのだが、それははじめはまだ潜在的なものにすぎない。この契機は、「労働 Arbeit」の経験によってはじめて現実的なものとなる。

先の主奴関係では、物に対して自立的(支配の)関係をもっているのは主であるように見えた。しかしそれはじつは奴の労働を介したものでしかなく、主はただ奴の支配を通してのみ物の享受と消費を保っているのである。そこには主体と物との実質的な関係は存在しない。

これに対して、労働は物を「形成する」。労働は一方的に物を否定するものではなく、そのつどの欲望の抑制であり消費の延期である(⇒労働とは、人間が自然をすぐに消費=否定する代りに欲望を抑え、自分の力を自然に加えてこれを形成することで自然の力を〝支配〟することである)。このことによって労働は持続的な成果を生み出し、自分と物とのより現実的な関係を作り出す。労働の経験を通して奴は、その成果のうちに自己の自立性の本質を直観するのである。こうして、はじめはただ主のためのものと見えた「労働」を通して、奴は本質的な意味での自己発見をとげ、「自分自身の精神」となる可能性をもつのだ。

奴が主への隷属の道を通ってふたたび自己自身に還帰するためには、労働(形成)とともに、死の畏怖、奉仕という契機が必須のものであり、かつそれが普遍的な仕方において経験されるのでなければならない。奉仕や労働による形成という契機なしには、畏怖は形式的なものにとどまり、本質的な自覚にゆきつかない。しかしまたはじめに絶対的な畏怖がなければ、形成の否定性自身もその場かぎりの外的なものとなり、奴が自らの本質的な否定性の自覚にいたり、自己存在を絶対的なものとして取り戻す可能性をもたらすことはない。ここでは、絶対的な「概念」(ことがらの本質)は普遍的な展開をとげず、労働による形成もただ奴隷的な技術の自由しか生みださない。

B　自己意識の自由

〔一　ストア主義〕【A】

主人の「自立的自己意識」においては、自己はただ「自分は自分である」という純粋な自己意識としてあるが、この意識が作り出す自己と「他なるもの」（現実）との区別は、あくまで意識におけるもので現実的なものではない。では奴のほうはどうか。じつは彼は物を形成するという点で主人より優位にあるといえる。労働の中で彼は、対象がそれ自体の自立性をもつことも経験しているし、また作り出した対象が、自己の本質が外化されて現実（他）となったものであることを、潜在的に経験しているからだ。

とは言っても、それはまだ〈我々の観点〉から言えることで、本人にとっては、この生産物は自分のものとならないから、この両契機はまだ離れればなれになっている。しかしそれでも、この形成する奴の意識のうちに、自己意識の新しい段階の萌芽、つまり「無限性」の意識、「思惟する自己意識」という新しい段階が現われていることを認めることができる。

なぜ奴の意識は思惟する自由な（無限な）意識となりうるのか。まず彼は、そのおかれている立場によって、自己を純粋な「自己意識」であるとともに「客観的な存在」としても把握している。つまり自己を、純粋意識であることと対象的存在であることの二重性において捉えている。そしてまさしくこの二重性のうちに「思惟」の運動の本質があるのだ。

しかし、もう一つ重要なのは、自己と外的対象との二重性についての思考という点である。そもそも思惟するとは「概念」の運動のことだが、これは単に表象されたり、想像されたりすることではない。概念として把握するとは、外的対象を「表象」や「心像」の形で把握することではなく、この外的と見える「表象」や「心像」が、同時に自己の意識の運動の結果であることをも知っているということである。

言い換えれば、自己と他の区別がつねに現われるが、この区別自体が概念の内側で創り出されたものであることを自覚していること、これが「表象」的な把握ではなく、「概念」による把握の特質である（⇒たとえば宗教的な信仰は、絶対的な存在が彼岸に存在すると〝表象〟しているが、概念は、この絶対的なものの表象が、じつは自分の創り出したものであったことを把握している、これがつまり概念において持っているbegreifenことだとされる）。この意味で、自己と表象や心像は、意識それ自身と一つのものとして統一されて存在しているわけだ。だから、意識が概念的な仕方で「思惟」するとき、自我は本質的に「自由」の可能性をつかんでいるのである。（『**思惟において自我は自由である**』（*152, 117*）

ところでしかし、この段階では、自己意識はまだ「思惟する意識一般」、つまり諸対象についての素朴な思惟をはじめたにすぎず、そこでは思惟における自己と対象との統一は、まだ直接的な（素朴な）統一にすぎない。

自己意識におけるいま見たような思惟の「自由」が人間の精神史において登場したとき、それは「ストア主義Stoizismus」と呼ばれた。この主義の基本原理は、事物はそれが意識の観想にとって真実である場合にのみ真に存在する、という点にある。

ところで、生活の中では、多様な関係の中でさまざまな欲望と自己意識のせめぎあいが生じるが、ストア主義は、そのような生活関係の現実から逃れて「自己意識」の内部に引きこもろうとする。

これを主と奴の場合で言えば、両者ともに、自分を規定している現実性（⇒主なら奴を通して自立していること、奴なら主の威力に従属させられていること）を否認し、どんな境遇にあろうと思惟する存在として自由であるということに自分の立場をみる。つまり、どんな現実の規定を受けていようと「没生命の態度を持して」、その現実性から、またそれへの能動や受動の繋縛から逃れて、自分の純粋な思念の世界に閉じこもろうとする（『個別的定在のあらゆる繋縛のうちにおいて自由であることであり、没生命の態度を持して、断えず定在の運動から、能動からも受動からも思想の単純な本質性へと退いて行くことである。』（*153*, 118）。このような「ストア主義」の精神は、恐怖と隷属が社会にとって広汎であると同時に、一般的な教養の広がりが思考の訓練を高めているような歴史の段階ではじめて現われた。

この思考は、形式としての思考、自己と外界の絶対的区別だけで自己還帰しているようなひたすら「抽象的」な思考、そして実際には、外界の現実性を完全に否認するような抽象的な思考である。したがってそれは、ある意味では一つの「自由」の獲得だと言えるかも知れないが、いわば「純粋思考の自由」にすぎず、なんら現実性をともなわず、また何ら具体的な内容をもたないものにすぎない。

こうして、ストア主義は無内容である。人は、その現実生活の中で行動における善きものと認識における真なるものが何であるかを考えつつ生きることで、生の充実を得るものだ。しかし、ここでは思考は抽象的な自他の区分に終始する。そこでストア主義者に「何が善であり、また真であるか」と問うと、まったく無内容な仕方でしか答えられない。それはただ「一般的に正しい」答えしか言えないので、そのあまりに現実から乖離した姿勢によってやがて倦怠を買うことになる。

〔二　スケプシス主義〕【A】

「スケプシス主義 Skeptizismus」は、ストア主義が単に可能な「概念」(=観念)としてあったものの〝現実化〟だといえる。自由な思考はもともと否定力をもつから、必ず現実へと現われ出てくる本性をもつのだ。

ストア主義が現実に対する内面的な「否定」だとすると、スケプシス主義ははっきり外的世界、さまざまな生活の諸相に対して、自覚的に実際的な否定の態度をとる。ストア主義では、自己意識は自己内へと完全に立ち戻る(還帰する)ことで、外的対象(=定在)の自立性を無視している。スケプシス主義では外的対象の多様な自立性ははっきり意識されているが、自己意識はそれに対して自覚的に否定性をふるうのである。

ストア主義とスケプシス主義を「主と奴」の意識におき入れて考えれば、ストア主義は現実から遊離したままで自己意識の自立性だけに固執する点で、「主」の意識に、またスケプシス主義は、労働による「物」との否定関係を介して意識の自立性を得ようとする点で、「奴」の意識に対応する。

ただ、「奴」の自己意識がこの否定を貫徹できなかったのに対して、スケプシス主義は、いまでは自分の「無限性」(=自由)の意識をわがものとしており、そのことであらゆる外的な実在への否定を遂行する。スケプシス主義の優位は、思惟の「無限性」の本性を自覚している点にある。スケプシス主義はどんな自立的な存在者も意識内部での相対論理の区別性へと還元するので、ここでは一切のものがその実体性、自立性を否定されることになる。

スケプシス主義(懐疑主義)の論理と行為の本質はこれに尽きている。すでに見てきた感覚的確信、知覚、悟性といった人間の「認識」のあり方は弁証法的な意識の運動だが、スケプシス主義はこの意識の弁証法的運動の本性を知悉しており、そこから主奴の関係の非現実性(虚妄性)を批判し、またストア学派の抽象的な思弁の虚妄性をも批判する。

たしかにストア学派のような哲学の論理は、ある意味抽象的で内実のない思考の展開だと言える。しかしそれでも、概念を何らかの内実をもった自立的な存在に依拠しつつ一定の限定を置きながら展開させるのであって、何とでも言えるような抽象的な思考の展開と見えるかもしれないが一定の妥当性をもってはいるのだ。

さて、弁証法的な否定の運動は、その一般的な現われにおいては、「じつはそうではなかった」という否定の側面が、いわば否応なく向こうからやってくるという仕方で意識に現われる。ところがスケプシス主義では、否定性が意識の本質的な契機となっているので、それを先取りして自分のほうから「否定性」をあらゆる事態に投げ入れるのである。

このことで、スケプシス主義はことがらの確実性をいつでも好きなときに否定し、相対化し、そのことで詭弁を弄することができるようになる。弁証法における区別項は、ほんとうは「向こうから」やってくる（＝出来する）のに、スケプシス主義は、これが自己意識のなせるわざであることを知るゆえに、それを自由に作り出せるものであるかのように振る舞うのである。

この〝自由な思考〟を前にしては、どれほど自明なもの、明確なものと思えたものもつねにその根拠をゆるがされあやういものとなる。スケプシス主義の思考は、このような純粋な否定の論理によって、自分が導き出す否定的結論のみならず、自らの創り出した詭弁をすらも自由に否定することができる。そして、自己意識における「思考の無限な自由」の確信それ自体を、いわば絶対的真理として持つようになる。

スケプシス主義の本質は、このような、一切を思考のうちのかりそめの区別項として否定しうる

「自由な思考」それ自身のうちにある。そのような絶対的な思考の自由、思考の絶対的な境地（アタラクシア）として、スケプシス主義は自己確信の真理をもつのだ。

しかしこの自由な思考の絶対的な確信は、外側から動かしがたいものとしてやってきたものではなく、ただ自分の内部不安定な弁証法的論理の地盤の上に立っているにすぎない。このためスケプシス主義は、自分の確信がじつは偶然的な混乱のうちにあることを暗々裏に意識している。

というのは、スケプシス主義は、まさしく一切を相対化する思考の自由な否定力を自覚するがゆえに、この否定力が自分自身の思考自体にもおよぶことを暗黙のうちに知っているからである。

それは、一方で、一切を相対化することによって、自己の思考があらゆる個別的な偶然性を超える絶対的な自同性であることを主張するが、まさしくこの主張によって自分自身の存在もまた、経験的かつ偶然的な限定された存在でしかないことを暴露する。つまり、スケプシス主義は、「あらゆるものは不確実である」と断言するが、この断言自体が自分自身の根拠を相対化するのである。

このため、スケプシス主義は、自分が絶対的な意識の自立性をもっているという意識と、それが偶然的、個別的なものでしかないという意識の間を行き来するしかない。言い換えれば、思考の自由な否定力こそ絶対的に本質的なものであるという主張と、それが偶然的で非本質的なものでしかないという意識の間をさまようだけで、それを統一し、綜合することができないのである。

こうして、スケプシス主義は、自ら自己の絶対的な同一性の主張とその不同の主張の間を行き来して、あるときにはこう言い、ある時にはああ言うという具合に、いわば「相互の矛盾のうちにとどまる喜び」をもてあそぶひねくれた子供のような存在となる。

しかし、スケプシス主義における絶対性と相対性の間の矛盾の経験から、この二つの矛盾した意識

（ストア主義とスケプシス主義）を綜合しようとする新しい自己意識のタイプが現われてくる。この新しい自己意識は、自分が絶対的な思考の自由を持っていると同時に、それが絶対的に混乱して転倒した意識であることをも自覚している「自己矛盾の意識」として登場する。

ストア主義が自分自身についての単純な自由の意識だとすると、スケプシス主義は否定の自由を実現しようとして現われ、しかし自らのうちに思考の自由の自立性と非自立性、絶対性と偶然性の二重性が露呈するのを見る。そしてこの二重性を、まだ統一されない自己の矛盾として自覚した意識が「不幸の意識」にほかならない。

〔三　**不幸の意識**〕【A】

不幸な意識は、自己と現実についての二重の意識をもっているが、これが統一されず、分裂した形のままにある意識である。

〔**可変的なものと不変なもの**〕（⇒ユダヤ教の段階）

ストア主義、スケプシス主義で現われた「分裂」はここでより明らかな形をとる。一方に「不変なもの das Unwandelbare」、つまり「不動」の絶対的存在（⇒神）がある。もう一方に可変的なもの、つまり、不安定な個別性としての自己意識の存在がある。

自己意識は、自分の本来はあちらにあり、この自分は本来の自分ではないと考えている。ここで両極と見えているものは、本来ひとつの意識の運動なのだが、分裂したものとして意識されている。この分裂の意識を「不幸の意識 das unglückliches Bewußtsein」と呼ぶ。

（⇩）自我は「不変なもの」「絶対的なもの」を自分の理想として見出し、これを求めるが、この理想意識はひるがえって自己の不完全性を強く自覚させもする。そこで個別的存在としての「自己」は、自分自身が産み出した理想としての「完全なもの」に憧れつつ、自己の不全性に悩む。この引き裂かれの意識が不幸の意識である。

〔**不変なものが形態をうること**〕（⇩初期キリスト教の段階）

不幸な意識は、個別なものが不変的なものとして、また不変的なものが個別的な姿をとって現われる、といった経験において象徴される（⇩おそらく、神そして神の子としてのイエスへの信仰がイメージされている）。さまざまな個別性は、自分自身をも含め、不変なものを根拠として生じていると意識される。ある面で両者は結びつけられているのだが、しかし、ここではまだ両項はその相違において際立っていて、統一を欠いている。

個別性と不変的なものとの関係は、三重になっている。

①個別的なものは、不変なものと対立して存在しているという関係。これは出発点（⇩絶対神への一方的な畏怖と崇拝）。

②不変なものが個別的な様相で現われ、そのことで、個別的なものがじつは不変なものに由来している、と見える関係（⇩キリストの出現の喩とされる）。

③自己の個別性が不変なものと宥和的な統一的関係にあることを自覚している意識。ここで意識は精神 Geist となる（⇩個別性と普遍性との統一のシンボルとしての「聖霊 Geist」）。

この関係は意識の自覚の運動の展開であるが、基本的に、不幸の意識の経験をへることによってしか進んで行かない。またこれを自己意識だけの運動と考えるのは適切でない。実際には、自己意識は同時に不変な意識を含んでもいるから、これは不変な意識の運動でもある、と言える。

繰り返すと、この運動の契機は、①両者が端的に対立しているという契機、②普遍的意識（不変なもの）は個別的意識のうちで現われるが、しかし個別意識に対立しているという契機、③じつはこの両項が一つのものであるという自覚の契機、ということになる。しかし、いま言ったことは、われわれの現在の地点から言えることであって、意識の展開のプロセスとしてはまだ細かな進展を追う必要がある。

ともあれ、両者の端的な対立という契機がつぎの段階へと進むというプロセス（⇓①から②へ）は、歴史的にはある「出来事」の形をとることになる。（⇓キリストの誕生、十字架上の処刑などの歴史的事実を指している）

個別的なものと不変なもの（普遍性）との対立は、個別的なものが不変的なものに根拠をもつことが意識されたからといって、すぐには宥和的統一へと向かわない。不変的なものは、絶対的な彼岸性の性格（たとえば絶対神として）を強くもつ。そして、不変的なものへの希求がどのような方途によって可能となるのかは保証されていない（⇓イエスその人ですら、自然のおきてを越えられず、十字架に架けられて死ぬ）。

（⇓）キリスト説話には、普遍者と個別者についての上述したような意識の運動の展開が象徴されている、とヘーゲルは言いたい。はじめは、絶対的普遍者対個別的人間の端的な対立。つぎに普遍者が個別者の形をとりうること（イエス・キリスト）、そして個別者（人間）はじつは普遍者に根拠をもつ存在である、という自覚。救済への希求。そしてしかし、イエスでさえ、自然の運命を逃れられないという苦悩の意識。そこでつぎのキリスト教会の段階へと進む。①自己と対立的な絶対者＝神、②絶対的なものが個別的なもの＝キリストとして現われ出ること、③その死が和解の可能性として教会＝「精霊」として人々に残されること、という図式は後に「宗教」の章でもっと明確な形で再論される。

〈不変なものと可変なものの結合〉（⇩キリスト教会の段階）

不変なものへの希求は、（イエスという）具体的形をもった普遍者への希求への使命へと転化してきた。この希求を支えているのは、普遍者と個別者は絶対的に隔絶されたものではなく「一」なるものでありうるという希望である。つまり絶対的な分裂を克服しうるという予感がそこにある。絶対的な分裂を克服して不変的なものに合一しようとするこの意識の努力は、上述の三重性に対応して、やはり三つの契機をもつ。すなわち、

①普遍的なものに対して「純粋意識」として向き合う。

②現実に対して、欲望と労働の態度（個別的実在）において。

③自己存在の独立性を自覚した意識として

（⇩教会において、人々は「理想」へ届こうとして〈不変なものと可変なものを統合しようとして〉、さまざまな仕方であがく。以下その範型が示される。）

〔純粋意識　思慕と心情と憧憬〕

はじめは意識は、普遍者（＝不変者）に対して「絶対的なもの」に対する態度をとり、この存在がどのような意味で絶対的存在なのかを考えることはない。純粋に普遍者を仰ぎ見るだけの素朴な意識である。

とは言っても、不幸の意識は、ストア主義やスケプシス主義よりは進んでいる。その限りでそれは自分の個別性を意識しているが（個別性―普遍性という形で）、しかしまだ十分な自覚に至っているとは言えない。だが絶対的なものに憧れ、「感動すること」は、いわばこの個別性―普遍性の意識の一つの現われだと見ることができる。

にもかかわらず、ここでは自己意識はまだ自分の個別性の意味を十全に理解していない。それは絶対的対象を彼岸的なものとして感じ、それを思惟するのだが、この思惟は対象が何であるかについての思惟ではなく、ただ思いつづけること、つまり「思慕」（信仰心）というにふさわしいものにすぎない。「対象」は概念として思惟されているのではなく、あくまで外的なよそよそしい「対象」なのである。

だから、ここにあるのは「純粋な心情の内面的な運動」である。意識は自分自身を分裂した惨めなものと感じているとともに、対象に対しては純粋な憧憬の念をもっている。ここでは不変なもの＝普遍者としての「実在 Wesen」（⇒イエス・キリストのこと。金子訳では「実在」だが「本質実在」のこと。牧野訳の「本質」が分かりやすい）もまた個別的な存在として考えられているために、自分の個別性がイエスから承認されていることは自覚されている。

しかしこの「本質」＝イエスが自分にとって到達しえない彼岸と感じられていることは変わりない

（⇒この辺りは、イエスに対する信仰者＝不幸の意識の心情をきわめて抽象的な言葉で語っているところで、だいたいの意を憶測することしかできない。イエスは生身の人間〈個別〉として人々の前に姿を現わしたが、十字架に架けられて再び天に帰る。そこで人々は自分と救済者との絶対的なつながりの意識を断ち切られ、不安のうちに取り残されているといったストーリーになっていると思える）。

ここで求められているのは、個別者という形をとった普遍者であり（イエス・キリスト）、このことは一つの進展だが、しかし個別者としてイエスが思慕されているということは、イエスの存在意味（⇒個別的にして普遍的な存在であること）がまだ概念として（⇒その本質として）理解されておらず、ある感覚的な「絶対者」（⇒個別としてのイエス・キリスト）として思慕され憧憬されていることを意味する。だからこの「信仰心」の段階では、イエスの墓が問題になったり、信仰をめぐる闘いが問題であったりするのである（⇒「墓をめぐる苦労の多い戦い」とは、十字軍のことを指しているという解釈あり）。

不幸の意識がこの段階を克服するには、イエスの墓といったものがなんら現実性をもたないこと、つまり、絶対的なものが感覚的な個別者として存在するのではないことの自覚が現われ、そういったものを求めることを断念するという経験が必要となる。この経験においてはじめて不幸の意識は、真の意味での個別性、「普遍的な個別性」の概念をつかむ可能性を得る。

〔**欲望と享受と感謝**〕

個別的な心情は、単なる信仰心のうちに閉じこもっているわけにはいかない。それはつぎに、「欲望と労働」という契機において現実的な現実存在を確認しようとする。

見てきたように「欲望と労働」は、人間が現実に働きかけることで自己の自立性を確認する重要な契機だった。それは対象を否定すること（消費・享受）で自己の自立性をつかむ。しかし、不幸な意識はすでに分裂した意識であって、現実への働きかけとしての「欲望と労働」は、もはやそのような自己確証を与える契機とはならない。むしろ逆で、現実そのものがいわゆる現実と神聖な現実という二極に分裂している。ここでは現実の一切は神の被造物なのだ。

ふつうは、人間が主体として自然に働きかけることは、主体の自立性を確認する契機なのだが、ここではその自然も、また働きかける能力も、すべて神によって与えられたものだという意識がある。人間の存在は、だからある面で能動的だがある面で徹底的に受動的な存在だということになる。意識は自分の働きかけを自分の力と感じることができず、その力を含めて一切を「彼岸」という絶対的威力へと帰属させる（⇒すべてを「神のおかげ」である、と見なす）。

こうして不幸な意識は、自分自身の自立性の意識を完全に断念し、犠牲にし、一切を絶対者の威力に徹底的にゆだねようとする態度をとる。このことで自己意識は、逆説的に個別者としての自己と普遍者との統一を図っていると言える。しかしこの態度も、ただちに新しい意識の分裂・対立の側面にぶつかることになる。二つの契機を考えることができる。

①自己意識はとりあえず、自分の感情の満足を断念したと考えている。しかし人は、現実には動かしがたく「欲望と労働と享受」の生活を生きている。感情の満足を一切失くしてしまうことは生きている以上不可能なことだからである。

②自己意識の新しい態度は、徹底的な「感謝」という形による自己断念であるが、じつはこの感謝も結局は自己の「行為」であり、これは相手の恩恵に対してのこちら側の、すなわち個別者の側の

「行為」だという意識がやってくる。さらにこれは自己を徹底的に放棄することで絶対者に認めてもらいたいという、重大な自己動機による行為ですらある。

こうして自己意識は、この徹底的な自己断念という行為にひそむ内的矛盾と欺瞞を意識しないわけにいかない。つまり、この徹底的な「断念」の真相は、個別者としての意識が真に自己放棄できなかいことの結果である。徹底的に自己を放棄して普遍者と一体となろうとするその行為（意識）自体が、個別者が個別的であることへの執着（⇓「私」が絶対者と一致したい）といえるからである。

〔断滅と赦免、理性への移行〕

かくして、不幸の意識は新しい（第三の）態度へと進む。第一は内的な心情（思慕）。第二は、第一のものの現実的外化としての「労働と享受」だった。

まず、前節において徹底的な自己放棄が、じつはかえって個別性への執着を意味する「獅子身中の虫」だったという事情が再確認され、そこから普遍者へ達しようとするその心根そのものがまだ「自我」へのこだわりであり、さらに徹底的な自己滅却が果されねばならないという意識が現われる。ここでは神への感謝もまだ「我欲」であると見なされる。さて、ここに一つの媒介関係が登場する。

自己の徹底的な断念もまた個別への執着にすぎないという分裂の意識、不幸の意識は、しかしそれ自体が普遍的なものへの意識に媒介されて現われているのであって、これは新しい統一の契機を含んでいる。ここで個々の意識を普遍者に繋ぐものとして現われるのは、教会（教団）という媒介者＝「媒語」である。逆に言うと、個別者と普遍者という二極を媒介する役割を果すものが教会である。

ここで教会が両者の媒介項となることによって、不幸の意識はその行為と享受の自己性を相対化されることになる。自己意識は、まず、①**『決意の主我性と自由とを媒語ないし奉仕者**（⇒教会）**に投げ出し**（中略）、**自分の行為の責めをも投げ出す』**。(169, 130) しかし②自己意識にはまだ、労働と享受という果実が残されている。そこで意識は、つぎのような仕方で最後に残った自己の「現実性」を断念する。

①自分自身が意味のある行為を行なっているのだ、という自己の真実性を断念する。行為の意味が自分で分からぬように、無意味な祈りや歌などによる集団生活を送る、といったやり方で（集団的信仰生活）。

②財産に執着しないこと、奉仕、喜捨などによって、「自分のもの」という要素を縮小する（自己生活の縮小・放棄）。

③これまで味わっていた享受を断念する（キリスト教的禁欲主義）。

このような仕方で意識は、自己の一切を教会に預け入れることで自己性を放棄し、そのことでいわばどんな献身も自己のためではない、という言い訳を手に入れる。内的な自己性を禁欲や断念によって対象的とすることによって、ようやく自己意識の自己欺瞞の意識は収まる（とはいっても人間は完全に生活の現実性を否定できるわけでも、自己決断の内容をすべて消し去ってしまえるわけでもないが）。

ともあれ、ここで自己意識はひとつの「赦免」を手にするが、これは普遍者の側からみて重要な意味をもっている。なぜなら、ここでの意識が自己の意志を徹底的に放棄して帰依することは一方的に意識の側が行なっていることではなく、普遍者（神）からのはからいともいえるからだ。つまり、自己意識が自分の意志を徹底的に放棄することは、すなわち、各人が個別的な意志を捨てて「普遍的な意志」を定立することを意味するのだ。

だが個別者にはこのことが明確にはっきり自覚されているわけではない。これらの事態はすべて「神の思し召し」という形をとっており、それもただ、教会からの信仰と献身についての忠言などの形でやってくるだけである。

つまりここでは意識の「行為」は、真の意味で対象と自己との自覚的統一（自己が外化したものが自己のものとして戻ってくる）という形をとっておらず、あくまで無自覚なものである。そこで、事態は教会における信仰についての「半信半疑の信念」という形で現われる（⇒ここはやや不分明。おそらく、どのような不幸が真に不幸であり、どのような行為が本当に惨めな行為でありまたそうでないかは、我々には知られずすべてをゆだねるしかない、といった教説か）。

しかし個別の意識はこの教会への帰依の中で自分の確信に達するわけでは決してなく、（⇒天国、彼岸の生への救済と不安といった局面において）依然としてみじめな行為、苦悩に満ちた享受のうちにある。つまりこれらの個別の意識は決して「救済」の確信には達せず、普遍的なものはどこまでも「彼岸」のものとしてとどまる。

しかし、この「彼岸」という対象のうちに、意識は、じつは自己の行為や存在という個別性の中に「普遍的なもの」の本質があることを見出す契機をつかんでいる。この「彼岸」という対象のうちに、意識は「理性」の概念の萌芽を、つまり個別性における意識が自体的には絶対であり、まったき実在であるという確信をつかみかけている。

（⇒）自己意識は、「教会」や「新しい信仰」のうちに「絶対者」との合一を目指すが、絶対的な救済の確信は決して現われない。ただ「彼岸」的な絶対者という観念だけが生き残ることになり、このことの中で、自己意識は教会への帰依による自己救済を断念し、自分の個別的な自己意識のうちにこそ「絶対的なもの」が存在することに気づく、という進み行きのように思える。この章の最後の締めくくりはさまざまな解釈を許し、十分分明ではない。

第三章 理性

「理性」章頭解説（西）

◆あらゆる実在であるという確信

さて、私たちはこれから理性の章に入っていくのだが、では理性とはどのような意識態度をさすのだろうか。それは意識や自己意識とどのようにちがうのか。これをまず、説明しておきたい。

ヘーゲル自身の言葉では、理性とは『**あらゆる実在であるという確信** die Gewißheit, alle Realität zu sein』（*171*, 131）である、とされたり、『**自分自身を実在として確信し、あらゆる現実が自分以外のものではないことを確信している**』（*176*, 132）と述べられたりする。

現実と自分とが深くつながっていると確信しているのが理性だ、というくらいの意味だが、その意味はきちんと説明されてはいない。参考になるものとして、「中級用意識論（1809ff.）」における理性の定義をみてみよう。これは、ヘーゲルが『精神現象学』（一八〇七）を書いたのちにギムナジウムの校長となり、幼い生徒たちに短縮版の「ミニ現象学」を講義したさいのノートである。

> 理性は意識と自己意識との、すなわち、対象の知と自己の知との最高の合一である。理性は、「自分の諸規定が同様に対象的でもあり、諸物の本質の諸規定であるとともに、われわれ自身の思想でもある」という確信である（「中級用意識論（1809ff.）」§40,Werke in zwanzig Bänden 4, Suhrkmp. S.122）。

「意識」は、自己と現実（＝物や力）とを別のものだと思っていた。「自己意識」は、自己を求め実現しようとしたが、与えられた現実を否定することによってそれを果たそうとした。やはり自己と現実とは別のものだった。それに対して、「理性」は意識と自己意識との統一であって、現実を自己とは疎遠なものとみなさない態度なのである。

もっと具体的に言ってみよう。「私が、自然や社会について洞察する内容は、勝手な捏造や思いこみではなく、現実と一致しているはずだ。私は自然の本質を入手しうるし、社会制度の本質をも洞察しうる。私と世界は無縁なものではなく、私は世界と深く結びついている」――理性とはこのような「確信」のことをいうのである。

しかし、こうした確信である理性は、どうやって成立してきたのだろうか。あらためて、「不幸な意識」の末尾をふりかえってみることにしよう。

◆「私」の外化と、普遍意志の成立

不幸な意識は、最終的に、神と自分のあいだをとりもってくれる教会にすべてを委ねるのだった。自分で決意する自由を投げ捨て、自分の労働の成果も教会に譲り渡そうとする。このことをヘーゲルは、『**私を外化放棄** sich entäussern **し、自分の無媒介な自己意識を物に、対象的な存在にしてしまった**』(*170, 130*)と述べていた。

こうすることによっても、不幸な意識は、最終的に自分と神を一つと受けとめることはできず、惨めさと苦悩がなくなるのはあくまでも「彼岸においてのみ」のこと、と考える。しかし、われわれから見れば、これによって「理性の表象」が生まれているのである。つまり、自覚的ではないとしても、この外化によって理性が誕生したことになる。

なぜそうなるのだろうか。キーワードは「普遍意志 der allgemeine Wille」である。不幸な意識が、自分の意志を徹底的に放棄して、神と自分のあいだをとりもつ「仲介者」である教会に従うということは、「われわれ」からみると**『意志を個別的意志としてでなく普遍意志として定立すること』**(171, 131) だからである。

筆者なりにかみ砕いてみる。教会のもとに人々があつまり、その言葉に徹底的に従う。これはある意味で「奴隷」になることだ。しかしそのことによって、人々は互いを「神の子」として承認しあうことになる。自己意識は、以前は他者と闘争して主人になろうとしたり、自分の内面になんらかの理念を持つことで「この私」の優位を得ようとしたりしたが、いま、他人も私も同じ本質をもつことを知る。そして、互いをそういうものとして「認め合う」ことを学ぶのである。つまり、自分の意志を放棄し教会に徹底服従するということによってはじめて、対等な相互承認が成立するのである。

そして、この相互承認の成立は、自己意識のなかに「私にとってどうか」というだけではなく「みんなにとってどうか」という新たな視点をつくりだすことになるだろう。「みんなにとって正しいこと、みんなにとって真実であること」という新たな視点を自己意識は獲得する。こうして生まれた、普遍的なものを意志し実現しようとする態度が、普遍意志なのである。

もっとも、現時点では普遍意志といってもあくまでも教会の意志にすぎず、むしろ教会の絶対支配というほうが適切かもしれない。しかし教会という権威を取り払ったとき、みずから普遍的なものを洞察しそれを実現しようとする姿勢、つまり自発的で能動的な普遍意志が生まれてくるだろう。つまり、私だけが思いこむ真理や善に満足せず、「だれもが認めるだろう考え」「だれもが認めるだろう正義」とは何かと問い、それを求めて議論しあい、さらには普遍的な正義を社会に実現しようとする姿勢が生まれてくるだろう。これこそが、近代の「理性」なのである。

◆「中級用意識論」における理性の成立

この筆者の解釈に疑問をもつ人もいるかもしれない。「不幸な意識」では「相互承認の成立」という言葉は出てこないからである。そこで傍証として、先ほどの「中級用意識論（1809ff.）」を見てみることにする。これの自己意識の章はかなり簡略化されていて、欲望→承認を求める闘争→主奴論と続くのはオリジナル『精神現象学』と同じだが、「自己意識の自由」（ストア主義・スケプシス主義・不幸な意識）がそっくり抜け落ちている。つまり主奴論から「意識の普遍性」という短い節をへて、いきなり理性へと移行している。

この「中級用意識論」の主奴論のところに、次のような注意書きがある。

ペイシストラトスはアテナイ人たちに服従を教えた。そうしておいて彼はソロンの法を実行した。アテナイ人たちが服従を学んでしまった後には、彼らには支配は不用であった（前掲書、§36, S.121）。

ペイシストラトスは、BC七世紀の「僭主《せんしゅ》」。アテネが貴族制から民主制へと移行するときの、ちょうつがいの役割を果たした人物である。ソロンが改革を行って富裕な平民にも参政権を与えようとしたとき、それに貴族も下級平民も不満を抱いた。その機に乗じて、ペイシストラトスは平民と結んで、政権を奪取してしまう。彼は自分の一族に官職を独占させる一方で、中小農民の育成につとめてもいる。そののち、僭主政治は打ち破られて、アテネに民主政治が確立される。

この歴史事実を、ヘーゲルはこのように考えている。成員男子すべてを平等な市民として承認する、ということは、いったん（準）民主的なルールを強制されることによってはじめて可能になった。最初は強制であっても、人々は次第にその新しいルールになじみ、それに納得するようになる。すると、こんどは支配者自体も、新たなルールの側から打ち倒されることになる、と。

このように、この講義ノートでは、主奴関係の段階に「不幸な意識」と同じ役割を負わせようとしている。そして、主人（僭主）が打ち倒されることによって成立するのが「普遍的な自己意識」であり、これがそのまま理性である。先の続きを引用してみよう。

自己であるところの個別性の外化・放棄は、それを通じて自己意識が普遍意志であるように移行するための、つまり積極的自由へと移行するための契機である（前掲書、§37, S.121）。

普遍的自己意識とは、他者とは異なる特殊な自己の直観ではなく、自体的に存在する普遍的な自己の直観である。それゆえ普遍的自己意識は、自分自身と他のもろもろの自己意識とを自己のうちで承認し、また他人によって承認されるのである（前掲書、§38, S.121f.）。

このような自己意識は、あらゆる徳、すなわち愛、名誉、友情、勇気等々の基礎であり、あらゆる犠牲やあらゆる名声などの基礎である（前掲書、§39, S.122）。

ここでは、自己意識がいったん自己を外化・放棄して絶対の権威に服従することによって、相互承認と普遍意志が成立し、普遍的自己意識としての理性が成立する、という道筋が明確に打ち出されている。

◆個普関係と主客関係

しかし、相互承認と普遍意志の成立、ということは、直接には「個別性と普遍性との一致」のことである。それは、自己と現実とが一つであるという確信、つまり「主観と客観との一致」とはどうつながるのだろうか。

これについても詳しい説明はないが、「不幸な意識」の先ほど引用した箇所に「自己を外化放棄して、物となし対象的存在となした」という言い方があった。筆者としては、この「物」ないし「対象的存在」を、制度と読んでみたい。

教団とそこでの諸制度は、そこに集う人々の不断の行為によって生成し存続している。制度は、「この私」ではない「われわれ」の価値観や思いが対象化されたものといえる。日々の行為を通じて互いが承認しあうことで「われわれ」というものが生成・存続し、そのわれわれの価値観は、生きた制度という仕方でたえず現実となり対象となっている。

こうした意味での対象と自己との統一が、「理性」という意識態度（私と現実とは深く結びついているという確信）を可能にするのである。こうしてみると、理性においては、個と普の一致と主客の一致とがともに果たされている、ということになるだろう。

しかしこのような一致は、不幸な意識の段階では自己意識によって自覚されてはいないし、かつ、こうした態度が生成してきた過程も自覚されてはいない。

だから理性は、その出発の時点においては、あらゆる実在であるという確信と呼ばれる。つまり、個普・主客の一致を確信しているだけで、それをみずからの行為によって確証したわけではない。そこで理性の章では、まだ主観的な確信を、みずからの行為によって確証し、客観的な真理へともたらそうとする理性の歩みが描かれることになる。これはまた、自己を他者や社会に結びつけようとする歩みでもあるだろう。

◆理性章の進行

簡単にこの章の進行を確認しておくことにする。

スタート地点の理性は、自分と世界（現実）とが一つであると暗々裏に確信しているが、まだその確信を実現してはいない。その確信を次第に実現して、まだ本能的な理性が真実の理性となっていく歩みがこの章では語られる。歴史的には、ルネサンス以降の時代を念頭においていい。

理性の章の歩みは、大きく三つに分かれている。

①観察する理性——自然の世界を観察して、そこに合理的な秩序を見出そうとする。
②行為する理性——社会のなかに自己の信ずる理性的な秩序を実現しようとする。つまり世直しをめざす。
③事そのもの（いわば、社会的理性）——社会秩序のなかでの「行為」によって、自己と普遍性との一致を見出すことに成功する。

なお、付言しておけば、理性は、人類の精神の歴史的な歩みを描く「精神」の章で再度登場する。そこではきわめて具体的に、信仰と戦う啓蒙、フランス革命、カント、といった理性的な諸思想として取り上げられることになる。

V　理性の確信と真理【C】

〔一　理性の成立〕

『個別的な意識が自体的には絶対本質であるという思想』（175, 132）（個別的で移ろいゆく意識は、ほんらい普遍的な永遠なる本質と一つであるという思想）を意識が把握すると、意識は自分自身のうちに還帰して、「理性 Vernunft」となる。

不幸な意識は、「媒語《ばいご》」（Mitte、意識と本質実在とをつなぐもの、ここでは教会）に献身することによって、対自存在（主体性）を外化・放棄し、自分自身を「対象的な極」つまり「存在」とした。こうすることで「普遍者と自分との統一」も生じている（⇒自他に共通する普遍意志の生成、かつ、普遍意志が対象的な制度として現実化していること。この統一とは、個別と普遍の統一でもあり、主観と客観との統一でもある）。しかしこの統一を、不幸な意識は自覚していなかった。

この統一が意識されると、それは『あらゆる真理であるという確信』（ibid.）となり、理性となるのである。

〔二　世界に対する肯定的態度と観念論〕

これまでの自己意識は、自分の自立性と自由を求め、これを否定するものと思えた世界ないし現実を犠牲にして自分を救い出そうとしてきた。しかし自分が理性であると確信するようになると、自己意識は世界ないし現実を受けとめて、そこに安らぎを得るようになる。

なぜなら、自己意識はあらゆる現実が自分以外のものではないことを確信しているからである。

『自己意識は、世界のうちにただ自分だけを経験するにすぎないと確信している』（176, 133）。そこでは自己意識の思惟がそのまま現実なのだから、自己意識は現実に対して観念論の態度をとることになる。

観念論は、この確信を「自我は自我である Ich bin Ich」という命題（フィヒテ）において表明する。これは、対象から退き自分のなかに引きこもって「私は私だ」と繰り返すのとはちがい、むしろ、あらゆる対象は自分であると主張するものである。すなわち**『自我こそが唯一の対象であり、あらゆる実在であり、現存するもののすべてである』**（ibid.）と主張するのである。

この観念論の確信は、これまでの意識の経験によって成立したものである。つまり、（対象）意識の運動において、それ自体として存在すると思われていた他的存在（このもの、物、力）が消失し、自己意識の運動において、意識に対してあった他的存在が消失するという道程を経てのことである。「自体存在」（それ自体として存在するもの）と「意識に対する存在」（意識に対して存在するもの）とは最初は別々だったが、これまでの運動のなかで、両者は一致するに至ったのである。

しかしここで登場してくる理性つまり観念論（カント、フィヒテ）は、この道程を忘却しているので、無媒介にこれを確信しているにすぎない。だから、これらの観念論は不整合なものとなってしまっている。

たとえば、**『自我は自我である、自我の対象にして本質であるものは自我である』**（177, 134）（⇒あらゆる対象は自我とつながっている）と観念論（フィヒテ）は断言する。しかし他方で、**『自我に対して他者がある、自我以外の他者が自我にとって対象にして本質である』**（ibid.）（⇒あらゆる対象は自分から独立した他者である）という他の確信がそれに対立する。こうして、二つの断言が並列してしまう。（カントにおいても同じであり、カントは）あらゆる対象は意識に対してのみある、と主張しながら、他方では、「物自体」（⇩物は真実には意識の外にあって物それ自体として存在する）を認めざるを得なかった。

〔三　カテゴリー（範疇）〕

観念論の態度を表すものとして、カテゴリーというものがある。カテゴリーは古くから（アリストテレス以来）「存在するものの本質態」（存在する対象の本質を表すもの）とされてきた。しかし観念論（カント）においては、カテゴリーは「存在するものの本質態」であると同時に、思惟の規定でもある。観念論においては『**カテゴリーとは、自己意識と存在とが同一本質のものである、ということを意味する**』（178, 134）（⇩カント『純粋理性批判』では、質・量・関係・様相の四種類のカテゴリーが挙げられている。これは悟性の思惟の仕方だが、対象のあり方もこれによって規定される）。

しかし（カントのような）一面的な観念論は、自己意識と存在との統一であるカテゴリーをふたたび意識と解して、一方の側に置く。そしてこれに自体（客観、物自体）が対立させられるのである。

カテゴリーを正しく規定しておこう。カテゴリーは自己意識と存在との「単一な統一」だが、しかしそれ自身「区別」を備えている。『**カテゴリーの本質とは、他的存在つまり絶対の区別においてただちに自己と同一であることである**』（ibid.）（⇩カテゴリーという主客の統一は、静止した統一ではなく、それ自身が無限性の運動を行う）。すなわちカテゴリーは、「統一」から「数多性」へと展開しそこから「個別性」（⇩この個別性は、数多性における統一であるから「具体的普遍」でもある）へと還帰する運動なのである。

（⇓）カテゴリーの運動は、後の『大論理学』では「個別性→特殊性→普遍性」という仕方で語られる。『精神現象学』では、理性の今後の展開のなかでしばしばカテゴリーを用いた説明がなされるが、そのさいには、「統一→区別→両者の関連」「自体→対自→自体的かつ対自的」「存在→関連→普遍」等々という仕方で語られる。いずれも、無限性の運動を表現するものであることがポイントである。

〔四　空虚な観念論＝絶対的経験論〕

観念論に話を戻そう。（カント、フィヒテのような）空虚な観念論は、あらゆる存在について、これらが意識にとっての「私のもの」であることを指摘しながら、他方では、さまざまな感覚と表象とを、意識の外なる物によってもたらされるものとみなす。その意味でこの観念論は、意識の外なる物を認める「絶対的な経験論」でもある。

つまり、「純粋意識（自我）があらゆる実在であるという思想」と「外から来る感性的な感覚と表象とが純粋意識と同等の実在性をもつという思想」の二つは矛盾しているが、観念論はこれをそのままに放置している。

しかし現実の理性はこれほどまでに不整合なものではない。『**理性は、まだやっとあらゆる実在であるという確信にすぎないので、**（中略）**まだ真実には実在でないことを自覚しており、だから自分の確信を真理にまで高めるべく駆り立てられるのである**』（*182*, *137*）。

（⇩）このようにして、理性とは、自己意識と存在との同一性を確信しそれを実現しようとするものだ、ということになった。しかし読者のなかには深い疑念をもつ人もいるだろう。「自己意識と存在との同一性、つまり主観と客観との一致、などということはそもそも可能なのか？　それは世界を知り尽くす全知を意味するはずだが、全知などありえないのではないか？」と。自己意識と存在との同一性は、理性章の最後において一応達成されるのだが、それはじつは、世界の詳細な事実を知り尽くすという意味での全知ではない。そうではなく、客観的な社会制度と自己との関係を深く知って納得することなのである。

A　観察する理性

まず理性は、自然を観察し、そのなかに自己を見いだそうとする「観察する理性 beobachtende Vernunft」としてスタートする。理性は現実のうちに己れを予感するので、現実のあらゆるものをあまねく占有し、そこに主権の旗を立てようとするのである。具体的には、感覚的に経験されるものをまず「記述」し、さらに「分類」し、さらにそこに「法則と概念」とを見出そうとすることになる。

これは、理性にとっては、あくまでも物の本質を見出そうとする試みであるが、「われわれ」にとっては、理性が無自覚なままに、理性自身の本質を見出そうとしているのである。もし理性が、理性自身の本質である思考の運動（⇩何かを結果とみてその原因を取りだそうとしたり、多様なもののなかに統一的な原理を見出そうとしたりするような思考の運動）を明確に自覚し取り出したとするならば、それは「論理学」（⇩ヘーゲルが『精神現象学』に続いて発表した第二の主著である『大論理学』）となるだろう。

観察する意識じしんも、この歩みのなかで、最終的には、自分が自然のなかに自分自身の本質を発見しようとしていたことを自覚することになる。

a　自然の観察【D】

〔一　自然物の観察〕

理性は、記述→分類→法則という仕方で、自然観察をより高度化していくが、これは「意識」章における、感覚→知覚→悟性の進展をふたたびやり直しているといってもよい。しかし、理性は、みずから自覚的に「観察」し、そうすることで、自覚的に、感覚や知覚の立場を超え出ていこうとする点がちがう。

意識はまず、さまざまなものを観察し記述することからはじめる。意識は「観察と経験とが真理の源泉」と考えるが、しかしこれは「無思想な意識」にすぎない。なぜなら、まったくの個別なものを記述することに意味などないからである。**『知覚されたものは少なくとも普遍者の意義をもつべきであって、感覚的な「このもの」の意義をもつべきではない』**（*185*, 139）。記述とは、単なる事実の羅列ではなく、そこになんらかの普遍性を取り出していくことなのである（⇩たとえば、サクラの花びらは五枚である、と記述したときに、それは眼の前の花びらの数ではなく、「サクラ一般」についての記述を意味するだろう）。

このように、記述とは「普遍的なもの」を記述することだ、ということが自覚されたとき、なんらかの「標識」に着目する、という態度が出てくる。こうして理性は、物事を分類して体系的な表にまとめようとすることになる（⇓リンネの博物学が念頭にある）。

そこで重要なのは、分類するさいの標識となるもの、である。これはつまり、物の性質について、本質的性質と非本質的性質とを分ける、ということを意味する（⇓バラ科の植物にとって、花びらの数が五枚だというのは本質的性質であり標識となるが、花びらの色が何色であるかはそのさい問題にならない、非本質的性質となる）。

しかし、こうした標識（本質的性質）とは、あくまでも主観が分類するためのものにすぎないのか、それとも、存在そのものにそなわった客観的なものなのだろうか。言い換えれば、諸物の博物学的分類の体系は「人為の体系」なのか、それとも「自然の体系」なのか、ということが問題にされるようになる。

するとそこに、「人為の体系であると同時に自然の体系である」という立場が出てくる。なぜならば、動物を区別する標識は爪と歯だが、これは動物じしんが他者から己れを分離し独立して存在するためのものでもあるからだ（⇓爪と歯でもって、ライオンは他の動物を食い自分の個体性を維持している。これは単なる分類の標識であるだけではなく、ライオン自身が自然の連続性のなかから自己を分離するためのものでもある）。もっとも、植物は動物のように独立した個体性を保つことはできない（が、そのように個体性を保つさいの独立性のレベルによって、自然界の諸物を分類することができるだろう）。

こうした（博物学的）分類の体系は、類・種の区分を秩序だって展開することをめざすものだが、じっさいには自然の諸物を完全に分類し体系づけることはできない。なぜならば、分類していけば、動物とも植物とも分類できないような事例に出くわすことになるだろうからだ。絶対・窮極の分類は不可能なのである。

意識はこうして、物に固定的な規定を与えることが不可能なことを知った。次に意識は、固定的な規定ではなく、「法則と概念」とを求めていくことになる。

たとえば、酸と塩基とは、最初は端的に物として（⇩硫酸とか石灰といった物質そのものとして）考えられている。しかし、「酸が塩基と結びつき中和して塩となる」というふうに法則として捉えられたとき、そこでの酸はもう「物」ではない。まず、酸と塩基は「相関関係」にある概念であり、互いに他がなければ意味のないものとなる。かつ、そこでの酸は「概念」となっていて、具体的な物からは切り離され純化されている。

もう一つ例を挙げてみよう。実験によって法則が得られ、そこに電気や熱といったものが想定されるとき、これらは「質料」（⇩物質素。当時そのようなものが想定された）と呼ばれる。しかし電気はもはや、物体ではない（⇩意識章の悟性のさいに、一定の結果を表し出すものとしての力、が想定されたのと同じ）。

実験し法則を見出そうとする観察する理性は、結局、固定的で自己同一的なものと考えられていた物から、関係しあい規定を交替し運動する、無限性としての「概念」を取り出しているのである（⇩じつは、理性じたいがこうした無限性としてのあり方をしているのであり、理性は「理性本能」であって、本能的に、自分自身のあり方を自然のなかに見出そうとしていたのである）。

こうした無限性をそなえた概念を、現実の存在でありながらそのまま表現している対象がある。それが「有機体」である。こうして観察する理性は、次に「有機体の観察」に進むことになる。

〔二　有機体の観察〕

有機体は非有機的な自然物とちがって、たえず外〈環境〉と関わりながらみずからの自己同一を保つ、というあり方〈無限性〉をしている。しかし観察する理性はそうした動的な無限性というあり方を理解できず、固定的な項目相互の関係として有機体についての法則を打ち立てようとする（⇓ここでは、とくに当時のシェリングの自然哲学がそういうものとして批判される）。

〈環境と有機体〉

まず、最初に打ち立てられる法則は、有機体が環境に影響されることを主張するものだ。たとえば、空気と鳥の翼、水と魚のヒレ、といった関係である。しかしこの関係は外面的・偶然的なものにすぎない。空気のなかに翼がその本質として含まれているわけではないからである。有機体は環境からの独立性を保ち、環境に対してもそれ独自の方法で適応しようとするのである。

有機的なものの本質はそれが「自己目的」であることにある。有機体は環境やさまざまな他のものに関わるが、その活動は究極的には、個体ないしは種族としての自己維持に帰するからである。カントは有機体のなかに目的があると認めながらも、この目的はあくまでも観察者の側がそこに「想定」するものにすぎない、とした（『判断力批判』）。しかし目的はあくまでも有機体じしんに内在する、としなければならない。

〔内なるものと外なるもの〕

観察する理性は、動的な過程としてではなく、固定的な契機の関係として有機体を理解しようとする。すなわち、目的の概念を「内なるもの」とし、現実を「外なるもの」としたうえで、この二つのあいだに『**外なるものは内なるものの表現である**』(*199, 149*)という法則を見出そうとするのである。

すなわち有機体の「内なるもの」として、感受性(外からの刺激を受け取る能力)—反応性(外に対して反作用する能力)—再生(個体ないし種を再生産する能力)、という三つの契機が区分される(⇒自然科学者のキールマイヤーとそれを受けたシェリングの立場)。

観察する理性は、この三つの規定をそれぞれ固定的なものとみなし、その間に量的な法則が成立する、という(⇒例えば、生物は下等になればなるほど感受性は減少するが、繁殖力は増加する、という反比例関係がある、とされる)。しかしこれら三つの契機は相互に関連しあう「普遍的流動性」としてあるものであって、相互の量的関係として把握しても、有機体の本質は捉えられない。

また、こうした〝内なる〟三つの機能に対して、それらを表現する〝外なる〟器官として、それぞれ、神経系—筋肉系—内臓系、といったものがある、とされる。しかし、感受性は神経系だけによって表現されはしない。三つの機能はそれぞれが全体にいきわたる流動的なものであるから、「相互に分離された物的表現」を持つことはできない。諸契機の実在性は、「過程」としてのみあるのである。

すなわち、三機能を固定的に区分したり、この三機能と対応する三器官を設定したりすることによっては、有機体の本質は捉えられないのである。

〔三　自然全体の観察〕

観察する理性は自然全体を理解しようとする。（シェリングによれば）個々のさまざまな有機体を通じて生き続ける「無限なる生命」、これが「内なるもの」とされ、有機体の具体的なそれぞれの形態が「外なるもの」とされる。そして、これらのさまざまな形態を、唯一の同じ生命の進歩する発展過程として系列づけることが試みられる。そのさい、普遍的な生命が類や種へと分化していく原理は、「数」に求められる（⇒シェリングは、有機体の高度化していく系列を、数によって表現した）。内なるものである数が、外なる具体的な形態として表現される、ということになる。

しかし数量は、種への分化という質的な現象の必然性をほんとうに説明することはできない。無限定な普遍的生命から限定された形態に至る道筋が解明されるわけではないからだ。数というものは、無限定な生命のように「単一」なものでありながら、かつ、量的な「限定」をもつ。だから数が利用されるのである。

また、非有機的な物体においても、「比重」を基準にしてそれらを系列づけ、比重からもろもろの他の性質を説明することが試みられた。比重は、物体の「凝集力」、つまり外から加えられる力に対する抵抗力とみなされるからである。これは有機体における自己目的という概念を物質へと転用したものだが、しかし非有機的存在においては、一切の性質は併存し相互に無関心であるから、この系列もまた成功しない。

さて、自然と生命のあり方全体を振り返ってみる。普遍的な生命は、個別的な生物へと分かれつつ、相互に交わり合って普遍的なものを生み出す。これはたしかに、無限性を表現しているとはいえる。

しかし生命体はみずから自覚的にこれを実現することはできない。(⇩われわれであり、われわれである、というような、個と共同体との自覚的な関係を生み出すことはない)。そして、生命は自覚的な仕方で歴史をもち生成していくこともない。

そして、生命体の種への分化も必然的な段階として行われるのではなく、大地という環境との関係においてさまざまな偶然性を免れない。精神の領域でみられるような、必然性、体系性をもちえないのである。

したがって、存在のなかに自分自身を認めようとする理性の本能は、有機的自然から、今度は自己意識をもった人間の観察へと移っていくことになる。

b　自己意識をその純粋態において、またその外的現実への関係において観察すること、論理学的法則と心理学的法則【D】

〔一　論理学的法則〕

観察する理性が本能的に求めていたのは、対象のうちに、みずからの思惟と認識の運動（無限性の運動）を見出すことであった。したがってこの箇所で、生きた思惟の運動を叙述するヘーゲル流の論理学を述べることも可能であったはずである。実際、理性の章頭解説で言及した「中級用意識論（1809ff.）」では、意識・自己意識・理性と進んだ上で、次に論理学が語られる、という順番になっている。

しかしここでは、生きた思惟の運動を語るのではない、いわゆる「形式論理学」が批判されるにとどまっている。形式論理学は、法則や一般的概念の一つひとつを独立に取り上げるだけで、それらを思惟の生きた運動における契機とはみなさないからである。

〔二　心理学的法則〕

次に観察する理性は、具体的な行為をする意識を観察する「心理学」へと移行する。

観察する心理学がまず最初に見出すのは、精神のさまざまな様態である。さまざまの能力、傾向、激情を、心理学は精神のうちに見出し、精神のうちにはかくも多様で異質なものが共存できるのか、と驚く。

さて、これらの多様な能力や特質は現実の個体のうちで統一されているものだが、これらをひたすら列挙していくだけでは意味がない。そこで理性は、「環境が個体性に影響を与える」という法則を見出し、主張することになる。

しかし、環境と個体とをばらばらに分離したうえで、一方的な影響関係を論じるのはまちがいである。個体は環境に自己を適合させることもできるが、また環境を変革する能動的な存在でもあるからだ。

そもそも環境は個体から分離されたものではない。個体が何か、ということと、彼の世界が何か、ということは、まったく同じことを意味するからである。かつ、個体は行為するものであるから、個体は素質や状況のような「与えられたもの」と、「みずからつくり成したもの」との端的な統一なのである。

個体をそのように見るとき、次に、個体が「彼自身の世界」に対してどのような関係をもっているか、を観察しようとする態度が生まれてくるが、そこに人相術や頭蓋論が登場する。

c　自己意識が自分の直接的な現実に対してもつ関係の観察、人相術と頭蓋論【D】

こうして理性は、個体を所与の環境世界の反映としてではなく、それ自身において具体的な全体としてみることになる。そして、個体の真実（内なるもの）を表現する外なるものとして、身体のさまざまな部位を取り上げることになる。

①手相術——個体性の行為をなすのは「手」である。手は、個体が生得的にもっているものと、後天的に獲得したものとをともに表現しているはずである。だから、手や声の質はその個体の内なるものを表現しているはずだ、と考えられることになる。

②人相術——顔は、手のように直接に外界に向かって働きかける器官ではない。しかし、顔つきは、みずからの行為に対する自分の態度を表現している。個体は行為するさい、**『同時に自分自身に還帰し、この、自己内への還帰を**（表情という仕方で）**表出している』**（232, 175）のである。だから人相には、その人がこれまで生きてきた過程への反省が表現されているのであり、かつ、それは他人によって観察しうるものとなっているだろう。

しかし「仮面」をつけることも人間にはできる。外に現れた存在である人相は、精神や自己意識と必然的関係を持つとは言えないのである。また、ラファーターのような人相術者は、行為よりも人相を重視し、「内なるもの」は行為によっては充分には表出されず、人相においてこそ真実に表出される、とみなす。しかし、真実の表出は行為なのであり、行為こそがその当人が何であるかを示すものと考えなくてはならない（⇩この論点は、後の精神の「良心」の章で詳しく論じられる）。

③頭蓋論――さらに馬鹿げたものとして、ガルの唱えた頭蓋論というものがある。これは、精神の一定の特質には頭蓋骨の一定の形状が対応している、ということを観察によって確定しようとするものである。これは要するに、**『精神は一つの物である』**（252, 190）という判断へと帰着する。

これは自己意識を物質と等置しようとする「無限判断」であり、きわめて馬鹿げたものである。しかしまた、これは、観察する理性の最終的な帰結という点では、深い意味を持つともいえる。理性本能は「存在」のなかに自分自身を求めようとして、ついに骨というまったくの存在のなかに自分を見出したともいえるからである。この「精神は物である」を極点として理性は態度を転じ、みずから行為することによって自分自身を存在（現実）のなかに定立しようとする姿勢へと、すなわち「行為する理性」へと転換していくことになるのである。

（⇩）ここでの無限判断とは、まったく異なった領域のものを結びつける、一見すると無意味な判断のことをいう。たとえば「赤は広い」というような判断のことを指す。ヘーゲルは、「精神は物である」という無限判断を、まったく異なったもののなかに同一性を見出そうとする点で、精神自身の本質である無限性を表現したものとして深い意味をもたせようとしている。この「精神は物である」という無限判断については、「絶対知」のところでふたたび論じられることになる。

またここで出てくるラファーターの人相術やガルの頭蓋論は、当時かなり流行していたもの。ヘーゲルはこれらに対する批判の意味もあったのか、『精神現象学』ではかなりの頁数を割いている。しかしここではヘーゲルの基本的な構えを紹介するにとどめた。

B　理性的な自己意識の自分自身による実現

冒頭部【B】

〔一　行為する理性〕

自己意識は「物を自己として、また自己を物として」見出した。これは、自己が「あらゆる実在」であり「対象的な現実」であるという確信からスタートした理性が、この確信を対自的（自覚的）なものとしたことを意味する（⇒観察する理性は「理性本能」であって、自分が観察のうちに自己を求めていることを知らなかった）。

そこで、これ以降現れてくる新たな対象はどのようなものか。『**対象は物性の形式においてあり自立的である。しかし自己意識はこの自立的な対象が自分にとって疎遠なものでないことを確信している**』（255, 193）すなわち、対象は他の自己意識なのである。自己意識は、自分がこの対象によって「承認」されていることを知っているのである。

この承認ということにおいて、自己意識は「精神」となっている。精神とは、二重の自己意識となりそれぞれ自立的でありながら、しかも一つであるようなもの（無限性というあり方をしたもの）だからである。

だが、精神というこのあり方も、現時点では（主観的）確信にとどまっているのであり、これが

（客観的）真理にまで高まらなくてはならない。理性は、こうした確信を行為によって実現しようとする「行為する理性 die tätige Vernunft」となるのである。

行為する理性がこれから歩んでいく道程は、観察する理性が「意識」の運動を繰り返したように、「自己意識」の運動をもう一度遍歴することになるだろう。

理性は最初は、一個の個体としての自己を他者のうちに要求する（⇒「a 快楽と必然性」）が、それが普遍性にまで高まると、自分が理性であり自体的かつ対自的に（絶対的に）承認されたものであることを自覚するようになる。それとともに、あらゆる自己意識を統一している「単一な精神的本質 das einfache geistige Wesen」（⇒個々人を生かしている社会制度）の存在が気づかれてくる。こうして自覚された精神的本質は、「現実的な実体 die reale Substanz」とも呼ばれる。

じつは、もろもろの意識や自己意識の諸形態はこの実体における諸契機にすぎず、この実体のなかでのみ「定在と現実性」をもつものなのだが、そのことも次第に自覚されていくことになる。

〔二　目標としての人倫の国〕

行為する理性は、このように『**自分から自由な他の自己意識のうちにおいて、自分自身であるという確信をもち、まさにそうすることにおいて真実態を得ている承認された自己意識**』（256, 194）を目標として進んでいくことになる。この目標を「われわれ」が、まえもって具体的に取り出してみると、そこに「人倫の国 das Reich der Sittlichkeit」というものがみえてくる（⇒精神の章の冒頭で語られる、古代ギリシャのポリスのこと）。

この人倫の国では、個々の自己意識は承認しあっており、「自立的な他者のうちに自己を直観する」ことができるのだが、そこでの個人と実体（社会制度）との関係についていえば、それは次のようなものである。

個々人は、各自の絶対的な自立性をもちながら、同時にこの実体によって支えられ、実体のうちに溶けこんでもいる。しかも無自覚なままに溶けこんでいるだけでなく、自覚的な行為を通して自己と実体が一つであることを確信している。すなわち、個々人はこの実体をみずからの本質（目的）として行為し、そうすることで、この実体を自分たちの「作品 Werk」としてつくりあげている（⇒個々人は全体によって支えられ、全体は個々人によって自分たちの作品としてつくりあげられる。作品はヘーゲルのキーワードの一つ）。

個体は、自然的な存在であって、個別的な諸欲求をもっているが、しかしこれを充たすことができるのは、「普遍的な媒体」（社会的な分業のシステム）によってはじめて可能である。個体の行う労働は、「すべての人々の為すことに組み合わされ、からまされている」のである。個体は、個別的な（自分のための）労働をなすことにおいて、普遍的な（他の人々のための）労働をなすのであり、それを無意識に行うだけでなく、意識的にも行っている。

『個別者は全体のために自分を犠牲にし、まさに犠牲にすることによって、かえって全体から自分を受けもどす。ここには相互的でないようないかなるものもない』（257, 195）。「己れを物となすこと（実体に対する労働・自己犠牲）と、自分だけで存在すること（実体のなかに自分を直観）との統一」がここにある。

さらにこの普遍的な実体は、その普遍的な言葉を、一つの民族のもろもろの習俗と掟においてもっている。普遍的な物性（客観的な姿をとったもの）であるこれらの掟は、個体にとって疎遠なものではなく、そのなかに個体はまさしく己れを認めている。この掟は、自分および各市民のうちに個別化されて生きているのである。

このようにして、**『ひとつの自由な民族のうちに理性は真実態において現実化されている』**（258、195）といえる。理性とは「あらゆる実在であるという確信」であったが、これが実現した形態こそが、人倫の国なのである。

〔三　道徳性の生成〕

行為する理性がこれから経験していく歩みは、一面では、この「人倫的実体」を目標としそれを達成しようとする歩み、ということができる。しかし他面ではこれは、人倫的実体から離れ出た意識が次第にみずからの使命を自覚してゆき、最終的には「人倫的実体とは何であるか」を自覚した「道徳性 Moralität」へと至る歩み、とみなすこともできる。人倫的実体を目標とする見方と、道徳性を目標とする見方の二つが成りたつことになるのだが、この後者について説明しておこう。

自由な民の生活は、たしかに人倫的な精神ではあるが、しかし、そこには「純粋な個別性として自分だけで存在すること」が欠けている。そこでは、実体を無媒介に「信頼」する態度が支配的であり、かつ、実体の本質についての自覚的な理解（道徳性）が打ち立てられているわけではない。この人倫は、自覚的な精神ではなく、「存在する、制限された」実体なのである。

その意味で、意識はこの「存在する人倫」から離れ出ていかざるを得ない。実体に対する信頼は、自己意識の個別性という契機によって打ち破られ、「この私」こそが真実となってしまう。**『意識は自分だけで孤立すると、意識こそが自分にとって本質なのであって、もう普遍的精神が本質なのではな**

い』(259, 196)。

しかしこうした、個別的な意識が「実体の本質」を意識し自覚するに至ってはじめて、実体も「存在する、制限された実体」ではなくなり、絶対的な真実態を獲得することになる。道徳性は、存在する人倫よりも、高次な立場なのである(⇒後年の『法哲学』では、人倫のほうが道徳性よりも高い立場としておかれている)。

「われわれ」から見れば、行為する理性もまた、人倫的実体をその根拠としており、そこから離れ出てきたものである(それを理性が自覚しているわけではないとしても)。行為する理性は、行為を通じて、自分と対象的な現実との統一を獲得しようとするのだが、この統一を「幸福」と呼ぶならば、理性は幸福を求めて進んでいくのである。この結果、人倫的な実体が何であるのか、についての意識である道徳性が獲得されていくことになるだろう。

しかしこの段階では、人倫的実体の喪失、ということを前提に話を進めることはできない。その点からすれば、理性の歩みの目標は、自分の衝動を撤廃しつつ人倫的実体に向かっていくものである、ともいえる。どちらの見方もできるが、われわれの時代により近く理解しやすいのは、意識が人倫的な生活を喪失した後の経験、というほうの見方かもしれない。

〔四　行為する理性の諸段階〕

具体的には次のような段階を通っていく。

①個別性の段階。個別的な私を個別的な他者のうちに直接に求めようとする、つまり恋愛に生きようとする。

②個別的であると同時に普遍的でもある段階。社会の現行の秩序は人間的な心胸（ハート）を欠いていると思い、世直しをしようとする。

③普遍性の段階。善なるものは、個別的なものを犠牲にすることによってのみ実現されうる、という経験をつんで、「徳」の態度をとる。個別性を徹底的にはぎ取り、普遍性になりきってふたたび世直しに挑む。

a 快楽と必然性【B】

ここでの自己意識は、「個別的な自分」こそがリアルだと考え、この自分を他の自己意識（異性）のうちに直観しようとする。つまり、ある他者をわがものにしようとする。

この自己意識は、人倫的実体から離れて高まった「対自存在」（じぶんだけの、個別的な存在）であって、習俗と生活の掟や、観察の与える知識や理論というものを、灰色で消えつつある影のようなものとしかみなさない。彼は生のうちに躍り込んで、熟した果実をもぎとろうとするように恋に生きようとする。

それは悟性と学問という
人間　最高の賜物をさげすみ——
それは悪魔に身を委ねて
没落せずにはおられない

（ゲーテの『ファウスト』からの自由な引用）

〔一　快楽の享受〕

この自己意識の行為は、「欲望」（自己意識の章の冒頭）のそれに似ている。しかし欲望においては、自己意識は対象を否定し食い尽くそうとしたのに対し、ここでの自己意識が否定しようとするのは、対象である恋する相手のもつ「他的存在という形式」である。相手は、自己意識にとって自体的には（もともと）自分と同じものとして妥当しているのであり、否定されるべきは、自分から自立しているようにみえる、その外観だけなのである。

さて、自己意識は快楽の享受に、すなわち、「両方の自立的な自己意識の統一を直観すること」に到達し二人は結ばれる。こうして自己意識は自分の目的に到達したのだが、まさにそのことにおいて、この目的の真実態が何であるかを経験することになる。

というのも、自己意識は自分自身をまったく個別的な存在として理解していたのだが、相手のなかにその目的を実現することは、当初の目的を失わせることになってしまうからだ。この行為の結果、自己意識は自分にとって「対象」となるのだが、そうやって対象として意識される自分とは、「この」個別者としての自分ではなく、「自分自身と他の自己意識との統一」である「普遍的なもの」だからである（⇒自分と相手とのあいだに切っても切れない絆が生じたり、子どもが生まれたりすることをさす）。

〔二　必然性とカテゴリー〕

こうして快楽の享受には、相手のなかに自分を直観して「自分自身を対象的なものとした」という肯定的な意義だけでなく、「自分自身をなきものにした」という否定的な意義があったことがわかる。しかし自己意識は前者しか知らなかったので、否定的な意義のほうはまったくの不可解な威力として「必然性《さだめ》」として、受けとめられることになる。

（⇩）具体的にいってみよう。社会のしきたりも掟も投げ捨てて快楽を求めたのに、二人の絆が生まれれば双方の親族との関わりが出てくるし、さらに子どもが生まれれば親としての責任も取らざるを得なくなる。こうして、快楽をめざした自己意識に、捨てたはずの家族や社会との「つながり」が、当人の予期しなかった厳しい「必然性《さだめ》」として、経験されるのである。

この自己意識の経験は、「カテゴリー」の展開を身をもって示したもの、ということもできる。この個体性は理性であるから、カテゴリーすなわち『**対自存在**（⇩自我、主観）**と自体存在**（⇩存在、客観）**との統一**』（264, 200）であった。カテゴリーはそれ自身「統一」「区別」「両者の関係」という三つの契機をもつものであり、統一から区別へと、さらに、統一と区別とが関係しあってより高次な統一が達成される、という動的な運動として展開される。個体がみずからの目的を実現したことも、自己意識のなかに閉じこめられていたカテゴリーを外に出して対象的な場面として展開させた、という意味をもつ。

しかしここでの個体性は、また個別的であるだけのものであり、「理性という抽象」であるにすぎない。だからこそ、カテゴリーの展開も豊かな内実を伴った展開とはならず、抽象的で不可解な威力としての必然性（さだめ）という姿を取らざるを得ないのである（⇩ヘーゲルはここでの自己意識の経験とカテゴリーの展開との対応を説明していないが、あえてパラフレーズすれば次のようになるかもしれない。二人の「統一」に対して、それとは「区別」された社会的なつながりが、まったくの外的な圧力として二人に迫り「関係」してくる、というように)。

〔三　没落、次の形態へ〕

この必然性の経験を言い直してみれば、「一者」という形式から「普遍性」という形式への移行と言える。『**他の人々との共同を投げすてた純粋な対自存在**』(265, 200f)であった抽象的な自己意識(一者)が、その純粋な反対である「抽象的な自体存在」(普遍性)へと突然に移行してしまい、こうして個体は没落してしまったかにみえる。個別性の無情が、やはりおなじく固くて無情な現実にぶつかってくだけてしまったかのようである。自己意識は、生命を求めたのに、生命なき冷酷な現実に押しつぶされる。一者と普遍性とを媒介するものがまったくないために、この移行は、個体にとっては正反対のものへの突然な転換であるように見えるのである。

しかし、(「われわれ」からみれば)ここでいう必然性ないし純粋な普遍性も自己意識の本質だったのであり、この経験は、自分が自体的に(もともと)何であったかの経験なのである。この普遍性という契機を自分自身の本質であると「自覚」したときに、次の新しい自己意識の形態が登場することになる。

(⇩)この節はその全体が、ゲーテの『ファウスト』を意識しつつ書かれている。ファウスト博士は悪魔との契約によって若さを獲得し、グレートヒェンとの恋に生きようとするが、子どもができてしまい、最終的にグレートヒェンは発狂してしまう。さらにこれは、ヘーゲル自身の経験でもある。『精神現象学』を執筆していた時期、下宿先の主婦との間に不義の子どもができてしまったのだ。当時ヘーゲルは独身だったが、この子を認知し、以後もいろいろ配慮した。これは社会的な評判の面でも、後の結婚生活においても、彼の生涯の頭痛の種となった。

b　心胸の法則と自負の錯乱【B】

この自己意識は自分の内に普遍的なもの、つまり法則を持つことを知っている。この法則は、この個別的な自分の心胸《ハート》のなかに直接無媒介に存在しているものであり、それゆえ「心胸《ハート》の法則 Gesetz des Herzens」と呼ばれる（⇒普遍性という姿勢をもってはいるが、まだ普遍性としての程度が低い）。この心胸の法則を実現することが自己意識の目的だが、実現してみたとき、その結果がもともと自己意識が抱いていた「概念」と一致するかどうかが見られなくてはならない。

〔一　心胸の法則と現実の法則〕

一方に法則と個別性との直接の一致である心胸の法則があるが、他方には、それとは正反対の「現実」が対抗している。現実とは「法則と個別性の矛盾」に他ならず、現実の法則は「必然性」としてもろもろの個人を抑圧する。人類は冷酷な秩序に隷属しているのである。じつは、個人が冷酷な必然性によって弾圧される、というこの関係は、もともと先行する形態（快楽と必然性）のなかで生じていたものと同じだが、しかしそれは「われわれ」だけが知っているのであって、この自己意識がそう知っているわけではない。

さて、ここでの個人は、心胸の法則に矛盾するこうした必然性を撤廃しようとする。この個人も快楽をめざすが、それは以前の形態のように自分だけの快楽ではない。おのれ自身の「卓越せる本質」を発揮し、「人類の福祉」を生みだそうとすること、人々の快楽と幸せをめざすことこそが彼の快楽なのである。

しかし、心胸の法則における個別性と普遍性の統一はきわめて素朴なものであり、両者を媒介する運動も訓練も欠いている。**『無媒介で無訓練の本質をそのまま現実化することが卓越さを発揮するゆえんであり、また人類の福祉を生みだすゆえんと考えられているのである』**(268, 203)。

> 現実：法則（社会の秩序）と個別性（個人の幸せ）との矛盾
> 心胸：法則（普遍性）と個別性（個人の幸せ）との一致

現実を生きることとは、「法則と心胸との幸福な統一」をもてない、ということを意味する。法則に従えば自分の心胸が満たされず、法則に背けば道徳的な卓越性の意識をもてなくなる（道徳的に劣ったことをしていると思ってしまう）からだ。しかし、「心胸の法則」を抱く個人にとっては、心胸から分離された秩序などというものは「仮象」のものにすぎない。そう思いつつ、彼は新たな現実をつくりだそうとするのである。

（⇓）みんなが幸せになるとぼくも幸せだ。みんなが楽しくなる世界を実現したい。そういう素朴な善意をもちつつ、世直しをしようとするのがここでの自己意識。そこには、みずからの卓越せる本質の意識、つまり世直ししようとする自分はカッコいいという意識も伴っている。

また、彼の抱く心胸の法則は直接無媒介なものとされたが、それは、自分という個人の心胸と、ほんらいあるべき社会秩序（普遍的法則）とが「そのまま」一致する、とみなす姿勢にある。踏み込んでいうならば、この姿勢のなかには、次の三つの素朴な思い込みを指摘することができるだろう。①自分が正しいと思うことは「そのまま」普遍的であって、他の人もそれを正しいと認めるはずである、と想定している点。つまり、自分が正しいと思うことにほんとうに普遍性があるかどうかを検証しようとする態度を彼はもっていない。②私の快楽とみんなの快楽とは「そのまま」一致しうる、という想定。さらに③快楽が「そのまま」法則（社会秩序）になることができる、という想定がある。彼は、人それぞれの快楽が相互に対立、衝突することがあることを知らない。そもそも法則（ルール）には、人間相互の快楽が対立するからこそ、その調整のために必要とされる面があるのであり、その点で法則は快楽と対立する面をもつはずである。しかし彼は、法則と快楽とが対立するなどとは思ってもみないのだ。

〔三　心胸の法則の実現〕

しかし、個人が自分の心胸の法則を完遂し実現してみると、この法則はこの個人から逃れ去ってしまう。この法則は現実化されることによって「存在」という形式を備え、「普遍的な威力」となるが、この威力にとってはこの心胸はどうでもよいものであるからだ。個人が生み出したものは、それが客観的な制度である以上、もはや「自分の」法則ではなく、自分から疎遠なものとなってしまう。そして彼は、疎遠で敵対的な現実の秩序のなかに自分が巻き込まれてしまったように感じる。

個人が信じる心胸の法則は、「直接的な対自存在」（直接にそのなかに自分を見出しうるもの）だったが、それを現実化してみると、そうした直接性は失なわれる。だからこの秩序のなかに個人は自分を認めることができないのである。

しかしまた、この現実となった普遍的秩序は自分の行為の結果でもあるから、その点では個人はこの現実を「承認」してもいる。なぜなら、**『行為するということは、自分の本質を**（自分の外に出して）**自由な現実として定立するという意味をもっているのであり、言い換えると現実を自分の本質として承認するという意味をもっているのである』**（269, 204）。（⇒行為するとは、現実のなかに自分の思いを表現することである。したがって行為することのなかには、現実を重要なものとして認めるということが含まれているはずである。だから個人は、一方では現実のなかに自分を認められないのに、他方では現実を認めなくてはならない、という矛盾のなかに立たされることになる。）

さらにここでは、もともと個人が抱いていた**『個別的な心胸と普遍性との無媒介の統一が法則にまで高められて妥当すべきであるという思想』**（ibid.）、つまり自分の思いがそのまま客観的法則として通用すべきであり、そこにどんな人も自分の心胸を見出して賛成するはずだ、という前提が、はっきりと問題化してくる。

なぜなら、個人が行ったことは、彼にとっては自分の対自存在（思い）と快楽とを表現しているが、しかしそれは他の人々からみれば単に特殊なものにすぎず、他の人々はこの内容の内に自分たちの心胸の法則を見出しはしない。だから人々は、彼の行為を非難したり反抗したりするのである。

ここにいたって、この個人は、最初は「固い法則」つまり無慈悲な現実だけを嫌悪していたが、いまや人々の心胸そのものも自分の卓越せる意図に反する嫌悪すべきものだった、と思うようになる

（⇒現実の秩序だけでなく、人々の心も腐っていたのだ、と思う）。こうして彼は、存在と現実において「自分自身の疎遠化 die Entfremdung seiner selbst」（自分が自分の本質から遠ざけられ、本質をわがものとしえない状態）に達する。

しかしここで、現行の秩序の意味合いが変わってきている。現実は単なる死んだものであって、善良な人々を抑圧している、と以前は思っていたが、この秩序はむしろ、人々の心によって生かされた秩序だったのである（⇒秩序も人々の心も腐っているとしても、ともかく人々の心が秩序を生かしていることは確かだ、と思うようになる）。

〔三　自負の錯乱〕

さて、個人は心胸の法則にのみ自分を認めるのだが、しかし現実の秩序もまた、自分の信ずる法則を実現したことによって自分自身の現実となってもいる。両方ともに自分の本質であり、かつ相互に矛盾してもいる。

個人は、自分自身の本質であるはずの心胸の法則をただちに非本質的なもの（無力で現実性をもたないもの）と考えざるを得ない。また現実世界は彼にとって疎遠なものだが、しかしこれも、みずから自己を実現した場面でもあって、まさに自分自身であるはずのものである。こうして彼は「内面のもっとも深いところで錯乱している」のである。

〔錯乱と顛倒を他者に投影〕

しかし彼は、この自身の錯乱と顛倒を、他の人々に投影する。**『人類の福祉を思って高鳴る胸の鼓**

動は、それゆえ狂った自負の激昂へと移っていく』(271, 206)。彼は、普遍的な秩序は「心胸の法則と幸福との顛倒 Verkehrung」であり、すべてが逆さまになっていると言う。狂信的な坊主ども、豪奢に耽る暴君たち、そしてこれら両者から受けた辱めの腹いせに下の者を弾圧する役人たち、こういった連中が人類を操縦し欺いているのだ、と。こう語ることによって、意識は「個体性 Individualität」(個的利益を求めようとすること、エゴイズム)こそが狂わせ乱すものであり顛倒したものである(⇒あいつらのエゴが世の中をおかしくしている)と言うのである。

しかし、顛倒しているのはむしろ自分のほうだ。**『無媒介に普遍的であろうと意志する意識の個別性こそが、このように狂わし乱すものであり、顛倒したもの自身である』**(272, 206)。(⇒自分をそのまま普遍性であると思いこむ彼の在り方こそエゴイズムであり、それこそが狂わし顛倒するものである。)そして彼は、みずから為したことによって、そのことを自覚し思い知ることになる。その次第をたどってみよう。

〔心胸こそが顛倒され・顛倒するもの〕

心胸にとって真なるものである「心胸の法則」は、単に私念されたものであって、現行の秩序のように日の明るみに耐えてきたものではない。心胸にとっても、現実、つまり「現に妥当していること」が目的であり本質であるはずである。しかしこの現実が虚無なものとされてしまう(⇒現実は本質→現実は虚無、という顛倒)。

そこで心胸は、自分自身の現実、つまり「意識の個別態としての心胸」が本質である(⇒私のこの胸の思いこそが本物だ)とみなす。しかし心胸にとっても、これを存在するように定立することが目的である。だから心胸にとって目的なのは、むしろ「非個別的なものとしての自己」「普遍態としての自己」であることになる（⇓私の思いこそが本質 ──▶ 客観化された普遍的なものこそが本質、という顛倒）。

さらに行為によって対象化してみると、**『心胸はおのれの自己**（である心胸の法則）**を非現実的なものとして、非現実**（であるはずだった現行の秩序）**をみずからの現実として経験する』**（272, 206）。だから、まさしく自分の心胸それ自身が顛倒されたものであり、かつ、他を顛倒するものである。

〔秩序の二側面〕

しかし普遍的な秩序の方も「すべての心胸の法則」であるのだから、これも同様に「それ自身において顛倒されたもの」だといえる。つまり現実の秩序には、人々が愛着する「実体」という面だけでなく、「休みなき個体性」（休みなく運動する個々人のエゴ）の相克、という面もあるからだ。

一方で、現行の法則は「すべての心胸の法則」であり、「意識をもたない空虚な死せる必然性ではなく精神をもった普遍性であり実体」である。この実体は人々によって現実性を得ていると同時に、彼らもまたこの実体のうちにおいて生きることができる。だから人々が不平をならすことがあっても、じつは、この秩序をもって自分たちの本質であると考えて心からこの秩序に愛着しているのであり、この秩序の外に出れば、個々人はすべてを失ってしまうことになる。

しかし他方では、この秩序もやはり顛倒されたものである。ある個人が自分の心胸の法則を実現しようとすれば、他の人々もそれに代えて自分の心胸の法則を実現しようとする。**『だから、現にある普遍者は、万人の万人に対する普遍的な抵抗と戦いにすぎない』**（273, 207）。各人はできるだけ多くのものを自分のほうへひったくり、自分自身の個別性（個的利益）を定着させようとするが、これもまた、他の人々によって消失させられる。公共の秩序とは「世間 Weltlauf」（世の道行き）であり、一見、恒常的な行路のようにみえても、その内実は「もろもろの個別性の定着と解体という本質なき遊戯」なのである。

〔**徳へ**〕

さて、われわれが普遍的秩序の両側面を観察してみるならば、後者の内容をなすものは、「休みなき個体性」である。この個体性（個人）にとっては自分の個別的利益こそが法則であり現実であって、現実であるはずの普遍的秩序など信じていない。しかしこうした個人の姿勢は秩序の「現実性」の側面でもある。そこには個人の対自存在（独立したあり方＝私的利益）が属しているからである（⇩個々人がみずからの私的利益を追求するということも、社会秩序にとって本質的なことである）。これに対し、秩序の他方の側面を「休らえる本質としての普遍者」と呼ぶことができるが、しかしこれは「内なるもの」としてあり、まだ現実となっていない。

ここに、個体性（私的利益を求める心）を撤廃することによってのみ、この内なるものが現実となりうる、と考える意識の新しい形態が生じてくる。これは、「自体的に（それ自体として）真かつ善であるもの」を自己の本質とし、個体性が顚倒され顚倒するものであることを知っているので、この個体性を犠牲にすることなしにはこの本質は実現されえない、とみなすのである。これが「徳 die Tugend」である。

c　徳と世間【B】

〔一　徳と世間〕

徳は、自分の意識においても、世間においても、個体性を撤廃されるべきものだとみなす。「自体的に真かつ善であるもの」のもとへみずからを訓練し、最終的には全人格を犠牲にしなくてはならない。そうすることによって、個体性は世間の側においても根絶され、善が実現するはず、と考えるのである。

（⇒）そもそもなぜ、個体性を根絶しようとする態度を徳はとるのだろうか。心胸の段階では、個々人が快楽を求めることは善であり、私の幸せと皆の幸せとはひとつにつながっているはずであり、それこそが「法則」として実現されるべきだと思っていた。しかし彼が経験したのは、現実の世界は、善や法則をタテマエにしながら、内実としては、私的利益を求める個人のせめぎあいである、ということだった。つまり、彼が経験したのは、快楽を求める個人と、法則つまり普遍的な善とはむしろ対立する、ということだ。彼は個人の「エゴイズム」を知ったのだ。その反省は、自分にも及んでくる。自分の個人的心情がそのまま普遍的な法則たりうると思い込んでいたが、これもある種の身勝手なエゴイズムだったことに彼は気づく。このように気づいたとき、個々人の心胸や快楽から切り離された「善それ自体」という観念が、彼のなかに浮んでくる。こうして彼は、「エゴイズムを取り払ってこそ、善それ自体は達成されるのだ」と考える「徳の騎士」になるのである。

また、ここでの「徳」は、カントの道徳性よりもはるかに行動的なものではあるが、快楽や私的利益を廃して善のみを追求しようとする点で、カント的道徳性と共通している。

対する「世間」においては、徳とは逆に個体性と対自存在こそが本質とされ、「自体的に真かつ善であるもの」を自分に従属させる（⇒なんのかんのいっても自分の利益こそが唯一、とされる）。こうして普遍的なもの（社会秩序）は、個体性によって利用され顚倒されることになる。

もちろん、世間のなかに「絶対的な秩序」という契機もあるが、それは意識に対して「存在する現実」ではなく、世間の「内的な本質」として、隠れた潜在的なものとしてある。

では徳は、この世間の「内的本質」を作り出そうとするのだろうか。そうではない。なぜなら、作り出そうとするのは、一種の「作為」であり、個体性の意識（「自分がやった」という意識）をもたらすだろうから。徳はこう考える。内的本質は、世間のなかにそれ自体として存在しているはずであり、「顚倒の原理である個体性」を撤廃することによって、この世間の「自体 das Ansich」（⇒「あれこれの偶然的なものではなく、それ自体として堅固に存在するもの」という語感の言葉。ほぼ「本質」と同義に用いられる）が出現する余地をあけるだけでよい、と考えるのである。『**徳の目的とするところは顚倒された世間をもう一度顚倒して、その真実の本質を**（現実に）**もたらすことである**』（276. 209）。

〔二　徳の騎士と世間との戦い〕

こうして、徳は世直しをめざすが、徳はその成果を享受できないはずである。

自体的に存在するはずの「真実の本質」を徳は信じ、それを「直観」にまで高めようとするが、しかし自分の労働の結実を享受することはない。なぜなら、徳も個体性であって世間との間に戦いを行うが、その結果、善なるものが顕現するようになると徳の行為は終焉し、個体性の意識は終息するからである（⇒善なるものが実現していないからこそ、徳の意識はある。善が実現すれば、徳の意識は消滅する、という論理。これは「精神」の「道徳性」の章において、カント批判として再び論じられる）。

さて、この戦いがどのように耐え抜かれるか、また徳が何を経験するか、は、戦士たちが用いる武器によって決まる。そしてこの武器とは戦士たち自身の本質以外のものではないが、さてそれは何か。

徳が信じている「普遍的なもの」とは、まだ彼の頭のなかにあるだけのものであり、実現されていない「抽象的なもの」であるにすぎない。**『だからここに登場してくる、善なるものないし普遍的なものは、もろもろの天賦や能力や力と呼ばれる』**（277, 210）。そしてこの天賦や能力（もろもろの有用な能力）こそが、ここでの武器となる。

しかしこれらが生命を得るためには、それらを用いる個体性が必要である。つまり、徳においてはこの普遍的なものが善用され、世間においては悪用される、ということになる。するとこの普遍的なものとは、「使用に対して無関心なまったくの受動的な道具」であり、「自立性を欠いた素材」にすぎないことになる。

（⇒）ふつう、善や普遍性は「公共の福祉」や「公正さ」などによって定義されることが多いはずだが、ここではそれが、天賦や能力とされている。その理由はハッキリしないが、あえて解釈するならば、天賦や能力は公共の福祉に役立つはずのものである点で、「潜在的・抽象的な善」であるといえなくはない。

さて、戦いにおいては、徳と世間のどちらも同じ武器〔天賦・能力〕を用いることになる。しかし戦いの結果は世間の勝利に終わる。なぜなら、徳の戦いは決して真剣なものとなりえないからだ。

第一に、善なるものは世間の内的本質である以上、それはおのずと実現されていくはずだ、と徳が思っているからである。徳は自分の目的と世間の本質との一致を信じ、この信がいわば伏兵として敵の背後から襲いかかって目的をおのずと完遂するはずだ、と思う。徳の考える戦いは、八百長のようなものである。

第二に、徳は善なるものを保全し実現するために戦っているのに、戦いにおいては、まさにその善なるもの〔天賦・能力〕を消耗や毀損の危険にさらすことになるからである。

第三に、世間の側が闘いにおいて差し出してくるものは、徳の信じる抽象的な善とはちがって、個人によって生気づけられた「現実に善なるもの」だからである。『**徳が世間のどこを捉えようと、徳の触れるところは、つねに善それ自身の顕現している場所である。**〔中略〕**だから世間は徳にとっては傷つけることのできないものである**』(278, 211)。徳は善のために世間に戦いをしかけたが、じつは相手のほうに現実的な善があった。これでは戦いにならず、むしろ相手を守らねばならないことになってしまう。

〔三　徳の敗北〕

こうして徳は敗北する。その目的はじっさいには「抽象的な非現実的な本質」にすぎなかった。そして徳の行為は、「言葉のうえでしかなりたたない、もろもろの区別」にもとづいていた。

第一に、個体性を犠牲にして善を現実化しようとしたが、しかし、現実性の側面とは個体性にもとづくものである。個体性と現実（的な善）とはまったく異なるものだ、という前提は誤っていた（個体性／現実性）。

第二に、善なるものは自体的なもの、内的なものであって、現実に存在するものとは対立している、とされた。しかし真に自体的なものは存在する。つまり対他的となり（⇩人間関係のなかに置かれ）現実的なものとなるのである（自体／存在）。

第三に、個体性こそが善なるものを顚倒させるもの、とされた。しかし個体性は「現実性の原理」（自体的なものを対他的に存在させるもの）であって、顚倒といっても「抽象の無から実在性という存在」への転換に他ならない（個体性／善）。

徳は**『人類の至福やその蒙る弾圧や善のための犠牲や天賦の悪用についての派手な演説』**（*280*, 212）を行い、自分を素晴らしい人物と思いこんでいるが、これもすでに述べた空しい区別を捏造しているにすぎない。それに対し、古代の徳は民の実体にに根ざすきちんとした内容をもっていた。

意識は戦いにおいて、世間は見た目に映るほどに悪いものでないことを経験した。個体性を犠牲にして善をつくる、という手段は崩れ去ってしまう。**『というのも、個体性は自体的に存在するものをまさに現実化するものだからである』**（*281*, 213）。

こうして現実が普遍的なものと不可分の統一であることが明らかになったのだから、徳の自体的なものが一面的な見方にすぎないのと同様、世間の人々が個体性つまり私利私欲のためにのみ動いているというのも、また一面的な見方にすぎない。**『個体性は、自分が思いこんでいるよりも善いものである。彼の行為は**（対自的であると）**同時に自体的に存在する普遍的な行為である』**（*281f.*, 213）（⇩

利己的に行為すると思いこんでいるが、その行為によって公益をもたらしてもいる。ヘーゲルが念頭に置いているのは、質のよい製品を作りそれを売って儲ける、というような市場経済における行為である）。

こうして個体性のなす行為が「それ自身における目的」（⇒行為することじたいが目的）であることがわかってくる。行為は、潜在的自体的なものである諸力に生命を与えて、それを現実化するものだからである。

（⇓）行為は、自体と対自、普遍性と個別性とを総合するものであることがわかってきた。そこで、個人は行為それじたいを自己目的とする新しい理性の段階に移行することになる。これまでの個人は自己と現実との疎隔を乗り越えようとしていたが、これから登場する個人は自己と現実との疎隔を感じることなく、みずからの素質を発揮することだけを考える個人なのである。なお、この移行は、後の「自己確信的精神」の章における道徳性から良心への歩みとよく似ている。

C　自体的かつ対自的に（絶対的に）実在的だと自覚している個体性

冒頭部【A】

〔個体性と普遍性、自我と存在の相互浸透〕

『自分自身を確信することにおいてあらゆる実在性である』（283, 214）（⇒自分と世界とは確かにつながっている）という理性の概念は、いぜんは「われわれ」が自覚していただけだったが、いまや自己意識自身がその概念を把握している。

それにともなって、自己意識の目的であり本質であるものは『**普遍的なもの――もろもろの天賦や能力――と個体性との自動的な相互浸透**』（283, 214）となっている。これまで自己意識が抱いてきた目的は、現実に対立したもの、単に思いこまれたものにすぎなかったが、ここではそうではない。ここでは、自体存在と対自存在との（存在と自我との）相互浸透、普遍的なものと個体性との相互浸透が成り立っているのである。そして、『**行為することがそれ自身その真理であり現実であり、また個体性を表現することないし言い表すことが、行為にとって自体的かつ対自的な**（絶対的な）**目的なのである**』（284, 214f.）。

（⇒）「理性」章の冒頭に、理性の概念として「あらゆる実在であるという確信」という言い方があった。しかしその確信は主観的なもので、客観的な真理になっていなかったので、確信を真理にしていく理性の歩みがはじまる。〝観察し考えることによって世界をわがものにする〟（観察する理性）→〝世界（社会秩序）と自分は対立しているが、自分のなかにこそ真実の統一があるとみなし、それを実現しようとする〟（行為する理性）→最終的に、社会秩序とは自己は対立せずつながっていることがわかってくる（絶対的に実在的と自覚している理性、いわば社会的理性）。こうして確信は真理となった。そのさい、行為こそが自己と普遍的なもの（現実）とをつなぐものとして意識される。そこで、この行為じたいを自己目的とする自己意識の経験がここでは語られていくことになる。

〈カテゴリー〉

カテゴリーという面からみれば、これまでの意識の諸形態では、カテゴリーと自己意識とのあいだに対立があったが、これもここでは解消されている（⇒カテゴリーとは自己意識と存在の統一を意味するが、しかし以前の意識形態においては偏りがあって、この統一が存在〈＝自然〉の側におかれて自己意識と対立したり〈観察する理性〉、次にこの統一が自己意識のがわにおかれて存在〈＝社会〉と対立したり〈行為する理性〉してきた。ここでは、そうした対立がすっかり解消されている）。

いまや自己意識は、「己れ自身を意識するようになったカテゴリー」（⇒カテゴリーが自覚的になったもの）である。つまり、この自己意識においてはカテゴリーが主体的に生きられており、自己意識のなす行為のあらゆる諸契機（目的・手段・仕事など、後述）においても、自我と存在との統一が保たれている。

だからここでは行為は完全に自足していて、行為の場面（現実）と行為とが対立することはない。ただ「見られない状態」を「見られる状態」に移すだけである。行為は、完全に満足しながら自分とだけ戯れている円環運動のような光景を呈するのである。

a　精神的な動物の国と欺瞞、あるいは事そのもの【A】

しかし、「自分が絶対的な実在性であるという確信」はまだ抽象的であり、「空虚な思想」にすぎない。そこでまず、この個体性の概念（行為する以前の考え）がその諸契機に関してどのように規定されるかを確認したうえで、じっさいに行為したさいにはどうなるのか、を確かめてみなくてはならない。

〔一　実在的なものとしての個体性の概念〕

〔根源的に限定された自然〕

この個体性はまず、「根源的に限定された自然」（⇒なんらかの限定された生得の素質をもつ者）として登場してくる。なぜ根源的に「限定」されるのか、といえば、限定とは「否定性」が存在において現れたものだからである。だから個体性は制限されていることになるが、しかしこれも（動的な否定性である）行為を制限することにはならない（⇒ヘーゲルの考える概念の運動は、絶えず前の段階を否定するものである。この否定性が存在のうちに固定された仕方で現れると「限定」となる。限定とは、無限定な状態の「否定」だからである。それに対し、本来の否定性は行為という運動において現れる。行為もまた、それまでの状態を否定し乗り越える運動だからである）。

なぜなら、この限定は「透明な普遍的な場面《エレメント》」であって、その場面のなかで個体性は自由に自分を展開していくことができるからである。これは動物が、たとえば水という場面のなかで自由に自分を展開しつつ（特殊の組織をつくりあげ、活動しつつ）同一の生命を保っているのと似ている。

そしてこの限定された自然は、自己意識が抱く「目的」の内容をなすものである。

〔行為の三つの契機〕

さて、この根源的な自然である個体性が行為することによって、行為のなかに三つの契機の区別が出てくる。すなわち、最初に意識のなかにある①「目的」と、これを実現し現実に移行させることである②「手段」と、行為者から外に出た③「作品（結果）」である。ここで肝心なことは、これらのどの契機においても、自己と存在の一致という個体性の概念が保たれていなくてはならない、ということである。各契機についてみてみよう。

①目的——限定された自然（特殊な能力や才能や性格）が目的の唯一の内容であり、これが行為によって現実となるはずである。しかし、この根源的な自然に由来する目的を、どうやって知ることができるのだろうか？「行為してからでないと自分が何であるかはわからない」という異論があるかもしれない。しかしそんなことはない。個体は「環境」のうちの何かに「関心」を抱くが、この関心が、当の個体の根源的自然つまり目的を告げるのである。

②手段——手段には「内的な手段」と「現実的な手段」とがある。内的な手段とは才能のことであり、これも根源的自然が与える。さらに、じっさいに目的を行動によって現実に移行させることが、現実的な手段と呼ばれる。

③作品（結果）——移行の結果、個体性は自体的な（もともと抱かれていた）目的を、自分自身に対して定立し、対自的にする（⇒作品と訳した Werk は工芸の作品だけではなく、何かの行為によって生み出されたもの、ということ。仕事の〝成果〟と考えてよい）。

『**こうして行動の全体は、環境としても、目的としても、また手段としても、さらに作品**（結果）**としても、自分の外に歩み出ることはない**』（289, 219）（⇒つまり、どの契機のあいだにもズレがない。目的と現実の作品のあいだにズレが生じたり、目的にふさわしい手段が欠けたり、というようなことも、ここでは考えられていない。すべてが、根源的な自然という場面のなかをおのずと動くだけ、とされる）。

〔**作品において比較が生ずる？**〕

しかし、作品においては問題が発生しそうである。作品においてもろもろの根源的な自然の間の区別が入り込んでくるからである。意識は、それぞれの作品のもつ限定性とは対立する「普遍者」であるから、作品どうしを比較できる。そして、意志のエネルギーの点で比較して「より豊かな天賦・より貧しい天賦」を指摘したり、作品の善悪・優劣といった区別を与えることもできるだろう。

しかしこれらの区別は無意味である。なぜなら、そもそも比較ということじたいが空疎だからである。どの作品も、それぞれの個体性の自己表現であり自己発揮なのだから、「すべては善い」のである。そもそも、それぞれの個人は自分自身にだけ関係するものであって、相互に関わろうとはしない。比較して優劣をいうのは、個体性の自己発揮という作品の本質を超え出るものであるから、空疎なのである。**『だからおよそ、高揚も、悲嘆も、また悔恨も起らない。**（中略）**個人は己れにおいてただ悦びだけを体験しうるということになる』**（290, 220）。

（⇒）ここでの個人を具体的にはどのようにイメージすればよいだろうか。ヘーゲルが念頭においているのは、「他人との比較など問題でなく、自分に内在するはずの個性を十全に発揮することこそが大切である」とするロマン主義的な思想である。ヘーゲルはいったんこの前提からスタートするが、のちには、内在する個性に価値があるのではない、作品を相互に批評しあう営みのなかで「普遍性のあるもの」をめざすことが大切だ、というふうに論じていく。

〔二　事そのものと個体性〕

以上が、意識が自分についてもっている概念だが、「われわれ」は、この概念が意識じしんの経験のなかで確証されるかどうか、いいかえれば、この概念が実在性と一致するかどうかを、これから見ていくことにしよう。

〈作品と意識との対立〉

さて作品とは、「個人が自体的に（もともと）何であったのか」が、個人自身にとって対象となり自覚されるものである。ところが、自分の作品を眼前に見ている意識は、特殊な意識ではなく、「普遍的な意識」である。意識は自分の作品からしりぞいて「限定のない空間」となり、自分が作品によって満たされていないのを見出すからである（⇓つくったものをあらためて眺めてみると、ヘタだなあ、とか、自分が最初もくろんだものとはずいぶんちがってしまったなあ、等々と思う）。意識は「絶対的な否定性」という本性をもつから、限定された作品と意識とが対立するのも必然的である。

しかし、意識と作品との統一（主観的自己と客観的存在との統一）というこれまでの「概念」は保たれなくてはならない。そこで、作品の「存在」において個体性はどのようにしてこの統一を保つのか、ということが以後見られなくてはならない。

〈作品は他者からの反撃を受ける〉

「作品」というものをさらに考察してみよう。それは個体性の本性のすべてを受け取っているから、単なる物とはちがう。それは対象的になったとはいえ、一つの行為として「存立」している。つまりその作品において、根源的な自然の限定性が他のもろもろの限定された自然に刃向かっている（⇓作品には個性が実現されていて、「こういうのがよい、あるべきだ」と主張するので、他の個性に刃向かっている)。同様に、他のもろもろの自然（他の個性たち）もまた、それぞれの作品を通じて、自分の作品に対抗してくる。その作品は他のもろもろの個人にとってはよそよそしいものだから、彼らもまた自分たちの行為によって現実と自分との統一の意識を得ようとするのである。

したがって作品とはそもそも、他の個人たちからの反撃によって解消されていく「過ぎ去りゆくもの etwas Vergängliches」なのである。

これは、例の根源的自然の「限定性」が明るみに出てきた、ということでもある。もともと、行為は『**純粋な行為**』（ibid.）（自由で普遍的な行為）であるかぎり、自然の限定性とは一致していなかった。この不一致が、作品をつくり他者と関係しあう場面で顕わになってきたのである。

こうして、個体性の「概念」と「実在性」との不一致が明らかになってくると、それにともなって、行為の諸契機もまたバラバラになってくる。――「目的」が真実の本質をもつものとなるかどうかは偶然的であり、目的を表現するような「手段」が選択されるかどうかも偶然的である。行為（目的と手段の統一）が「現実」となるかどうか（成功するかどうか）も偶然的である。こうして意識の行為は偶然的となってしまう。

〔「持続するもの」としての〈事そのもの〉〕

しかし、行為には「統一性と必然性」も備わっており、『**行為の必然性とは、目的が端的に現実に関係づけられ結びつけられている、という点にある**』（293, 222）。この必然性のほうが偶然性を越えて包み、作品の消失ということじたいが消失して、そこに「持続するもの」が経験されるのでなくてはならない。

確かに個々の作品は過ぎゆくもの、偶然的なものであったとしても、それらを貫いて持続するものがある。これが「事そのもの die Sache selbst」であり、それは「行為と存在の統一、意欲と遂行の統一」である「真実の作品」である。

事そのものは「精神的本質態 die geistige Wesenheit」であり、そこでは、第一に、環境・目的・手段・現実といった諸契機は単独なものとしては止揚されている。第二に、意識の自分についての確信が対象的な本質となっている（⇒対象的な現実が自分自身と深く結びついている、という確信をもつことができる）。第三に、それは自己意識が「自分のもの」として生み出したものだが、しかし自由な本来の対象でもある（⇒自分でつくり出したものだが、同時に、自分からは独立した対象性をそなえてもいる）。

（⇒）「事そのもの」については、「行為と存在の統一」「持続するもの」「自分から自由な対象性をもつ」というような点が上げられているが、具体例がないために、きわめてわかりにくい。個々の作品はみずからの反省や他者からの反撃によって消失するとしても、しかしそこに持続するものがなくてはならない、という言い方があるだけである。

「事そのもの」について、イポリットは、ふつう「もっとも完全なる対象性」を指す言葉である、と言い、一種の理念的（イデア的）なものであることを示唆している。長谷川宏も、「価値あること」ないし「社会的価値」と訳して、この感じを出している。

西の感覚では「ほんもの」とか「ほんとうのもの」と言うのがよいと思う。あれこれの作品を互いに批評しあうなかで、「ほんものの小説」「ほんものの落語」といった理念が人々の脳裏に結晶してくる。

そして人は、単に自己の素質を外に出せば満足するのではなく、「ほんもの」をめざすようになる。この「ほんもの」は一つの理念だが、「持続するもの」であり、かつ、頭のなかにあるだけではなくて、過去の名作の集積が示すような「物質性」と、批評しあう「制度性」とを伴ったものである。

ヘーゲルはさらに、作品をつくり批評しあう制度性じたい（芸術や学問という制度）を、「事そのもの」と呼んでもいる。この制度は、作品をつくる個人に対して外在的なものではない。制度があるからこそ、個々の表現行為が成り立ち、支えられているのだから。その意味で、制度としての事そのものは「持続的なもの」であり「行為と存在との統一」であり、さらに、個々人の根本にあり個々人を支えるものとして個々人の「実体」でもあるだろう。

〔三　欺しあいの遊戯と精神的本質〕

〔意識の欺瞞〕

事そのものにおいて、自己意識はおのれの「実体」（⇓個々人の根本にあり個々人を支えているもの、社会的な制度性）を意識するに至った。しかしその自覚はまだ不十分である。意識は事そのものを「単純な本質」（動きのない固定的なもの）としてしか捉えていないので、それは、行為のどの契機にもあてはめられる「述語」でしかない。そこから、行為する諸個人のさまざまな欺瞞が生じてくる（⇓以下の流れは、次のようである：行為の契機の一つを〈事そのもの〉とし他の契機を無視する、という欺瞞→事そのものとは諸契機の統一であることを自覚する→事そのものがみずからの「実体」であり「主体」であることがわかってくる）。

さて、意識が、事そのものを「真なるもの」とみなすとき、その意識は「誠実である ehrlich（英語の honest に相当）」と呼ばれるが、しかしじつはまったく誠実ではない。
事そのものには、目的（意欲）・手段・現実、といった諸契機があるが、そのどれかにおいて満足しえないとき、意識は他の契機をとりあげて「これこそが事そのものだ（＝意義あることだ）」と語ることによって、満足を得ようとするからである。たとえば次のように。
①目的が実現されなかったとき、「意欲はした」と語る。――ここでは、「目的としての目的（ただ目的をもったというだけ）」、ないし「純粋な行為（ただやったというだけ）」が、事そのもの。自分の仕事が他人によって無に帰された場合でも、「私は他の人々を刺激することで「よきこと」の実現に寄与した」と言うことができる。
②事そのものを実現しようとせず、そもそも何もしなかったときにも、「私はそもそも願望しなかった」と語る。――ここでは事そのものとは「決心と実在との統一」である（⇒決心さえすれば実現することもできた、ということ）。
③手出しをせずとも、何か関心を引くこと（よいこと）が現実に生まれてきた場合、関心を抱いたことが、事そのものとなる。――たとえば、世界で生じた事件（フランス革命など）に対して、それに賛成・反対する「党派」として支持あるいは抗戦したという意義があるとする。
要するにこの意識の誠実さと満足とは、**『事そのものについて抱く自らの諸思想を綜合しないこと』**（297, 225）によっているのである。

〔**欺しあいの遊戯**〕
事そのものの契機は、「内容」（目的・行為・現実）だけでなく、意識における「形式」（対自・対他・自体）としてもあらわれてくる。

行為には、事そのもの（自体：それ自体として価値あるもの、公共的な意義のあること）をめざそうとする契機と、自分が認められたい（対自存在）という契機の二つがある。この二つは不可分なものだが、個人はこの二つを使い分けて、自分をも他人をも欺瞞する。そこに「諸個人の（欺しあいの）遊戯」が成り立ってくる。たとえば以下のように。

ある個人が、何かの事の実現にとりかかる（たとえば何かを研究しその成果を発表しようとする）。他の人々は「彼の目的はその事の実現にある」と思い、「でも、これはもう他の人たちがやってしまったことですよ」とか「自分もお手伝いしますよ」などと言う。すると、彼は「いや、私は私がやりたいからやってるんです」と答える。

すると他の人々は「なんだ、欺された」と言うが、じつは人々も同じようなものだ。援助しようとはせ参じることじたい、事そのものの実現よりも、自分自身の行為を示そうとしたのだから。

人々は思う、「では、彼はやりたいからやっているのであって、彼には他の人の行為は関係ないのだな」と。しかし彼はやはり、「この自分の個別的な事」に関わっているのではなく、「すべての人々に対してある普遍的なものとしての事」に関わろうとする。だから彼は、他の人々の仕事に干渉したり奪いとろうとしたりする。それができなければ、ホメたりケナしたりして「評価」する。こうして「自分自身を享受」しようとするのである。

そこで人々は「欺された」と言って彼の干渉を不当に思う。だが、人々の側にもやはり欺瞞がある。そもそも作品を日の明るみに出す以上、そこから他人の参加を締めだそうとするわけにはいかない。そもそも**『現実化するということは、自分のものを普遍的な場面のうちに提出することであり、**

それによって自分のものは万人の事となり、またなるべきである』（*299f.226*）からである。

意識はこうして、普遍的な意義あることをめざすという「自体」の契機も、自分のために表現したい、また自分が行為して認められたいという「対自」の契機も、ともに本質的なものであることを経験し、そのことにおいて、「事そのものの本性がなんであるか」をも経験する。

〔事そのものの本性〕

『事そのものは、①その存在が、個別的な個人の行為でありすべての個人の行為であるような、一つの本質（実在 Wesen）**であり、②その行為がただちに他に対してある、すなわち一つの事であり、この事は、万人のまた各人の行為としてある。さらに③あらゆる本質の本質** das Wesen aller Wesen **であり、精神的な本質** das geistige Wesen **であるような本質、である』**（*300, 227*）。

（⇩）引用文を解読してみよう。①事そのものは、個人の行為であるとともにすべての個人の行為である＝人々が相互に行為しあう営みである。②そこでは、行為は対象的な「事」となって、他人に対して開かれるものとなっている。③事そのものは制度として存立しているが、これこそが人々を普遍的なもの（ほんとうのもの）に結び合わせるものであり、もろもろの本質や理念を生かす「場」であるのだから、事そのものは「あらゆる本質の本質」と言いうる。そしてこれは、「われであるわれわれ、われわれであるわれ」という精神の在り方と深くかかわるからこそ「精神的本質」といってよい。

こうして事そのものは、さまざまな契機に付与される（受動的な）述語ではなく、むしろ、もろもろの諸契機をうちに含みこむ主語となり、（個々人を生かす能動的な）主体となっている。さらに、事そのものはカテゴリーそのもの（「自我であるところの存在、存在であるところの自我」）であるといえる。カテゴリーという在り方が現実に生きられるものとなったものが、事そのものなのである。

（⇒）ここで意識が到達したものを、「事そのもののゲーム」と呼んでみたい。これのもつ意味合いを、あらためて考えてみる。行為する意識は、ほんとうのもの（本質、自体）を実現しようとして、「恋愛」から「世直し（革命）」に進み、理性の最終地点では「表現」へと至る。もっともここでの表現は芸術や学問だけでなく広く考えられており、むしろ「人間の行為一般」を指しているのだが、ヘーゲルが主に念頭においているのは、やはり文化的な表現の分野であると考えてよいだろう。

この、恋愛・革命・文化的表現の三者は、近代において自由に生きようとした人々の「ほんとうのもの」への欲望が焦点をむすんだものであることに、まず注意しよう。自由な個人は、家同士の関係ではなく、魂が通じ合うものとしての自由な恋愛をめざしたり、民衆と自己とが深く結び合うものとしての革命をめざしたり、さらに文学や芸術において互いの経験を交流させつつ、苦悩を分かち合い魂の高貴さを育てようとしてきた。そこからみれば、ヘーゲルはこの三者のなかで文化的な「表現」に希望を託した、と読むことができる。

文化的な表現の営みのなかで、人々は作品を媒介にして相互に交流しあう。そこでは、自分の内的な個人的なものがさまざまな他の人々とつながり共振しうる、という独特の可能性がある。そうした相互の営みのなかで、人々はなにかしら「真実なもの」への信頼と、社会を生きる人々への「つながり」とを感じ取ることができる、というのがヘーゲルの脳裏にあったものだと思う。「近代という時代は、共同体を解体し過去の価値を掘り崩していく。しかし近代はまた、人々の自由な表現の営みのなかで、真実なものへの思いを育てていく可能性をもたらしてもいる」。これがヘーゲルの近代に対する診断だった。つまり、この事そのもののくだりは、ヘーゲルなりの「ニヒリズムへの対抗策」ともいえるのだ。

後の『法哲学』におけるように、ヘーゲルは国家に期待をかけた、という面のみが強調されてきたために、『精神現象学』における、近代の人々の「ほんとうのもの」への経験を総括しつつ「事そのもの」に達する、という流れはほとんど注目されてこなかった。このことは強調しておきたい。

もっとも、「表現できるのは一部の豊かな人間だけだ」というような批判もあるかもしれない。社会制度を無批判に正当化するものだ、とも読めるかもしれない。富の配分やその他の社会的な条件の整備という課題は確かに重要であり、ヘーゲルのこの箇所はそうしたを考慮に入れたものではない。しかし、ヘーゲルの構想した「近代の可能性」は、いまも古びていないと考える。

b　立法する理性【B】

（⇓）事そのもの、に続いて、「立法する理性」と「査法する理性」とが登場する。事そのものという仕方で、自己意識を支える制度性、つまり「人倫的実体」がみえてきた。そして、理性の冒頭では、この実体を「意識」するものとして道徳性が登場することが予告されていた。立法する理性・査法する理性とはこの予告されていた道徳性なのである。しかし結末としては、これらは実体を不十分かつ形式的にしか意識しないものであった、ということが明らかになって、ふたたび事そのものに戻ってしまう。その点からいうと、この二つの章は余分なものといえるかもしれない。

〔精神的本質＝人倫的実体〕

事そのものは「精神的本質」であり、これはその「単一な存在」（客観的制度性）において、「純粋意識」（普遍的なものの意識）であるとともに、この「自己意識」（この私の意識）でもある（⇒主観的意識と客観的制度、個別性と普遍性との統一である）。そこでは、個体の根源的に限定された自然的個性）は止揚されてしまい、個体は「普遍的な自己」（普遍的なものをめざす自己）となっている。別の言い方をすれば、事そのものは「人倫的実体 die sittliche Substanz」となっており、自己意識は、この実体を意識する「人倫的意識」となっているのである。

さて、人倫的実体は「もろもろの限定的な法則であるところの諸群」へと区分されるが、これらの法則は無媒介に承認されていて、それらの根源や正当化が問題にされることはありえない。自己意識は**『この実体の対自存在』**（302, 229）（⇒この実体が自覚的な意識となったもの）だからである。では、この自己意識は、どのようにこの法則を言い表すだろうか。

〔無媒介に善を知る健全な理性〕

この自己意識＝「健全な理性」は、まず、何が正しくかつ善であるかを「直接（無媒介）に」知っている、と言う。かつ、この命令は「無条件」に妥当するものだ、と言う。つまり、善に関する「直接性」と「無条件性」とを健全な理性は主張するのだが、はたしてその言うとおりであるかどうかが確かめられなくてはならない。

例えば、「各人は真実を語るべきである」と、義務が無条件に言明される。するとただちに、「もし各人が真実を知っているならば」という「条件」を追加しなくてはならない、という主張が出てくる。するると、健全な理性は「自分もそういうつもりだった」と語り、命題を改善して、「各人は、真実についてのそのときどきの自分の知識と確信にしたがって、真実を語るべきである」とする。しかしこうなると、真実が語られるのは「私がそれについて知り確信するかどうか」という偶然に委ねられることになり、命題はもともと「普遍的に必然的なもの」「無条件なもの」を語っていたはずなのに、その無条件性は失われてしまう。

そこでさらに命題を改善して、「真実についての知識と確信との偶然性はなくなるべきであり、真実もまた知られるべきである」としたとしよう。すると、健全な理性は直接に善を知りうるはずなのに、この直接性は失われてしまう。しかも、具体的な限定的な内容を立てることが問題だったのに、結局はひどく抽象的な命題が得られたにすぎない。

また別の例として、よく言われることだが、「汝自身のごとく汝の隣人を愛せよ」という命令が無条件なものとして主張される場合がある。これは具体的には、「ある人から害を取り除き、善を与えよ」ということになるだろう。

しかしそうだとすると、何が害であるのか悪であるかを識別しなくてはならない。感情だけではダメである。『**悟性を伴わない愛は彼にとって害になるだろうし、それはおそらく憎しみよりもひどいだろう**』(304, 231)。さらに、悟性を伴った実質のある善行とは、基本的に国家がなすものであり(⇒経済政策等々)、それに比べれば個人の行為は些細なものにすぎない。

こうして、この命題も前の命題も、決して「絶対的な人倫の法則」を表現するものではなく、いたずらに当為を要求するだけのものであることがわかる。そもそも、単一な実体のもつ普遍的で絶対的な内容を「無媒介に」言い表すことは不可能だったのである。

だから理性は、具体的な内容を言明し立法することを断念せざるを得ない。残されているのは、もろもろの命令を自己矛盾しないかどうかという「形式的な普遍性」の点から吟味することだけであり、立法する理性は「査法する理性」へと格下げされるのである。

（⇓）「立法する理性」という表題は、カントの定言命法を思わせるものだが、しかしここには、自分の格率（主観的ルール）の普遍妥当性を考慮する、という反省的姿勢はない。むしろ、「これこそ正しい」と無媒介に思いこみ言表する「私念」の立場であって、ヘーゲル自身も、これが意識章冒頭の感覚的確信と似ていることを指摘している。むしろ次の「査法する理性」が、はっきりとしたカント批判である。

c　査法する理性【B】

〈無矛盾性という尺度〉

先には、普遍的なものは「存在し妥当するところの実体」だった。われわれはこの実体と立法されたものとを比較して、後者の不十分さを指摘したのだった。しかし今では、普遍的なものはまったくの「形式」となり、実体との関係から離れてしまっている。つまり理性は、なんらかの命令に関して、その内容が同語反復（無矛盾）であるかどうかを考察するだけなのである。

しかし、この同語反復（無矛盾性）という尺度は、まさにそのゆえに正反対の内容をも受け入れるものであって、尺度として通用しえないのである。

例えば、「私有財産があるということは即かつ対自的に（絶対に）法則たるべきかどうか」という問題について考えてみよう。

人倫的な本質態においては、法則はたしかに自己自身と等しく自同的であり、おのれ自身の本質のうちにあって、無制約なものである。しかし、ここでの命題における私有財産は、実体から引き離された「孤立化された規定」であるからこそ、自同的なものとして定立されているのである。

しかし孤立させられれば、私有財産のないこと・持ち主のないこと・財産の共有、などのすべてが自己矛盾しないことになる（⇩逆に、孤立させずさまざまに関連づければ必ず矛盾が生じてくる。以下はその例である）。

①「物には持ち主がない」を法則とみなしてみる。しかし物は欲求の対象となるので、だれかの占有物となるのも必然的である。こうして「無主物」には矛盾がでてきて、それは法則たりえないことになる。

そこで「物は個別者の欲求に応じてその占有に帰し消費されるべきである」を法則とみなすことにする。すると、欲求への配慮はそのつどのまったくの偶然となるが、これは意識の本性に矛盾する。**『なぜならおよそ意識をもつ存在ならば、自分の欲求を普遍性の形式において表象するから、配慮を自分の生活全体に対して及ぼし、また持続的な財産を獲得せざるを得ないからである』**（307, 233）（⇩そのつど欲求するだけならば動物と同じ。意識をもつ人間は未来を配慮するから、持続的な財産を獲得しようとする）。

そこで（持続的な財産を形成してそれの）「財の共有」を法則とみなすとする。そのさい、各人に彼の必要とするだけのものを分配するとすれば、分配は不平等になって個々人の平等を原理とする意識の本質に合わない。そこでまったく平等に分配するとすれば、それは個々の欲求とは関係なくなるが、この欲求との関係こそが分配の必要性をもたらす原理であったはずである（⇓ここまでは、「物に持ち主がない」では困るので次々と解決が探されるという流れ。無主→占有→財産共有、と進んできた）。

②そこで財産共有ではなく、「私有財産がある」を法則としてみる。するとこれもまた矛盾してくることがわかる。

個別的な物も私の私有財産であることによって、「普遍的なもの、確定的なもの、持続的なもの」として妥当するが、これは、消費されて消え失せるという個別的な物の本性に反する（⇓私有財産には所有の普遍性と物の個別性との矛盾がある）。

さらに、個別的なものは「私のもの」として妥当し、そのことをすべての人々が承認し介入をさしひかえるが、そこには他の人々を「排除」するという契機がある。しかし私が承認されていることのなかには、私がすべての人々と平等（同一）であるという排除の反対がある（⇓財産の承認ということには、他の排除と他との同一性という矛盾がある）。

さらに、私が所有するのは「物」だが、物とは「およそ他人一般に対する存在」であって、ただ私のために存在するとはかぎらない、という矛盾がある（⇓私の個別的な所有と、物の普遍的な用途との矛盾。ヘーゲルはここから交換の必要性を説くことも可能だったはず）。

結論として言えば、普遍性と個別性という矛盾する契機を、私有財産も、私有財産のないことも、どちらもともに備えていることになる。このような契機を捨象して孤立させれば、どちらも自己矛盾することはない。こうして、査法的理性の尺度は何にでもあてはまるものであって、じつは尺度とはいえないのである。

（⇓）このくだりは、矛盾にもとづく弁証法という思考がなぜ必要かを理解させる点で興味深いが、カントの道徳説の批判としては、本質的なものとはいえない。定言命法は論理的な無矛盾性の要求でしかないが、無矛盾性の要求は現実の生活における諸関係やつながりを捨象してしまったものであり、実際には尺度として通用しない、というのがヘーゲルの言い分だった。しかしこの批判をカントは納得しないだろう。確かにカント自身も無矛盾性によって定言命法を説明したことがあるが、無矛盾性は決して定言命法の核心ではないからだ。その核心は、一人ひとりの人間を対等な尊厳あるものとして認めるという点にある。あらゆる人々を対等な理性的存在者として認めるからこそ、自分のルールにだれもが承認しうる普遍性があるかどうかを吟味する、という定言命法が成り立つのである。その点で、この箇所はカントに対する本質的な批判とはいえない。カントへの本質的な批判は、精神の章の「道徳性」において詳しく鋭く展開される。

〔立法・査法からギリシャの人倫的心情へ〕

こうして、法則の定立も、法則の検査も空しかった。それらは実体から離れて孤立したために、立法は「恣意を法則となす暴君の傲慢」に、査法は「絶対的な諸法則から離れて自由に屁理屈をこねる知の傲慢」になってしまったのである。

そのことに気づくと、双方は互いに止揚しあい、意識は普遍的なもの（実体）のうちに還帰する。**『意識の自己は、いまや精神的な本質**（実在）**のうちに定立され、これを現実的で、中身を得た、自己意識的な本質とするのである』**（*310, 235*）。

ここでは精神的本質は、自己意識に対して「自体的に存在する法則」としてあり、査法する理性の考えるような形式的普遍性ではない。かつそれは「永遠な法則」であって、立法的理性の考えるように「この個体の意志」のうちに根拠をもつものではない。かえって『**精神的本質は自体的かつ対自的に存在し、あらゆる人々の絶対的な純粋な意志であり、そしてこの純粋意志は直接的な存在の形式をもっている**』(ibid.)。

「諸法則は存在する」のであり、直接に与えられている。人々は立法することもなく、小理屈をこねることもない。(古代ギリシャのポリスに見られるような)「人倫的な心情 sittliche Gesinnung」とは、義なるものを固く守っていささかも動かさない、ということにある。「それがそうであるから」という理由で、掟は尊重されるのである。

自己意識は(⇒内面をもつ近代的な個人とはちがって)、人倫的実体をそのまま意識化したものとなる。『**人倫的実体は自己意識の本質である。そして自己意識は人倫的実体の現実態であり定在であり、それの自己であり意志である**』(312, 237)。

(⇒) 次の「精神」の章は、このようなギリシャのポリスについて語られることになる。付言しておけば、「事そのもの」は、最初は自己表現の営み、つまり学問・文学・芸術などが念頭に置かれていたが、この理性の最後の箇所では、その感覚は消えてしまっている。つまり、人々が行為によってつくりあげる制度であって自己と制度とが一体になったもの、という点だけが捉えられ、そしてギリシャのポリスへと接続されていくのである。

第四章

精神

「精神」章頭解説（竹田）

◆ヘーゲルの歴史解説

「自己意識」→「理性」→「精神」……と続く『精神現象学』のストーリーは、個人の精神（意識）の成長の範型論と、人類史の歴史解釈としての二重の意味をもつことについては前に述べた。しかし「理性」と「精神」の章はその特質をかなり明瞭に区分できる。

「理性」では、「自己意識の自由」に挫折した人間がそのつぎにたどる個人意識の展開の範型が追われていたが、「精神」は、もういちど歴史をギリシャにまで戻して、そこからローマ、近世（なぜか中世はほぼスキップされている）、近代革命、革命以後、という枠組みで歴史の意味がたどり直されている（⇒ヘーゲルでは「精神」という言葉には、人間精神が社会的に実体化されたもの、慣習・社会制度などの総体というニュアンスがある）。

というわけで「精神」章は、「絶対精神」と精神の本質を分け持つ人間精神が、どのような道すじでその内的本質を歴史的に〝展開〟させるかについての、ヘーゲル流のストーリーと考えてよい。

その流れを整理すると、ほぼ以下のようになる。

（ギリシャ・ローマ）「人倫」→「抽象的法の精神」→（近世）「教養」→「信仰」→（近代）「啓蒙思想」→「絶対自由（革命）」→「道徳」→「良心」

ヘーゲルによれば、この人間精神の展開（発展）の道すじには絶対的な必然性がある。

「絶対精神」から分離して現われた人間の精神は、いったん「普遍性」から引き離されて「個別性」の原理のうちにあるが（ヘーゲルではこれは悪を象徴する）、本来、絶対精神（実体）の「自由＝無限性」という本質を分け持っている。ちょうど、樹木としての本質をうちに秘めた一粒の種子が、自己を展開して一本の立派な樹木に生長するように、人間精神も、さまざまな経験を積みながら精神の本来的な本質である「自由」を社会関係として実現してゆく。それが人間の歴史の必然性だとされるのである。

この「精神」章をヘーゲル体系の枠組みの中で捉えると、だいたいいま述べたような位置づけになる。歴史がそれ自体「精神」の本質を分有し、したがって必然的な発展の道すじをもつという考えは、歴史決定論と呼ばれ、現在ではこれに納得する人はほとんどいないだろう。歴史はそもそも意味も目的ももたず、したがってどこへ向かって進むかは何ら決定されていないというニーチェ的な思考がいまでは優位だし、一般的にいってずっと妥当である。しかしわれわれが、人間歴史は絶対精神の本質を体現する、といったヘーゲル体系の枠組みにこだわらないで「精神」章を読むなら、ここから人間の歴史の本質についてのきわめて深い思想を汲み取ることができる。

◆二つの問い――「人間」と「近代」

その軸は二つある。あるいは、われわれはここにヘーゲルの二つの根本的な「問い」を見出すことができる。一つは、人間の存在本質とは何であるか、という問いである。もう一つは、この問いから導かれるもう一つの問い、「近代社会」の（到来の）意味は何であるか、という問いである。『精神現象学』は、いうなればこの二つの問いに対するヘーゲルの渾身の答えだとも言えるが、いまその全体の輪郭を簡潔に示してみよう。

まず、ヘーゲルは人間存在の本質、すなわち「精神」の本質を、「自由」という概念で示す。この

「自由」はさらに「無限性」の概念で規定される（したがってここではしばしば「自由＝無限性」という表記を使う）。のちに詳しく見るが、この「自由」は、いわゆる個々人の自己中心的な欲望の実現可能性としての「自由」という概念とはかなり異なっている。ヘーゲルの術語では、むしろそれは「普遍性」と「個別性」の絶えざる区別と統一の運動（＝無限性）、というイメージでつかまれている。このことが第一点。

つぎに、ヘーゲルによれば「近代」とは、歴史上はじめて、普遍的に（万人において）、「自由」が人間精神のうちに発現する条件をもった社会＝時代、を意味している。

それまでの歴史では、「主と奴」という支配関係だけが存在しており、ここでは「主」においても「奴」においても、人間精神の本質としての「自由」が発現されることはほとんどなかった。それはきわめて限定された仕方で、すなわち「自己意識の自由」という形で、いいかえれば哲学的、宗教的な絶対者などへの希求の形で発露されていたにすぎない。それがたとえばギリシャの「人倫」であり、ローマの「キリスト教」「法」であり、近世の「教養」「信仰」「啓蒙」である。

ところでヘーゲルは、人間的本質としての「自由」の限定された発現形式として「宗教的精神」に特に重要性をおいている。宗教の意識とは、人間の意識が自己の〝本体〟である「絶対者」（＝神）へと向かう形式であるが、同時にそれは、人間たることのできない「奴」の「人間的自由」への希求を含む自己意識を意味する。

こうしてヘーゲルでは、「近代」とは、人類が普遍的な「主奴関係」を脱し、その意識形態としての「宗教」的表象性を克服して、精神の内的本質である「自由＝無限性」を発現する条件をはじめて成熟させた時代を意味する（⇒とはいってもヘーゲルの書き方は、近代は自由の実現の完成態、到達態である、というニュアンスになっている。ちょっとしたニュアンスの違いだが、これが「歴史の完成、あるいは終焉」などと言われ、多くの批判を呼んだ。いまから振り返るとかなり不幸な誤解である）。

◆「人倫」から「良心」まで

さて、そういうわけで、「精神」章はギリシャの「人倫」から出発するが、その流れを概観しよう。

出発点のギリシャの「人倫」には、個と普遍性（全体）との調和があり、その意味で精神の（「自由」の）本質が素朴な仕方で体現されているが、しかしここでの調和は、「個」の明確な自覚に媒介されたものでない。そこで個と普遍の両契機はひとたび分離して相克の歴史をたどる。

ローマでは「市民法」が存在し、人間の自由をある仕方で保証している。しかし、実質的には一切が皇帝の専制権力のもとにあり、人間の自由はその本来的な発現の条件をもたない。

近世になるとようやく個の自覚が進み徐々に「自由への覚醒」が現われる。しかし政治的体制は相変わらず専制的である。そこで「自由」の意識は、体制の矛盾についてはこれを意識しているが自分自身はその体制に寄り添う以外に生きる術がない、という内面の屈折のうちに落ち込んでいる（分裂した意識）……。

◆近代精神の諸範型

「精神」章はこういうプロセスをへてやがて近代に至るが、ここでは新しい展開がある。

一つは、ここで人間精神は、いわば自己自身の本来的な生の意味として、自覚的に、ある「絶対的なもの」（＝絶対者）を求め始めるということである。これはヘーゲルの概念では「絶対本質」と呼ばれる（あるいは「絶対実在」das Absolute Wesen。一般的な言葉としてはいかにもそぐわないので、ここではしばしば「絶対的なほんとう」あるいは単に「ほんとう」などと翻案してある）。こうして「精神」章は、近代人が個人としての自覚の中でさまざまな理念や思想のうちに「絶対的なほんとう」を探し求める、「真理探求」のストーリーなのである。

まず、伝統的なキリスト教会の世界像に対して、新しい「信仰」、つまり「ほんとうの信仰」への情熱が生じる（プロテスタントなど）。しかしそれはすぐに合理的な洞察を武器とする「啓蒙思想」というライバルをもつことになる。これは、〝正しいの世界認識〟としての「真理」という思想であり、新しい「信仰」に代わって伝統的権威の圧政への対抗運動を代表するものとなる。

「啓蒙」は、「正しい認識」への情熱によってさまざまな世界思想を生み出すが、とくに重要なのは、合理的推論によって神（至上存在）の存在を必然的であると見なす「理神論」と、世界はただ事物が存在するだけであり、精神もまた物質の合成体にすぎないとする「唯物論」である（唯心論という変奏形もある）。そしてこの「理神論」と「唯物論」の対立から、さらに「功利主義」（有用性）の思想が現われる。「功利主義」は、一切の存在を、それ自体の存在としてではなく、「～にとっての存在」、「～のための存在」へと還元する。

この有用性の思想が近代に与える影響は決定的な重要性をもっている。なぜなら、この思想は、人間も社会もそして宗教さえもその使用価値（～のために）という観点から存在意味を見直し、そのことで、社会も宗教もじつは「人間のために」存在しているという新しい観念を生み出すからである。

こうして「絶対的なほんとう」は、「人々（＝人民）のために」という最高目標（公準）を見出すことになる。はじめて「万人の絶対的な自由」が、「真の信仰」や「真の認識」に代わって、人間にとっての「絶対的ほんとう」となり、やがてそれは、市民「革命」として結実する。

しかし「絶対自由」の現実化としての市民革命はすぐに「恐怖政治」に帰結する。人々はこの経験の中で、理念と現実の間の容易に越えがたい壁を自覚することになる。こうして、「絶対自由」という過激な理想としての「ほんとう」は、「現実の論理」の前で挫折して、いわば人間の生き方の内的な態度へと変奏させられる。それが「道徳性」である。

ヘーゲルは「道徳性」の境位を、「自分自身を確信している精神」と呼ぶ。外的な実体的対象（神・信仰・特定の絶対的理想）を目指すのではなく、何が「善いこと」であるかをそのつど自分の理性で納得しつつ内的な「善」をめがけて生きようとする精神、これが近代人の「道徳性」の本質である。つまり、ここでは、「ほんとうのもの」（絶対本質）は、超越的な存在者としてあるのではなく、自分自身の精神の本質としてあるのだ、という自覚が現われている。

「道徳性」は、近代精神が自己自身の存在を「精神の本質」として自覚してゆくその最終の段階を意味するわけだが、ヘーゲルはここに「道徳」と「良心」という二つのステージをおく。ここは「事そのもの」と並んで『精神現象学』のもう一つの白眉と言える箇所である。

◆「良心」の境位

すでに述べたように、ヘーゲルでは「精神」の運動の本質は、「普遍性」と「個別性」とが分裂し再統合されるプロセス、という言葉で表現される。言い換えれば、近代人は本質的に「個人」（自己中心性）として生きてゆくが、「個」としての精神はまた自らのうちに必ず「普遍性」の本質を含み、もし条件が整えば（ちょうど種子が一定の条件のもとで自らの本質を発芽させるように）、「普遍性」（社会性）を自己の中に〝取り戻して〟ゆく。近代人はもはや外的な「絶対者」に「ほんとう」（絶対本質）を見出さず、自己の「精神」それ自体のうちに「ほんとう」（そこに内在する「普遍性」）を見出そうとする。それが近代人における「道徳」や「良心」ということの本質である。

しかし、「道徳」（カント的）の境位では、「意識」はまだそういった自己自身の本質に十分自覚的ではない。ここでヘーゲルは、「道徳」に対する徹底的な批判を通してつぎの「良心」の境位を導くが、それはカントの道徳思想への本質的な批判になっている。

ヘーゲルによれば、「道徳」の決定的な弱点は、「正しさ」を一つの「絶対義務」（＝当為）として立てる点にある。まず「絶対義務」としての「正しさ」は一つの究極的な理想を「要請」する（最高善）。このことでそれは、人間の「理性」と「感性」を、従うべきものと抑圧すべきものという和解しえない対立関係におく。また「理想」と「現実」とは絶対的に乖離するものとなって、統合の可能性の原理が見失われる。

「道徳」の困難は、第一に、それが内的な「自己価値」の欲望、つまり自己動機に無自覚であることから現われる。第二に、さまざまな「為すべきこと」は状況のうちに存在するのでその「正しさ」については多様な判断を必要とするのだが、「道徳」は「正しさ」を「絶対義務」として置くために、人間には「正しさ」の「全知」がありえないことを認めようとしない。

すなわち「道徳」の本質は、絶対的に「正しくなくてはならない」という命令（純粋義務）にある。言い換えれば「超自我」的な正しさへの命令にあって、ここでは本質的に他者たちとの「承認の契機」が欠けている。これがヘーゲルの「道徳」批判の核心点である。そして「道徳」のこの困難を克服すべく現われる最後の境位が「良心」である。

こうして、近代人の精神の「ほんとう」を求める長い旅程は、ようやく最後の場面にいたる。近代精神として「道徳」が欠いていたのは、まず「自己価値確証」という自己動機についての自覚であり、したがって自分の「絶対的な正しさ」への固執についての自覚である。「良心」はこれらを自覚している精神である。

「良心」は、まず、自己動機を抹消しようとするのではなく、どんな人間も自己動機をもつことによって「個人」たること、またそのことが個体性の本質契機であることを認識し、これを是認する。つぎに、自己の「正しさの信念」が絶対的でないこと、またどんな「信念」も絶対的でありえないことを認識し、そのことによって多様な「信念」が相互に承認されるべきことを〝知っている〟。ヘーゲルの言葉では、「良心」とはさまざまな信念が相互批判を通して「和解」と「赦し」へともたらされるべきものであることを〝自覚している「精神」である〟。

ヘーゲルの体系《システム》では、「絶対知」は、「精神」と「宗教」の最後の和解（統合）のあり方として、つまり、人間精神のもっとも本質的な自覚と、宗教（絶対者）についてのもっとも本質的な知のあり方との「統合」として位置づけられている。しかし、実質的には、さまざまな「信念」が「良心」として自己の本質を知り、そのことで相互的な承認を受け入れるこの〝知〟のあり方こそ、ヘーゲルの「絶対知」の概念の核心をなしていると言ってよい。

Ⅵ 精神 （西）

冒頭部【B】

〔一 精神とは〕

前の章において、自己意識は（主客・個普の統一である）「事そのもの」に到達した。事そのものは、「精神的な本質」と呼ばれ、諸個人を生かしている「人倫的実体」（社会制度）であったが、しかし、自己意識がそれを知る仕方は不十分だったため、恣意的に諸法則を定立しようとしたり（立法する理性）、自分が諸法則を批判する権威であると思いこんだり（査法的理性）したのだった。

これに対して、諸個人が明確に、社会制度を自分自身にとって不可欠な本質として自覚し、みずからの行為を通じてこれを作り上げようとするとき、この本質ないし実体は精神と呼ばれることになる。これを逆から見て、実体が自己を自覚し表象するようになったとき精神と呼ばれる、といっても同じである（⇒社会制度である実体が諸個人を通じて自分を自覚する、という言い方がヘーゲルにはある。ヘーゲルは、社会を大きな一つの主体とみなす。ヘーゲルにとって歴史とは、この巨大な主体である精神が自己を自覚していく過程なのだ）。

この精神は、三つの契機をもつ。

①「普遍的な自己同一な持続的な本質」という契機――精神は、実体としては「すべての人の行為の、動かされず解体されない根底」であり、かつ、「すべての自己意識の思惟された自体として、彼らの目的にして目標」なのである（⇒ここでいう実体は、具体的にはギリシャの都市国家のこと。人々は、国家によって生き、国家のために生きる。人々は死んで移り変わっていくとしても、国家は不変な自己

同一な持続的なものとしてありつづける)。

②人々がつくりあげる「普遍的作品」という契機——実体は、単に人々の頭のなかにある目標ではなく、人々の自覚的な行為を通じてたえずつくりあげられるものである。

③個々人の「対自存在」という契機——**『実体は、自分を犠牲に供する慈愛の深い本質でもあり**(中略)**各人はここから自分の分け前をとる』**(314, 239)(⇒一人ひとりの生存を成り立たせしめるものでもある。主として経済的なこと)。この対自存在(個々人の私的利益)という契機は重要であり、これによって、精神は単なる思想ではなく「現実的 wirklich」で生き生きしたものとなっている。その点で、精神を(人倫的実体というよりむしろ)「人倫的現実態 die sittliche wirklichkeit」と呼ぶことができる。

〔二 精神の歴史的な諸形態〕

さて、精神とは「自分自身を支える絶対的で実在的な本質であり、これまでの意識の諸形態(意識・自己意識・理性)は、すべてこの精神からの抽象であり、ここにその根拠と本質とをもっている(⇒その対応は、今後精神の歴史的な発展をたどるなかでそのつど示される)。

精神は、意識の諸形態であるだけでなく、「世界の諸形態」(歴史的な具体的な社会制度)でもあって、歴史のなかで展開しつつみずからの本質を自覚していく。それには、大きく次の三つの段階がある。

①真実な精神——精神は「無媒介の真実態」として、一つの民の人倫的生活の姿をとる(古代ギリシャのポリスの生活)。そこでは、個人と全体とが美しく調和しているが、その調和は無自覚なものであ

って、そこには充分な「個」の意識が存在していない。この「個」の意識の目ざめによって人倫的生活は崩壊し、「法ないし権利」という形式的な普遍性が生まれる（ローマ時代）。

②分裂した精神（自分から疎遠になった精神）――ここでは、個人と世界とは疎遠なものとして対立する。さらに世界も、此岸の「教養の国」と、彼岸の「信仰の世界」とに分裂する。この分裂が、一切を概念的に把握しようとする近代理性（純粋洞察と啓蒙）によって克服されるとフランス革命が勃発し、此岸と彼岸の二つの世界が統一されて自己意識のうちに帰って行く（封建制→絶対君主→フランス革命）。

③道徳的世界観（自己確信的精神）――ここでは、自分の本質を社会制度のように自己の外にもつのではなく、自己の内側にもつ精神の形態が登場する。（カントの）道徳性や（ロマン主義の）良心がそれである。それらのつむ経験は、「絶対精神の現実的な自己意識」をもたらすことになり、次章の「宗教」へとつながる。

（⇓）事そのもの、が語られるさいにもっぱら念頭におかれていたのは、「表現」の営みであった。しかし続くギリシャの精神の章では、「国家共同体」が念頭におかれている。個々人がめざす「事そのもの」は、学問や芸術における「ほんとうのもの」というより、むしろ「公共的な意義あること」であり、政治的なことになる。ここにジャンプを感じて違和感を覚える方もいるかもしれない。ヘーゲルとしては、個人性と社会制度とが調和する在り方を理性章末尾の「事そのもの」で見届けたうえで、それが歴史的な制度として具体的に展開された場所として古代ギリシャのポリスに目を移す、という仕方で考えているのだろう。

A　真実な精神　人倫

この人倫の世界（ギリシャ）において、精神は大きく普遍態と個別態の二元に分かれる。普遍態のほうは、「人間の掟」と呼ばれる国家共同体の掟であり、個別態のほうは、「神々の掟」と呼ばれる家族の掟である。自己意識もそれぞれに振り分けられて、男は「人間の掟」と一体化し、女は「神々の掟」と一体化している。ここには、まったくの個人（この自己）は存在せず、自己意識は掟と一体化しているのである。

この二つの掟は、互いに補いあって全体として美しい調和をなしているが、しかし、男も女も、二つの掟の相補性を自覚していない。だからこそ、（ソフォクレスの悲劇『アンチゴネー』にみられるように）二つの掟をそれぞれ担う男女が争い、ともに滅びていくことになる。これはギリシャの人倫的調和を解体させる根本の原因だが、この没落・解体は「この自己」の自覚を生み出すことにもなる。

a　人倫的世界　人間の掟と神々の掟　男性と女性【B】

〔一　人間の掟と神々の掟〕

〔国家と人間の掟〕

精神は一方で「（国家）共同体 Gemeinwesen」としてある。市民たちは、国家を自分たちの本質とみなし、自覚的に国家をつくりあげようと努力している。この国家共同体という場面において働いている掟が、「人間の掟 das menschliche Gesetz」である。

これは具体的には「熟知されている法律、または現に行われている習俗」というかたちをとり、また「統治」、つまり国家権力の発動としてある。個々人のうちでも「自分自身であるという確信」、すなわち自分の本質に向かって行為しているという実感としてある。

こうして、人間の掟は「日の光のもとで公明に妥当する」もの、つまり顕わになったものであり、よく知られた自覚されたものであり、国家全体に関わる普遍的なものである。もし個人がそこから逸脱しようとすれば、人間の掟はそれを罰しようとする権力として働くだろう。

〔家族と神々の掟〕

このような国家と人間の掟に対して、他方に家族と「神々の掟 das göttliche Gesetz」とがある。家族も国家共同体と同じく、やはり「人倫的な本質」をもつが、そのあり方は対照的である。まず、家族は国家の市民がそこから成長してくる地盤（エレメント）という意味をもつ。そして家族の人倫的本質を、国家のそれと比較するならば、それは内的な隠れたものであり、法律とはちがって無自覚なものであり、家族員のそれぞれに関わる個別的なものである、といえる。では家族の人倫的本質とは、そもそもどこにあるか？

まず、それは単なる自然的な愛着ではない。たしかに家族は、無意識的で自然的な人倫だが、しかしやはり「人倫的」であって「精神」としての本質をもっているからだ。では、家族全体のために働く、ということはどうか。たしかにそれは大切な家族の義務だが、しかしそれは結局、子どもを国家に尽力できる一人前の市民に育て上げるためのものであり、むしろ国家へとつながるものである。だからこれを家族の人倫的本質とすることはできない。では、それ以外に家族に固有な使命とは何か、といえば、それは、死んだ家族員を埋葬することにある。

個人が最後に到達する「死」は、意識のなす行為ではなく「自然的否定性」（自然から加えられてくる否定）である。死体を放置すれば獣や鳥に喰われ、腐り果てていく。家族はこのような「侮辱の行為」を死者から遠ざけ、「意識の運動」をつけくわえてやり、『**自然のわざを中断して血縁者を破壊から奪い取る**』（322, 245）。こうして、死者を祖霊たちの共同体の一員とするのである。この義務こそが、「神々の掟」と呼ばれる。

〔二　二つの掟のつながり〕

ではこの二つの掟はどのように連関しているのだろうか。

ふたたび国家に目を戻してみる。国家には、拡散と収斂、という二つの面がある。国家は一方で拡散をゆるす。その内部に、「人格的独立性と私有権との諸体系」「獲得と享受とのさまざまな仕方に応じた労働の諸集団」といった、相対的な自立的なシステムがつくられる。

しかし他方で、統治においては国家共同体は「個体 Individuaität（分かちえないもの）」であり、「否定的な一」へと収斂する。『**統治は時おり、戦争によってこれらの体系をその心底から震駭し**（中略）（防衛という）**課せられた労働において、彼らの主人であるところの死を実感させなくてはならない**』（324, 246）。戦争は、国家があってこそふだんの私的な幸福が可能になっていることを成員に思い起こさせる。みずからの死を覚悟で戦いに赴くことこそ、国家の市民としての、つまり人間の掟の最大の義務なのである。

しかし、戦って死んだ者を弔い、祖霊のなかに加えるのは、神々の掟である。だから『(国家)共同体は自分の威力の真実態と確証とを、神々の掟と地下の国の本質においてもつことになる』。(324, 246)。

(⇒) 死を中心に国家と家族の役割を整理してみる。国家はふだん人々が死なないように配慮している。だからこそ戦争のときには、市民は死を賭して戦わなくてはならない。もし戦って死んだとしても、家族が死者を冥界に入れてやる。こういうつながりなので、死者の弔い＝神々の掟が働かないならば、国家もまた力をもちえない。

〔三　男と女〕

さて、神々の掟についてもう少し詳しく検討してみる。そもそも家族のなかで「人倫的な関係」といいうるのは、妹兄(または姉弟)の関係である。妻と夫の関係には欲情という自然性が伴い、親子の関係は対等な承認関係ではないが、妹兄の関係は相互に自由な関係であるからだ。『女性は妹として人倫的本質について最高の予感を抱く』(325, 247) のである。妹にとって兄の喪失はかけがえのないものなのである。

男は、成長すると家族を捨てて国家の市民として活動し、人間の掟を実践することになる。女は家にとどまって家を主宰し、神々の掟の守り手となる。こうして両性という自然的なものが、人倫的な意義を帯びることになる。

人倫性が性という自然性をまとうのは、ギリシャの人倫的精神が「実体と自己意識との無媒介の統二」であって自覚的な統一ではなく、二つの掟のつながりも自覚されないままになっているからである。この無自覚さ、無媒介さが、ギリシャの美しい調和が滅んでいく原因である。

さて、女性は家族と神々の掟を身につけ、男は国家と人間の掟を身につけるが、それらを結びつける「媒語」は婚姻である。両性が結婚することによって、この二つの領域は統一され結びつけられているのである（⇓しかしこうした全体の構造は知られないままになっている）。

b　人倫的行動　人間の知と神々の知　罪責と運命【B】

（⇓）この節を描くさいに、ヘーゲルはソフォクレスの悲劇『アンチゴネー』を下敷きにしているので、その内容をざっと紹介しておこう。

テーバイ王オイディプスには四人の子供があった。兄のポリュネイケス、弟のエテオクレス、アンチゴネとイスメネの妹たちである。しかし兄と弟とはどちらが国王となるかをめぐって争った。その結果、兄ポリュネイケスはテーバイから追放されるが、他国アルゴスの軍勢を率いてテーバイに攻めてくる。そして兄弟は争ってともに果てる。

妹アンチゴネは、兄ポリュネイケスを埋葬しようとするが、王位についた叔父のクレオンは、反逆者であるポリュネイケスを埋葬しようとしたアンチゴネを断罪し、そのためアンチゴネは自害してしまう。またアンチゴネのいいなづけだったクレオンの息子ハイモンも自殺し、ハイモンの母でありクレオンの妻であるエウリュディケも自殺してしまう。

〔二　二つの掟の衝突と没落〕

この人倫的世界には、（みずから考え判断し選択する自由な主観性である）「個別的な個人」というものが存在しない。ここでの意識は、（自由な「人格 Person」ではなく）自己と掟とが一体化した「性格 Charakter」（⇒キャラクター、劇の役柄）なのである。意識は二つの掟があることを知ってはいても、自分が一方に与することは「無媒介に」決まってしまっている。二つの威力が相互に連関していることは自覚されないままに。

そこで、それぞれの掟に属する者が対立し争うとき、正義は自分の側にこそあり、相手はまったくの不正と見える。神々の掟に属するほう（アンチゴネー）は向こうに「人間的な偶然的な強権の発動」を認め、人間の掟に属するほう（クレオン）は、相手に「内面的な対自存在の我意と不従順」を認めるのである。

それぞれの意識は「実体の意識」であるから、掟と現実とは深く結びついていると思っている。行動の結果、予期しなかった疎遠なものが生じてくるなどとはまったく考えていない。そして、自分にとって明らかな掟を、断固として遂行するのである。

しかし、本質（⇒原語は Wesen であり、本質的な実在という意味で「実在」とも訳される）は「二重の仕方で」存在する。つまり両方の掟は内的に結び合っている。一方を果たし他方を侵害するならば、侵害された本質は復讐を要求して迫ってくることになる。

そもそも行動することのうちには、**『現実と実体の一体性』『真実の義であるのではないような、いかなる本質にも現実が与えられることはない』**（336, 255）ということが含まれている。だから最終的には双方ともが、自分と正反対のもの（相手の行ったこと）を自分の現実として承認し、自分の罪責を承認せざるを得なくなる。

我ら苦を受くるの故に、我らの過ちしを我らは承認《うけが》う（ソフォクレス『アンチゴネー』）

この承認によって、意識は『**正義であるもの以外の何ものも妥当しないことを知っている人倫的な心構え**』（336, 256）へと還帰するが、しかしこれは人倫的な性格としてのあり方を失い没落することでもある。

二つの側面はともに没落するが、これこそが絶対的正義である。人倫的実体が、両側面を飲み込む否定的威力、全能にして公正な運命として登場してきている。

〔二　女性と個別性の原理〕

（⇓）ギリシャ世界の没落は、二つの掟の相互の連関が自覚されないままに意識に担われているところにその理由がある、と今まで述べてきたが、さらに、別の見方をすることもできる。つまり、個別性の原理を国家が押さえ込めない、という点である。

男が主宰する国家は、女が主宰する個々の家族の自立化と個別化（それぞれの家族の私的な利益追求）を食い止めることによって、成り立っている。だから家族の利益を妨害して、人々にひたすら公的な国家のことを考えさせようとしなくてはならない。

しかし国家は、自分にとって本質的なものでもある女性一般において、獅子身中の虫を見出す。女性というものは「（国家）共同体永遠のイロニー」なのである。女性は若者をそそのかして、統治という普遍的なものを私的な利益追求の手段にしようとするからである。母は息子を、姉妹は兄弟を、娘は結婚相手となるべき青年を、もちあげる。

国家は、こうした「個別性の精神」を抑圧することによってのみ自己を維持できるが、しかしまた、未熟な若者の力を、戦争のさいに全体を支える力として承認せざるを得ない面をもっている。

こうしてみると、ギリシャ的人倫の存否は、自然の力や幸運にもとづくものである。だとすれば、没落はすでに決定してしまっているといえる。美しいポリスは没落し、（ローマという）「普遍的な共同体」に呑み込まれていくのである。

（⇓）なぜギリシャの美しい共同体は滅ぶのか。基本的な論理は、二つあった。①二つの掟の連関が無自覚なままであり、いったん対立すると調停の原理がないこと。②個別性の原理が存在しないが、決してこれを抑圧しつづけることはできないこと。さらにこの二点はつながってもいる。ヘーゲルの考えでは、近代において「個」の自覚が生まれ、そうした個（道徳性、良心）こそが自分と掟との関係を自覚的に担うことになるからだ。じつは、若いころのヘーゲルはギリシャを個と全体の美しい調和として賛美していた。しかしここ『精神現象学』では、近代における「無限な主観性」こそが調和的な個と全体の関係を自覚的に達成しうる、という見方をとるようになっている。

c　法的状態【B】

〔一　人倫から人格へ〕

（ギリシャのポリスにおける）個人と全体との生き生きとした統一は、（ローマ帝国における）普遍的統一、つまり「精神の欠けた共同体」に呑み込まれる。そこでは、（個々人に市民権が与えられることになり）個人こそが実体となる。そして普遍的なものは、すべての人々をもろもろの「人格 Person」として妥当させる「平等」となる（⇒人々はかつての「性格」ではなく、権利主体としての「人格」となる）。

こうして、自我が絶対に存在する本質として妥当することになるが、この自我を支える実体性は「承認されて存在すること Anerkanntsein」（権利主体としての承認関係）にある。しかしこの承認は「抽象的な普遍性」にすぎない。内実としては以前のような、実体に溶け込んだ自己ではなく、ただ、「つれない冷酷なこの自己」があるだけである。

〔二　ストア主義、スケプシス主義との対応〕

さて、「自己意識の自由」の章で取り上げたストア主義とは、王座にあろうと奴隷であろうと、どんな状況においても「我＝我（われはわれである）」という自立性の意識を得ようとする自己意識であった。これは、自分では自立的だと思い込もうとしても、何ら客観的具体的な「定在」を持たないものであり、「現実からの逃避」にすぎなかった。

ここでの「人格の権利 das Recht der Person」もまったく同様であって、「自己意識一般としての一者」に結びつけられているだけであり（⇒権利主体としての形式的承認があるだけで）、現実に貧しかったり富んでいたり、力があったり無かったりするような具体的定在とはまったく結びついていない。じつはストア主義も、こうした法的状態を前提にして成り立ったものだったのである。

ストア主義がスケプシス主義に移っていったように、法の人格の自立性もおなじような運動をたどることになる。スケプシス主義は（ストア主義のように内側にひきこもるのではなく）あらゆる現実に関わってそれらすべてを仮象とみなし、何物にもわずらわされることのない自立性を達成しようとするものであった。しかしそれは結局（たえず否定すべきものを必要とする点で）「自立性と非自立性との（あいだを動揺する）矛盾」にすぎなかった。

権利という人格の自立性も同様である。ここで絶対本質として妥当するのは「一者としての自己意識」という空虚な普遍性であって、何も具体的な内容をもたない。そこで意識は現実に出ていって多様なものを占有し、それらにこの空虚な普遍性を刻印して自分の「所有物 Eigentum（自分のもの）」とする。しかしこの「所有物」もまったくの形式にすぎず、それの内容がどのようなものであるかにはまったく関わりがない。

そしてこの内容のほうはどうかといえば、これは一つの「独自の威力」である「世界の主人」（ローマ皇帝）に属し、権利の意識はその恣意にさらされる無力なものとなる。『**それゆえ、この権利の意識は自分が現実的に妥当するというまさにそのことにおいて、むしろ自分の実在**（リアリティ）**の喪失とまったくの非本質性とを経験する**』（345, 262）。

〔三　**世界の主人とその臣民**〕

この法的状態においては、もろもろの人格性のアトムが絶対の数多性へと分散している。この分散をまとめあげるのが、これらのアトムには疎遠な唯一の点である「世界の主人」である。

彼は普遍的な威力であり絶対的な現実であって、一切を自分の手中に掌握している「絶対的人格」

であると自任している。

しかし、内容が自己の拘束を抜け出て「もろもろの精神的な威力のカオス」を呈するとき、この世界の主人もまた無力なものでしかない。というのも、全ての人々に対立する孤独な人格たる彼も、実は人々からの承認によってその権力を得ているにすぎないからである。

また、この主人が現実を支配する普遍的な威力であると意識するのは、臣民たちにたいして破壊的な権力をふるうことによってである。この主人の威力は「精神の一致」に由来するものではないからだ。臣民たちは人格として各自がバラバラであって、他の人々との連続を締め出す。そこで主人がこれらの人格性の連続性（⇒もろもろの人格をつなぐもの）となるが、しかしそれは、臣民たちの人格性を破壊するような仕方によってなのである。

こうして、人格性が経験するのは、自分が実体を欠いたものだということである。自己は法的状態（権利状態）において普遍的に妥当するという現実性を得たが、それはそのまま自己が実在を喪失していることと等しいのである。

B　自分から疎遠になった精神　教養

〔一　自分から疎遠になった精神〕

（ギリシャの）人倫的世界においては、意識は本質と無媒介に一つに保たれていた。しかし、（ローマの）法的状態の精神においては、自己は「絶対に断絶した自己」となっており、その世界は意識にとって外面的で疎遠なものとなっている。しかしこの世界もやはり「精神的本質」であり、それ自体としては「存在と個体性との相互浸透」であり、自己意識がつくりだす「作品」なのである。

（法的人格という）無媒介に妥当する自己は、実体を欠いたものであり、諸元素（国家権力や財富）によってもてあそばれるものでしかなかった。だから、このような自己を外化・放棄しなくてはならない。そうすることによってはじめて、国家権力や財富といった「精神的威力」を獲得することができるからである。『**だから自己にとっての実体とは自分を外化すること自身であり、そして外化することが実体である**』（348, 264f.）（⇩外化が自分に現実の力を与えるのだから、外化こそが自分を支えるもの＝実体なのである）。このことを世界の側からみれば、国家権力及び財富という精神的な威力も、じつは、意識が自己を外化することによってはじめて維持されているのである（⇩しかし、このようにして意識と世界とが相互に統一されていることは、意識には知られていない）。

以上が、現実的な意識と現実的な世界のようすだが、この「現実の国」（此岸）には、さらに「純粋意識の国」（彼岸、観念の世界）が対立している。精神は自己と本質との統一であるはずだが、自己意識は此岸においてその統一を見出すことはできないので、むしろ彼岸においてその統一を見出すのである（神の国と信仰）。

こうして、①自己と世界とが相互に疎遠であるだけでなく、②此岸と彼岸とが相互に疎遠になっているのである。

〔二　この章のあらすじ〕

人倫的世界では、二つの掟の分裂から、運命を介して自己(個別的な人格)へと還帰した。この疎遠になった世界でも、自己と世界との分裂の状態から、意識が自己を外化・放棄することによって国家権力と財富とをわがものにし、その結果、「第二の自己」つまり「概念を把握するところの意識」が生じる(「a　教養とその現実の国」)。

この第二の自己は、「純粋洞察(⇒金子訳では純粋透見《じゅんすいとうけん》、die reine Einsicht)」と呼ばれるが、これは、あらゆる自体存在(それ自体として存在するもの)を、対自存在(自分にとって理解しうるもの)へと転換しようとするもの(近代理性)であり、それはまず、信仰を批判するところからスタートする(「b　信仰と純粋洞察」)。そしてこの運動が、最終的に此岸と彼岸との分裂を解消することになる。

すなわち、純粋洞察は「啓蒙」となって信仰を批判するが、その批判は最初は浅薄であり、信仰のうちに「絶対本質」へと向かう要求があることを無視している。しかし啓蒙は最終的には、絶対本質への要求を人民の「一般意志」というかたちで自己のなかに取り込んでいく。「一切は人民のためにある」という思想から革命が勃発し、此岸と彼岸との分裂も解消されていく(「Ⅱ　啓蒙」)。

I　自分から疎遠になった精神の世界

a　教養とその現実の国【B】

〔一　高貴な意識と下賤な意識〕

〔教養は個人を妥当させ、実体を現実化する〕

自己意識は、自己を外化放棄し、「自分自身を疎遠化する」ことによって、現実をわがものにすることができる。この自己の外化ないし自己の疎遠化が「教養 Bildung」（自己形成）と呼ばれる。個人は教養をつみ、自然的自己を外化すればするほど現実性と力を得て、「ひとかどの人物 Etwas」になることができるのであり、自然的自己そのものはつまらないものにすぎない（⇒ここでは、権力を獲得するゲームや、財富を獲得するゲームに参加しうる力能を身につけることが、教養。個人は自然のままの自分ではダメであって、もろもろの社会的なゲームに参加しうる力能を身につけなくてはならない、というのはヘーゲルの根本思想であり、後の『法哲学』の「市民社会」の章でも詳しく語られる。教育思想として興味深い）。

そしてこうした自己の外化・放棄は、実体の側からみれば、実体を現実化するものでもある。つまり、現実の威力である国家権力や財富も、個々人の行為によって生きているのである。

〔国家権力と財富〕

さて、精神は、自体存在と対自存在という二つの契機をもっている。

自体存在は、風水火土という自然の四元素にあてはめれば、風に相当する。つまりそれは、「持続的な純粋に普遍的で透明な本質」という契機であり、ギリシャでは国家共同体に相当するが、ここでは「国家権力」としてあらわれる。国家権力は普遍的な事そのものであり、持続的な不変なものだからである。

対自存在の契機は、自然の四元素の「水」に相当し、「いつも犠牲にされる限りでの本質」である。つまり、みずからを犠牲にすることによって、もろもろの個体の対自存在を生み出していくものである。これはギリシャでは家族だったが、ここでは「財富」として現れる。

しかし、どちらの本質も、じつは二つの契機を併せ持っている。国家権力は普遍的かつ不変なものであるだけでなく、最終的には一人ひとりの幸福を可能にするものであり、その点で、対自存在へと転換する（国権は財富）。財富は一人ひとりの対自存在に関わるものだが、社会全体としてみた場合には、皆を養うものとして普遍的な意義を獲得し、自体存在へと転換する（財富は国権）。

国権と財富とが固定的な対立項ではなく、相互に転換すること。これは最初には知られないが、意識は教養を積む経験のなかで、そのことを自覚していくことになる。

〔**善悪と判断**〕

自己意識には、現実意識だけでなく純粋意識があり、そこには善と悪というものがある。そして、現実の国権や財富を善や悪として「判断」することになる（⇒判断とは、現実意識と純粋意識とを関係づける行為といえる）。こうした判断とそれにもとづく行為とが、自己意識を運動させる教養のプロセスとなっていく。

では、どのような仕方で善や悪の判断は行われるのか。自己意識は自分のなかに尺度をもっており、それと「同」であるものは善とされ、「不同」なものは悪とされる。

さて、自己意識のなかにも自体存在と対自存在との二つの契機がある。つまりそれ自体として存在する普遍かつ不変なものを求める側面と、自分の私的な利益を求める側面とである。そのどちらを尺度にするかによって、異なった判断が生まれることになる。
①対自存在（私的利益）を尺度とした場合：国権は私的利益を抑圧するものとして悪となり、財富こそが善。
②自体存在（普遍性）を尺度とした場合：国権こそ善であり、財富は悪、と判断する。
（⇒それぞれイメージしてみると、国家を自由を抑圧するものとして嫌うヒッピーは前者、また、国家こそ正義でカネなんて卑しい、という右翼的真面目さが後者、という感じだろうか）。

しかしさらに、異なった判断のタイプも出てくる。「高貴な edelmütig 意識」と「下賤な niederträchtig 意識」である。
③高貴な意識：国権に対しても財富に対しても「同」という態度をとる。国権は正義であり自体存在であるから善とし、財富もまた対自存在を可能にしてくれる（自分を養ってくれる）ものだからやはり善、とする。
これと反対なのが、下賤な意識である。
④下賤な意識：国権に対しても財富に対しても「不同」の態度をとる。国権は対自存在（私的利益）を抑圧するものとして悪とみなし、財富には自体存在（恒常的な本質）が不在であるからやはり悪とみなす。
意識はこのようにさまざまに「判断」するが、しかし、国権も財富もそれぞれ、自体と対自の両契

機を備えていること、さらに自己意識自身もやはりこの両契機をそなえていること、を自覚してはいない。だから、これらの判断は、主語と述語とを、無自覚なまま外面的に形式的に関係づけているにすぎない。

この教養の国での意識の経験は、「高貴な意識」からスタートするが、その教養の経験のなかで、主語と述語とを関係づける「媒語」が顕現してくることになり、二項からなる判断は、三項連結としての「推論」となっていく。

そしてこの教養の経験、つまり意識と実体とが相互に関わり合うなかで、意識のなかの自体と対自という両契機が働き出す。それは、高貴な意識を下賤な意識とし、自体としての国権を対自としての財富へと変貌させていくことになる。国権と財富、高貴と下賤、善と悪といった固定的な区別じたいが解体していくのである。

〔二　高貴な意識の経験〕

〔奉公のヒロイズム〕

さて、意識の教養は、高貴な意識からスタートする。高貴な意識とは、具体的には、「誇り高き封臣」（封建制における家臣）である。彼は国権が自分の本質であり目的であると意識しているから、自分だけの特殊な目的を否定する「奉公のヒロイズム」の態度をとる。

この「国権とは本質である（善である）」という判断と、自由な自発的な自己犠牲とを介して（⇒この判断と自己犠牲を「媒語」とすることによって）、意識と国権とは推理的に連結されることになる。そのことによって、一方では、単なる普遍的な思想にとどまっていた国権が現実化され、妥当し実効性をもつ権力となる。他方では、この意識じしんも自然的な在り方から遠ざかって「自体」となる。**『意識はこのような教養によって自分自身に対する尊敬と他の人々からの尊敬とを獲得する』**(360, 274)。彼は「名誉」を享受するのである。

ところが、高貴な意識は、自分自身の利益をすっかり放棄してしまってはいないし、国権も、まだ独自の自分の意志を持ってさまざまな意見を決済する現実的な国権、すなわち絶対権力をもつ一人の君主になってはいない。だから、高貴な意識は「公共の福祉 das allgemeine Beste」のために「忠言」をおこなうが、しかしそれはタテマエにすぎず、腹のなかに「自分だけの特殊な福祉」を隠しているかもしれない。もしそうであるなら、高貴な意識は国権にたいして「不同」の立場をとる下賤な意識となってしまう。

〔言葉の働き〕

そこで、対自存在を真実に犠牲にすることが求められる。しかしこれは「死」であってはならない、死は「和解なき正反対のものへの移行」であって自己に還帰しないからである(意識の運動の単なる停止にすぎない)。そこで、死におけるほどの完全な献身を行いながらも、自分を維持するような犠牲が必要だが、それは「言葉」によってはじめて可能になる。

言葉は、人倫の世界においては「掟」であり、教養の現実の世界ではまず「忠言」として現れた。そこではその内容が問題であったが、ここでは、言葉という形式そのものが問題となる。

言葉は第一に、自我をそのものとして純粋に表現し客観化するものである。行動や人相も当人の自我を表現しはするが、その表現は不十分なものすぎない。それに対して**『言葉は自我をその純粋態に**

おいて含んでいる。**言葉だけが自我を、自我そのものを言い表す**』(362, 276)。

第二に、言葉にされることで、自我は普遍的かつ持続的な自我となる。言葉の音としての定在はすぐさま消失するが、しかし自我は他の人々に聴き取られて「他の人々との統一」としての「普遍的な自我」(共有され承認された自我)となる。同時に、自分のなかだけでの過ぎ去りゆく想いも、言葉によってはじめて「持続するもの」となる。

では、このような言葉による真実の犠牲とは、どのようなものになるだろうか。

〔**賛美の言葉=追従の言葉**〕

さて、高貴な意識が奉仕し忠言の言葉を発することによって、国権と高貴な意識はそれぞれ二つの契機(⇩自体存在と対自存在)へと分解されていた。すなわち国権は、抽象的普遍者(自体存在)と対自的に存在する意志へと分解されるが、後者はまだ不在であった。高貴な意識のほうもまた、自他から尊敬される自体存在と、「待ち伏せをしている意志」(腹のなかにあって可能ならば私利を追求しようとする対自存在)とに分解されているが、後者はまだ充分に実現されてはいなかった。

そこで、「追従」の言葉が登場し、奉公のヒロイズムは追従のヒロイズムへと転換する。つまり、高貴な意識は君主に特別の「名」を与えるのである(⇩彼は宮廷貴族となって、たとえば「あなたは太陽王ルイ十四世です、あなたのおっしゃることはどんなことにでも私は従います」と呼びかけてひれ伏す)。これこそが、言葉による「内的確信の外化・放棄」であり、自己犠牲である。

この言葉によって、抽象的な普遍的権力は「自己内還帰」し、『**無制限の力をもつ単一支配者**』(365, 278)、つまり絶対君主が生まれる。国権のうちの自体・対自の二つの契機が推理的に連結され、対自的な意志が生まれたのである。

しかしこの絶対君主もまた、結果的には、高貴な者たちの食い物にされることになる。そもそも、『この個別者である彼が自分が普遍的権力であるのを知るのは、高貴なものたちが国権に奉仕しようと待ちかまえているだけではなく、装飾品として王座をめぐって座り、玉座の上に座っているものに向かって、彼が何であるかをいつも言うことによっている』(365, 278)。君主の絶対の権力は、高貴な意識たちのなす賛美＝追従の言葉によって成り立っているものだから、国家権力の実体は高貴な意識たちのほうへと移行してしまう。君主は、力あるもののいいなりになり、その名は「空名」となる。高貴な意識は、内的自己を外化放棄した代償として、「現実的な普遍態」(もろもろの利益)を受け戻すのである。

このことによって、国権は「自己意識の契機」(高貴な意識の意のままになるもの)となり「止揚された権力」となっている。こうして国権は、本質ではあっても「犠牲にされるかぎりでの本質」、つまり財富となってしまっている。国権は財富となったのである。他方の自己意識も、高貴な意識として国権に対して「同」の立場をとる者だったが、人格性を放棄するという犠牲においてかえって国権という普遍的実体を引き裂く(分け前をとろうとする)のであり、まったくの「不同」の立場を取る者となった。高貴な意識は下賤な意識となったのである(⇒こうして国権と財富、高貴と下賤、という固定的な区別が成り立たないことがわかってきた)。

〔三　財富と食客〕

〔財富こそ本質〕

国権は事実上、財富となってしまった。財富はしかし、対自存在の契機が浸透したもの（私のためのもの）であるから、自体存在としての本質を欠いている。しかし財富も、人々に広く分かち与えられることによって、普遍性を獲得し自体存在となることができる。こうして以後、恩恵を施す富者と、富者から施される者（食客）との関係がとりあげられる。

国権は当初は単なる普遍性の思想であって自己をもたないものだったが、財富は自己をもつ。つまり、財富は一人の富者となり、人々が財富を獲得しようとすることをやすやすと許しはしない。それどころか、富者は、財富が人々の対自存在（の条件）であり、人々を支配する威力であることを充分に心得ている。富者は素朴な善意などではなく、「高慢」であって、人々（食客）を思うがままに支配し慰みものにしようとする。

対する食客の側の態度も、かつての封臣のように素朴なものではなく、「分裂」を含んでいる。たしかに彼は恩恵を施すものに感謝を抱くが、『**この感謝の精神は、最も深い屈辱感と最も深い反抗の感情を伴っている**』（368, 280）。なぜなら、この意識の自己（自分の生存のカナメとなるもの）は、ある疎遠な意志の権力の手中にあって、この意志の気まぐれに委ねられているからである。

この意識は、やはり追従の言葉でもって富者から金をせしめるが、しかし同時に、この言葉は『**投げ捨てられている状態を投げ返す**』（369, 281）反抗でもあり、食客を単なる玩具としかみない富者の思惑を引き裂くのである。

〔**分裂の言葉**〕

この食客の意識は、分裂したものである。もっとも自己的なものがまったくの疎遠な他者に帰属する、という究極の疎遠化を彼は経験したのだった。それとともに、彼は、国権が財富でしかなく、また富者の善意なるものがまったくの欺瞞であることもよく知っている。彼が「自己」をとりもどすのは、この世のなかに何一つ確かなものはない、というこの洞察を語ることによってである。

この「分裂の言葉」は、あらゆる物事をとりあげては、そこになんら確かな根拠がなく、たえず反対物へと転換することを指摘する。国権は財富であり、財富は国権、善は悪で悪は善、高貴は下賤で下賤は高貴、こういったことを率直に語る分裂の言葉こそが、教養の世界の真理をいいあらわしているのである（⇒ディドロ作『ラモーの甥』をヘーゲルは念頭においている。ボヘミアンであり金持ちに寄生する音楽家、ラモーの甥は、固定的な善と悪とを信じる誠実な哲学者に対し、あらゆるものにどこにも実体がないことを語る。ヘーゲルはこの小説から、社会の頽廃と、この頽廃した社会を乗り越えようとする新たな精神のかたちを読み取っている。フランスのヘーゲル研究家ジャン・イポリットの言葉によれば、この分裂した意識は「革命前夜の魂の状態」である）。

しかしこの分裂した意識は、スケプシス主義がそうだったように、自分自身に満足できなくなる。彼は世界の諸事物の空しさを語っては自分の知性の優越（機知）を示すけれど、こうやって語ること自体も空しく感じられてくるからだ。そこで分裂した意識は「自分自身についての、自分自身を超える嘲りの哄笑」となり、そこから「自分自身のうちへの二重の還帰」がうまれてくる。すなわち、「意識のこの自己としてのこの自己」へと向かうもの（純粋洞察）と、「意識の純粋な普遍態」へ向かうもの（神の国へと向かう信仰）とである。

b　信仰と純粋洞察【D】

（⇓）ここの内容は具体的には、次節の「啓蒙の迷信との戦い」において詳説されることになるので、テキストを逐次たどることはせず、信仰と純粋洞察それぞれの特徴を指摘・解説するにとどめる。

〔**信仰**〕

どこにも本質というものがない現実世界から彼岸へと「逃避」して、そこに、純粋な思考からなる本質の世界をつくりあげるのが、信仰である。

彼岸の世界の内容は思想だが、しかし、それは「表象」されているだけで、概念的に把握されているわけではない（⇓イメージや物語としてもたれているにすぎない）。

われわれからみると、彼岸の世界の内容は現実の教養の世界のそれと同じである。すなわち、国権と対応するものとして「絶対本質」すなわち単一で永遠な実体があり（⇓父、自体存在の契機）、財富と対応するものとして、自分を犠牲にする本質があり（⇓子、対自存在の契機）、さらに、そこから第一のものへの還帰（⇓精霊、自体的かつ対自的）がある。

しかし信仰にとってはこれら三つはそれぞれ異なったものであって、いずれもが精神の諸契機であり精神のなす必然的な運動であることは明確に自覚されてはいない。だから、精神の運動は「出来事」（⇓神の子イエスが人間の子として生まれ、人々の罪を背負って十字架にかかり、天に帰って行った、という実際にあった出来事）として理解されているのである。

信仰する意識は、現実世界を空しいものと感じているから、この意識にとっては、彼岸の静かな国こそが真の「現実」である。そして「奉仕と賛美という服従」をなすことによって、絶対本質と自己との統一の意識をつくりだそうとする。しかし「直観された現実の統一」をつくりだすことはできず、現世のうちではその目標に達することはない。

〔純粋洞察〕

教養の現実の国の物事に関わるのが「現実意識」だが、それと対立する「純粋意識」には、信仰だけでなく純粋洞察というものがある。

信仰が、安らいだ「肯定的な普遍態」すなわち「自体存在」（⇒信仰の対象としての神）を求めるのに対し、純粋洞察は「対自存在」を求める。つまり、あらゆる外在的な対象に立ち向かって、それを概念的に理解してわがものにしようとするのである。信仰の静止に対し、純粋洞察は運動と否定性とを特徴とする。

純粋洞察のほんらいの対象は「純粋自己」である。つまり、なによりも、「自分が洞察し納得すること」を求めるのであり、一切を「自己」化しようとする要求をもつ（⇒純粋洞察とは、分裂した意識のように世界の空しさを語ることをやめ、むしろ積極的に世界の実相を理解してそれを「わがもの」にしようとする自己意識であり、つまり近代的な理性のことである）。

純粋洞察は個別的な自己ではなく、「普遍的な自己」であり、だれもが納得するような普遍的な洞察を形作ろうとする。なぜなら、意識は教養の世界を経て、もろもろの自然的な生得性を脱落させてしまい、さらに、エスプリに富んだ分裂した意識において、世界のあらゆる物事について普遍的に判断するすべを身につけたからである。純粋洞察は個別的な自分だけの納得では満足せず、普遍的な洞察をこそ求めるのである。

とはいっても、ここの段階では、純粋洞察はまだまったく内容をもたず、純粋で普遍的な洞察を得ようとする意図でしかない。だからまずは、納得できないものに対してもっぱら「否定性」をふるう。そして純粋洞察の主要な敵こそ、神の実在を素朴に信ずる信仰なのである。

信仰も純粋洞察も、じつは、同じ精神のもつ二つの契機にすぎない（⇒コインの表裏のようなもの）。「絶対本質」を求めそれとひとつになって安らごうという自体存在への要求も、あらゆる物事に対して洞察しようとする対自存在の要求も、どちらも精神が本質的に備えている両契機なのである。しかし、この疎遠になった精神の世界においては、この二つは互いに疎遠なものとして現れ、争うことになる。

（⇓）現実の社会が生き方をおのずと与えてくれず、真実な生き方がわからなくなったときに、どういう態度を人はとるか。信仰と純粋洞察を、そのさいの二つの類型として考えてみるとおもしろい。現実の相対的な諸目的を超えた絶対的な真実を彼岸に求めるか、それとも、自分でもって考え納得したい、納得できないことになど従えない、という自分に重きを置く態度をとるか。人はその資質によってどちらかに傾くのではないだろうか。

Ⅱ　啓蒙（以降竹田）

近代の自己意識は、「教養の世界」における「ラモーの甥」的な分裂した意識から、一方で、現実に向かわず彼岸に（非現実の）自己の純粋な世界を設定する「信仰」（近代的な信仰━▶プロテスタントなど）へ進んだ。しかしもう一方で、意識の本性である「対立と運動」の側面は、近代の自己意識を

「純粋洞察」（金子訳では純粋透見あるいは「透見」と訳されている。以後単に「洞察」と記すことあり）へと向かわせた。

以後、この「信仰」と「洞察」（すべてを洞察しようとする近代的理性の精神）の対立が生じ、進展してゆくことになるが、さしあたり、「洞察」が現実社会に対してとる態度はつぎのようになる。

ラモー的な教養の意識は、社会の矛盾と自分の無力を知り、それに対して悲哀と自嘲のないまぜになった感情をもっていたが、ここから現われた理性的洞察の意識は、やがて、世界のさまざまな矛盾を取り集めて（集成して）ひとつの普遍的像として人々に示す、という仕事を行なう（百科全書派など）。

このことで、自己の内実の空しさの意識のなかで分裂していた教養の世界の混乱は、個々バラバラの批評や機知たることから抜けだし、それを社会についての普遍的な洞察へと進めていく。しかしこの理性による普遍的な洞察は、近代のはじめ、「信仰」との対立という形をとって展開してゆくことになる（自然科学、理神論、啓蒙思想など）。

a　啓蒙の迷信との戦い

〔一　純粋洞察の信仰への肯定的関係　純粋洞察の普及〕【B】

純粋洞察は意識の「否定性」の働きを核とするものであって、これまでスケプチス主義や理論的、実践的「理性」の段階で見てきたものと同質のものだが、人間が歴史の中で展開してきたものとして重要な意味をもっている。世界を純粋にどこまでも理性的な洞察において普遍的に把握しようとする意識のありようは、まさしく近代においてはじめて達成されたものだからだ。

新しい「信仰」が、彼岸の存在を「絶対者」と見なすのに対して、「洞察」（透見）では自分の純粋な世界洞察こそが絶対的なのである。ただし、信仰が、「絶対的なほんとう」（絶対本質）を、三位一体などといった形で（表象としてではあるが）持つのに対して、「洞察」ははじめはまだこれについて具体的な思惟をもたず、もっぱら「信仰」に対する徹底的な否定ということを通して、自己の内実を作り上げていくことになる。

さて、「洞察」（啓蒙思想）から見ると「信仰」は大きな誤謬を持っている。

①大衆……素朴に、無邪気に、あやまった信仰（迷信・先入見）を受け入れている。

②僧侶……自分たちだけが世界を洞察しているとうそぶいて大衆をだましている。

③専制君主……誤った教義の上であぐらをかいて、自分の支配と安泰だけを図っている。

さしあたり「洞察」が批判の対象とするのは、僧侶階級や専制君主ではなく、むしろ、意志をもたない大衆の蒙昧である。そこで「洞察」は、大衆の「信仰」がいかに知的に誤ったものかを示すことで、その根拠を取り除こうとする。そのことがうまくゆけば、大衆を「悪しき意図」を持つ僧侶と専制の支配から引き離しうる可能性もある。

こうして「洞察」と「信仰」は鋭く対立するが、しかしじつは両者は、「絶対的なほんとうのもの」（⇒「絶対本質」）を求めているという点では同じ本質をもっているといえる。ただ「信仰」ではそれが彼岸に設定され、「啓蒙 Aufklärung」では理性的洞察の真理ということに設定されているだけだ。しかし重要なのは、「啓蒙」には、自分が「信仰」の内実を超えることでここまで来ていると いう自覚があるという点だ。そこに「啓蒙」の大きな優位があると言える。

〔二　純粋洞察の信仰への否定的関係　純粋洞察が自分から疎遠になること〕【B】

「洞察」の本質は、理性の使用、つまり概念の否定の運動の力によって一切を洞察しようとする点にあるが、そのことでしばしば、自分自身の本質を自覚せず、また信仰の本質をも見誤るという間違いも犯す。しかしこの「信仰」に対する強い批判の試みを通して、はじめは内実を欠いていた「洞察」は徐々に自分の本質を自覚してゆく。それが近代の啓蒙思想の進み行きである。

〔否定的関係一般　為すことと存在すること〕

さて、啓蒙思想（純粋洞察）は、信仰の対象である「神」が、じつは信仰者の意識が〝作り出した〟想像物にすぎないことを指摘し、そのことで信仰を批判する。このような啓蒙の批判は一見正しそうだが、じつは本質的なものとは言えない。

いったい対象を「洞察」するということの意味は何だろうか。それはつぎの二点である。第一に、洞察したその対象のうちに自分自身を見ているということ。第二に、自己と対象の関係の本質は行為と創出の関係であるという自覚をもっていることである。

じつは信仰が神に対してとる関係も、潜在的にはこの行為と創出を持っている。この場合、行為にあたるものは「服従すること」と「勤行」あるいは「奉仕」である。ところが、「洞察」の優位は、それが、自己と対象は同一ではなくあくまで別物であるという洞察をもっている点にある。そこで「洞察」は、信仰はその対象を自分自身で作り出しているにすぎないのにこれに気づかないという批判を浴びせるのだ。

しかし「洞察」は、ある場合は、信仰は「ありもしないもの」を崇拝しているにすぎないと言ったり、またあるときは、信仰は自分が作り出したものを崇拝しているだけだと非難したりする。このような「洞察」の批判には混乱があり、そのため啓蒙の批判は信仰にとって十分説得的ではない。

〈信仰する意識の三契機による否定的関係の特殊化〉

信仰に対する「洞察」の批判をもっと詳しく見ると、つぎの三点に分けることができる。

①信仰がその対象を「絶対的なもの」（＝「絶対者」＝「神」）としてもつという点
②「神」の知についての根拠
③「神」に対する信仰の「奉仕」の意味、について

純粋洞察（＝啓蒙）はまず①絶対的な「神」、という信仰の対象をまったく否定する。また、信仰が十字架や聖杯などをあがめるのは、「ありもしないもの」を実在すると信じるひどい蒙昧であると言うのである。しかし、信仰が木や石の像に見ているのは単なる物質ではなく、それを通して「聖なるもの」「絶対的なもの」を見ているのだ。絶対的なものが感覚的なものとして「もまた」現われているというにすぎない。だから信仰からは、啓蒙の批判は自分たちの本質をまったく理解しないものと感じられる。

次に、②のいかに「神」の存在を知るかの根拠についてだが、啓蒙によると、信仰の言うような聖書だの歴史の諸事実（奇跡など）といったことは、何一つ確実性をもたない（⇩ヘーゲルによれば、「絶対者」についての、つまり世界の〝本体〟についての認識とは、哲学的には「絶対精神の真相」を知ることを意味するが、信仰ではただ〝「神」を知ること〟となり、啓蒙では、〝世界を普遍的に認識すること〟となる）。しかし、信仰にとってはもともと神についての内的確信こそが重要なので、知的な存在証明

を必要としているわけではない。このため、啓蒙の批判はいっそう信仰には届かない。

③最後の神への奉仕（行為）の意味、という点については、「洞察」は、神に近づくという「目的」のために信仰が行なう「勤行」（お勤め）とか「禁欲」などの「手段」（合目的性）を、まったく無意味なものだと主張する。それは外的な形式性へのこだわりにすぎず、なんらその目的意図と必然的関係をもたないというのだ。

しかしこれも、信仰から見ると、自然な欲望の享受を超えようと意志することが「絶対的なもの」に近づく重要な道すじであるのに、そういうことを啓蒙は一切理解していない、ということになる。

〔三　啓蒙の肯定的結論と権利〕【B】

〔肯定的結論〕

ここまで、一途に信仰を批判する啓蒙の否定的側面を見てきたが、啓蒙は積極的な意義をも持っている。それを以下の三つの啓蒙思想の現われにおいて考察しよう。

①理神論：啓蒙は、信仰を否定することを通して、まず「理神論」という思想を提出する。それは「絶対本質」（絶対的にほんとうのもの）を、人間化されたキリスト教の「神」としてではなくあらゆる規定性を超えた、いわば「ひとつの真空」（⇒理神論は内実的な規定をまったくもっていない至上存在の概念）としての「絶対神」として提示する。世界の究極原因としての絶対神の存在は、理性の合理的推論からの必然的な帰結だとされるのである。

②唯物論：一方で、啓蒙は、究極的原因としての絶対者を認めず、誰にとっても確実だと言えるものはいまここに存在する「個々の物」だけだ、という感覚的確かさから出発する。そして、そこからさ

まざまな形で現われる一切の不確実なものを排除した果てに、真に存在するものは「それ自体として存在する物」だけだ、という「唯物論」の思想に達する（⇒ここでは、具体的な事物の存在だけを認めるいわゆる唯物論と、感覚的な現われの背後に想定される〝真に存在するもの〟としてのカントの「物自体」の考えとが一つに合体させられている）。

③功利主義：最後に、啓蒙思想は、「理神論」と「唯物論」という対立する二契機から、その矛盾を超え出るものとして「功利主義」（有用性）の思想を生み出す。ここでは、あらゆるものは、自体的に（それ自身として絶対的に）存在するとともに、同時に「対他」（ある感覚、意識にとって）として（「もまた」）、存在する。物の存在のこの「～にとって」（あるいは「～のために」）という側面が、「すべては有用なのである」という概念を生み出すのだ。

さて、この「有用性 Nützlichkeit」の考えは人間存在にも適用されることになる。一切の事物、事柄が、人間にとって「有用性」をもつのだが、すると人間の存在もまた、誰かにとってあるいは互いにとって有用だということになる。つまり、人間存在の意味は互いにとっての有用性であるという観念が現われる。かくしてここから、個々の人間は、社会の共同の利益に普遍的に〝役立つ〟ような成員としてその存在意義をもつ、という見方が成立する。ここで人間は、相互に、「自分自身のために」配慮する存在であると共に「人々のために」役立つ存在、と見なされる（⇒人間はもはや、神の国のための単なる手段ではない）。

するとここから「宗教」の意味も変化してくる。じつは宗教とは、個々人が人々のために存在しつつそれがまた各人のためにもなる、という存在理由をもつと考えられるし、そのような人間にとっての「有用性」こそ宗教の存在意義だったのだと見なされる。まさしくこれが啓蒙による宗教観となるが、しかし、もちろんこのような考えは「信仰」にとっては忌むべきものである。

〈信仰の神的な権利に対する啓蒙の自己意識の権利　両者の相互承認〉

こうして信仰の根拠がいわば「聖なる権利」であるのに対して、啓蒙の根拠は「人間的な権利」となる。双方にそれぞれ理があるが、しかし大勢としては啓蒙に優位がある。なんといっても啓蒙は、自己意識として、対立を包括して自己を展開するという「概念」の否定性の運動の契機をもつからだ。

だが、この意識の本質契機を啓蒙は十分に自覚しているわけでなく、そのため信仰への批判には不備がある。すでに啓蒙による信仰の批判の内実を「神の絶対性」「神についての知の根拠」「神への行為」という三つの点で検討したが、ここではもう少しそれを詳しくみよう（⇓以下、繰り返しなので力点のみ）。

第一に、一方で啓蒙は、信仰の「神の実在」の主張はありもしない「虚構」（フィクション）にすぎないといいながら、また一方でそれを、信仰が自分の内部から〝創り出したもの〟（自己の内面を外化したもの）だと言ったりする。いずれにせよ、啓蒙は単にそれを虚妄だと言うのみで、信仰の本質が「絶対的なもの」に対する人間の信にあることを見ようとしない。

とはいえ、啓蒙が信仰の偶像崇拝などを、本来「絶対的なもの」を「現実的なもの」（の表象）に置き換えてあがめているだけだと非難するとき、この批判は、信仰にとっての痛いところをついている。というのは、どんなに純粋な信仰も人間の信仰であるかぎり、一切の「現実性」を無視して信仰の「絶対性」を貫き通すことができない面をもつからだ。

第二に、信仰における「神の知」は、一方で内的かつ直接的な確信であるという本質的側面をもつが、同時に信仰はそれを、「諸表象」（物語や擬人化のイメージ）という非本質的な仕方でもとうとする。だから信仰における「神の知」はそれを信じる者だけのもので、もともと証明も確認もできない。この点を啓蒙は虚妄として突く。

第三に、信仰の「行為」（勤行）についての啓蒙の批判は次のようだ。信仰は現世の「享受と所有」を放棄すべきと力説するが、そのじつ自分たちはこれを全面的に放棄しているわけでもなく、またそんなことができるわけでもない。この根本的な矛盾を解決できないかぎり、信仰の行為は欺瞞的であると言われても仕方がない。

信仰は神に絶対的に近づくために、一切の現実性、感覚性から自分を切り離すべきと言い、そのために何らかの特定の享受や特定の所有を断念するがそれも無意味である。人間は感覚的存在であることから完全に脱却することはできない以上、そういった信仰の行為（礼拝や勤行）のあり方には根本的な矛盾がある。欲望は人間の生にとって普遍的なものであり、これを完全に否認することはできない。そう啓蒙は批判する。

しかし、じつは啓蒙のほうも、意図や思いという内面性だけが肝心であってその現実否定の努力は無意味だ、と信仰を批判するとき、ある意味で「内面的なもの」を絶対化していると言える。

〈**信仰の啓蒙による追放**〉

こうして、信仰と啓蒙のたたかいは、自己意識に固有の、否定と統一の運動の契機をもつという点で啓蒙に優位があり、その勝利へと傾いてゆくことになる。

啓蒙は、絶対者に対する信仰の純粋な信頼のうちに、不純なもの（現実的なもの・感覚的なもの）が隠れていることを指摘することで、信仰の矛盾をつく。たとえば信仰の天上世界への憧れのうちにはじつは感覚的な喜びが潜んでいる、と。信仰はこの決定的批判に打ち勝つことができず、自分のうちの二契機の分裂を認めざるをえなくなる。

この結果、信仰は絶対者への信頼のゆたかな内実、具体性を失い、いまや「絶対的な存在」はただ「空虚なもの」としてだけ残ることになる。つまり一切の具体的規定性を持たないものとしての「絶対者」という観念に近づくが、こうなると、それは啓蒙における理神論とほとんど似たものになる。

しかし、啓蒙の方にも重要な弱点がある。まず、彼らも絶対的な存在を認めるが、それはまったく内容を欠いた抽象的な観念としてでしかない（理神論）。また理神論と唯物論の対立から現われる、啓蒙の新しい思想としての「有用性」も、まだ「自己を欠いて」いる。すべてが相対論理に依拠するため、さしあたっては精神と事物の相互的関係が意識されるだけであり、思想の運動として到達すべき具体的目標をもてない。しかし、それでも啓蒙は、自分のこの弱点を克服してゆく可能性を潜在的にもっている。

b　啓蒙の真理【A】

こうして、啓蒙と信仰のたたかいは、純粋洞察＝啓蒙の勝利に帰結する。

信仰はただ絶対的な神への希求に思いを向けるだけで、もはや時代の啓蒙精神に対抗する力をもてない。一方啓蒙のほうはますますその力を発露してゆくが、それは、明晰な否定力をもつ純粋洞察の力、言い換えれば概念の力であらゆる既成のものを思考しつつ否定してゆくような力である。

そもそも概念とは「否定」の力だと言えるが、一切のものを理解し直し、明晰に洞察し直そうする啓蒙思想は、まず「純粋な物」という観念に到達することになる。この事情をもう少し詳しく見ると以下のようである。

一切を「洞察」しようとする理性の力は、いわば「区別のないものを区別する」ような力である（⇒抽象的な概念そのものをつねに対立項へと区別することで、洞察を進めようとする理性つまり「概念」の働き）。たとえば「信仰」は、神を、一途に「絶対的なもの」＝世界の存在の本質と信じ、ここにどのような契機が存在しているかを考察することはない。啓蒙＝洞察は、まさしく、世界とは何か、存在とは何かを、概念の否定力によって区分しながら洞察しようとする。

こうして、啓蒙は、世界のありようを、「純粋な思考」（精神的なもの）と「純粋な物質」（物質的なもの）という対極の概念対立という形で洞察する、という場所に進み出る。じつはこの二契機は信仰の中にも啓蒙の中にも潜在的には存在していたのだが、信仰はこれを概念的対立として取り出すことができず、啓蒙だけがその力をもったのである。

しかし、啓蒙は、はじめはまだこの対立の意味、すなわち本質的な二契機が概念の否定の運動として対立の形を取っているだけだ、ということを十分に自覚していない。そこで啓蒙は、この両項を、一方で「理神論」（絶対的な至高存在）へ、もう一方で「唯物論」（純粋な物の存在）という考えへと〝実体化〟してしまう。そのことで、かつて信仰と啓蒙という形で存在していた二契機の対立が、こんどは「理神論」対「唯物論」という時代の思想対立として演じられることになる。

しかし、この対立によって、啓蒙のうちの本質的な二契機がいっそう自覚的になり、これによってその本質的な展開の準備が整ったとみてよいのである。

〔一　純粋実在と純粋物質との同一　純粋意識の境地〕【A】

「純粋実在」それ自身は一つの純粋な概念であり、自分で区別をもつわけではなく、ただ意識のほうが「純粋実在」という概念をある区別の中でとらえるのだと言える（⇩「純粋実在」は、絶対本質・絶対者などと同義。世界の真なる本質＝実在というニュアンス）。この観点から見てゆくと、「純粋実在」は、まず彼岸的な存在として、したがって自己意識に対して対立的、否定的なものとして現われる（たとえば絶対的、超越的な神として）。しかし一方でそれは感覚に対してさまざまな仕方で現われ出るものとして、つまり何らかの感覚的な外的存在（物質）としても捉えられる。

一方で純粋実在を規定されない「彼岸的」存在（絶対者）と見なすのも自己意識だが、それは同じものを感覚的な存在という観点から出発して考えようとし、その行きつく先は、純粋実在とは「純粋な物質」であるということになる。

ここでは「存在」とは、まず感覚に現われるものだけが確実だと見なされるが、概念の運動はこの現われの「根拠」をどこまでも追及し、その結果、この石やこの塩といった感覚が示す個々の事物の最終の根拠として「純粋な物質」（⇩ここではカントの「物自体」の観念とほぼ等しい）という観念にゆきつくことになる。したがって、「純粋物質」という観念は、純粋な思考による推論＝抽象の結果であって、自らのうちに区別をもたない一つの絶対的存在として思い描かれていることが分かる。

こうして、啓蒙の一方の派は、「純粋な思考」から出発した結果、「絶対本質」（＝純粋実在）を一切の規定を超えた「絶対者」（＝神）という形で捉える（これが理神論）。これに対して、もう一方の感覚の存在から出発した思想は「純粋物質」(物自体)を「絶対本質」と考える。これが唯物論である(⇒一般的にはカント哲学は「観念論」とされるが、ヘーゲルは「物自体」の考えのうちに理神論と対立的な「唯物論」の思想を見ていることになる)。

後者の力点は「自然」の存在に、前者のそれが「神」の存在にあるわけだが、一般的には、唯物論者の「自然」には生命の豊かさが欠けているし、理神論者の「神」は、一切の規定を超越した抽象的な絶対者になっているため、ものごとを判断し思念する精神の豊かさが欠けている、と感じられる(⇒そのためどちらの説も決定的な説得力をもたない。だから、これを統合して真の純粋実在を捉えようとする概念の運動がさらに続く)。

じつは、両者はただ思考の出発点が逆向きになっているために、「絶対本質」概念の二契機が両極端として現われて、それぞれがその出発点の契機に固執し、そこで互いに馬鹿げた考えとして非難しあっているだけである。したがってこの分裂は概念の運動を通して統合されるべきものだ。

理神論では、「絶対者」はただ純粋思考の対象として現実の彼岸に存在する。しかしもし彼らが、自分たちの思い描く「絶対存在」が、自分の「純粋な思考」に〝とって〟存在するもの、あるいは自己意識との〝関係において〟存在するものであることを認めるならどうなるだろうか。この一切の規定を超えた「絶対存在」なるものが、純粋な推論の産物であるという点で唯物論の「純粋物質」と異なったものでないことを理解するはずだ。

唯物論のほうは、まず感覚的な存在から出発し、つぎに個々の感覚の偶然性を捨象することによって、やはり規定されえない「純粋物質」の考えに行きついていた。こちらも純粋な推論の結果なのである。そしてこの「純粋物質」の考えは、純粋な「存在」という場所にとどまっていて、「思考」あるいは「精神」という契機の方はこれを無視したままである。いわば肯定的なものから「否定的なもの」へ向おうとしないのである（⇒精神は本質的な否定の働きだから本来はそうすべきなのに）。

こうして、この対立を整理してみると、啓蒙の両派はまだ、「あること」（存在）と「思うこと」（思考）は一つのことだ、というデカルトの思想的核心（⇒われ思うゆえにわれあり）にまでいたっていない、と言うことができる。なぜなら、「純粋存在」とは思考による純粋抽象にすぎず、また純粋な精神（思考）としての神も、自己に対立するものという契機はもちながらそれ自体としてはやはり純粋な思考の産物としての「絶対存在」でしかないからだ。

つまりこの対立では、思考（精神）の存在と物の存在とを統合的に考えるという契機がまだ見出されていない。物とは思考であり思考は物でもある、という真理に啓蒙はまだ気づいていないのだ。

〔二　**有用性の世界　現実意識の境地**〕【A】

純粋実在（絶対的な本質存在）はここで、上述した二つの思考に応じて二つの思想（「純粋な物」と「精神的なもの」）に分裂しているわけだが、これは、純粋実在自身のうちに区別の契機が存在しており、そのことで二つの契機が統合されるべき可能性を持っていると言える。いまやこの両契機の対立は、概念の運動を展開すべきものとしてあるが、それは、じつはどちらの思想も、純粋な思考あるいは概念の運動という本質契機を内在しているからである（⇒この辺り、記述がひどく抽象的で意が充分にとれない。金子訳では「純粋な運動」「単一な自軸運動」などの語が出てくるが概念の弁証法的運動のこと。大意としては、双方の思想が「概念」の弁証法的運動の本質を内に持つことで相互の対立・相克が展開され、その次の境位へ出てゆくことになる、ということ）。

さてしかし、この概念の運動はここではまだ自己の運動についての十分な自覚を持たないために、真の「存在」とは何かという思想の形をとっている。そこでそれは、さしあたり「存在」についての三つのカテゴリーの区別を生み出す（ここではまだ区別することだけが概念の運動の内実である）。すなわち、①「自体存在」（それ自体として存在するもの）、②「対他存在」（他に対してあるもの）、そして③「対自存在」（自分自身に対してあるもの）という三つの「存在」概念である。

しかしこの概念の運動はここではまだ自己に還帰しないで（真の意味での統合にはいたらず）、三つのカテゴリーの間の絶えざる交替という形をとる。しかし、まさしくこの運動の中から、対他存在（〜にとって存在するもの）という新しい存在の側面、つまり「有用性」という新しい概念が現われてくるのである。

これをもっと詳しくみよう。「有用性」という概念は、信仰や理神論にとっては、あまりに俗的で、卑近なものと見なされる。しかし「有用性」はじつは純粋洞察が進む展開の最終の場面であり、洞察による「存在」概念の展開のいわば完成形態だといえる。ここで見出される「対象」（存在）は、もはや純粋思考の抽象物としての「物自体」や、空虚な彼岸としての「絶対者」ではない。「純粋洞察」とは、純粋な運動する概念としての主体、生きた思惟する人間としての「人格」（存在する概念）であり、それ自身が同一な自己存在でありつつつねに他を区別し、しかもこの区別自身を自分の概念として統一しているような存在である。すなわち、自体的存在であるとともに対自的存在（自己を対象化する存在）であり、かつその統一（自体的かつ対自的な）としての存在である。

したがって、つねに自他を対象化する自己意識は、単なる持続的な自体存在ではありえないという点で、「対他」的な（他者に対して存在するという）契機を強くもつ存在だと言えるが、しかし、この

「対他」という存在の契機も決定的なものとはならずに、結局は自分自身にとってそうであるという「対自」の契機へと還元されることになる。

が、しかしこの自己の「自体」や「対他」が「対自」に戻ってくるという契機も、また「対他」的契機となる（⇩原文の記述は、ヘーゲルではよくあることだが過剰に煩雑。ポイントは、「意識」の本質は自己および自他の関係を無限に対象化できるという点にあるので、「自己意識」は自己存在を、自体的、対他的、対自的というすべての契機の中で反芻して考え、最終的には必然的に自己存在の「有用性」という観念にまでゆきつく、ということ）。

以上のような運動が純粋洞察の自己展開（思弁における展開）のありようだが、現実的世界の了解としてはそれは「有用性」の思想として現われる。つまり「有用なもの」とは、まず一つの自体存在（物）であるが、しかし同時に人間の「意識」にとっての（他にとっての）存在とみなされるのである。

こうして「有用性」とは人間の純粋洞察から見られた「事物」の何たるかであるが、しかしここで純粋洞察は、「有用性」の内実を本質的概念としてつかんでいるわけではなく、「表象」として、あるいはある「対象」としてしか捉えていない。啓蒙にとって「有用なもの」とは、まだ、あるときは「自体存在」あるときは「対他存在」という具合に二契機の単なる交替においてしか理解されていないのだ。

つまり、「有用性」は、純粋洞察の三契機の運動自身の局面としては理解されておらず、だから純粋洞察は、一つの形而上学（観念論）として「存在は思考である」という思想をもつのだが（⇩これはデカルトのわれ思うゆえにわれありを示唆している）、それを概念の運動の本質として理解しているわけではない。自己意識は「有用性」を自己に内在する運動の本質においてつかまず、ただ自分の外側に有用性としての「世界」が広がっているのを見出すだけである（世界とは、つまり人間にとっての「有用なもの」の集合である）。しかしそれでもここには、本質的な概念の運動が潜在的に現われており、やがて十全な展開をとげるにいたる。

（⇩）ここの議論もかなり抽象的。要点は、「有用性」の思想はまだすべての諸「対象」が人間にとって有用なものとして存在していたというレベル、あるいは哲学的＝形而上学的には、われ考えるゆえにわれあり、つまり思考することと存在することは一つのことである、という自覚のレベルにまでしか行きついていない、というところにある。ヘーゲルでは、「有用性」の思想は、その本性において、自己存在の本質を自覚した「自己意識」が、自体（即自）、対他、対自といった諸契機の運動を展開させることで、一切の対象を自己との関係において捉えることによって現われる新しい世界観である。

つけ加えて言うと、この節には次のようなニュアンスがある。近代にいたると、人間と世界は絶対者による被造物である、という観念は崩れ落ちる。すると人間存在の理解としては、単なる事物＝肉体それ自体である、という力点と、自立的な「精神」としての存在であるという力点が現われて互いに対立する。しかしこの対立から、どんな存在も「〜にとって存在する」という対他的本質が見出されると、必然的に、人間存在もまた、自分にとっての存在意味（＝自己目的）をもちつつ、しかも互いに他にとっての存在意義として存在する、という対他的本質として発見される。このことが「社会」とは何かという思想にとって決定的な役割を果す。つまり、やがて社会は「人々にとって」存在するものであるという思想、そしてそこから絶対目的としての「民衆」や「革命」という観念を生み出すことになるからである。

さらに言えば「啓蒙思想」は、世界・自然・事物の「存在意味」をそれまでの聖なる世界像から切り離しつつ、理神論と唯物論に分裂するが、そこでは存在意味の対立は、あらゆる存在、また人間存在の「有用性」という概念を生み出すところまで必ず進む。これがヘーゲルの直観していた点である。近代の「有用性」の概念は、単に近代の精神＝物質二元論だけではなく、事物の一切を、利用可能性、統御可能性として価値評価し、計量し、再整理する理性、つまりマックス・ウェーバーの言うような近代的「合理性」の基底をなすものとなったと言える。ヘーゲルの言う「啓蒙の真理」は、そのような近代合理主義思想の展開とみごとに対応している。

〔三　自分から疎遠になった精神という領域の回顧〕【A】

最後啓蒙が理神論と唯物論の対立をへて「有用性」にまで至るプロセスをもういちど確認してみよう。

啓蒙の出発点は「教養の世界」だが、ここでは意識は世界の混乱を自己の内面のうちに見てとる個別的な意識であった。しかしこれはまだ純粋な意識の否定態でしかなく、普遍的な内実をもたなかった。つぎにそれは純粋な意識の肯定態としての「信仰」へと移る。教養と信仰におけるこの否定性と肯定性は対立してせめぎあうが、やがて、純粋洞察（啓蒙）の運動の展開の中で、否定性としての「純粋実在」つまり「理神論」と、肯定性としての「純粋物質」つまり唯物論との対立へと移っていった。

しかし啓蒙における「理神論」と「唯物論」という二元論は、まだ社会的な現実性との連関を欠いている。啓蒙のこの存在洞察が社会的な現実性へと向かうようになるのは、それが「有用性」という概念において現実的かつ肯定的な対象性（⇩たとえば人間にとっての社会といった観念）をつかむことによってである。こうして、啓蒙の運動は「有用性」にいたってはじめて、それまでの教養や信仰が欠いていた「現実社会」との関係をもつようになる。

もう一度言うと、第一の世界は「教養の世界」で、世界の混乱を自己のうちで矛盾として見てとりはするけれど、あくまで個別的な意識の確信にとどまっている。第二は信仰の世界で、「真理の国」への憧れがその中心をなす。ここでは「真の世界」（普遍性）についての確信が存在するが、しかし彼岸の絶対性の観念だけがあって「私」という個別性は失われている。

第三の世界、つまり「有用なもの」としての世界という段階まで来て、はじめてこの普遍性と個別性の二つの契機は統一の可能性をつかむ。「有用なもの」が有用な対象であるのはあくまで「私（人間）にとって」である、という仕方で対象の「対他性」の本質が洞察されているからである。

ここまでくると、純粋洞察の意識、つまりあらゆる事物は、「私」にとって、また人間にとって存在しているという洞察は、「社会」という存在についての人間的本質の洞察に結びつき、その場面で、社会的な本質が現実化されてゆく可能性が開かれるのである。つまりここには、真実態と現実態の統一があると言えるのだ。**『こうしてこの関連のうちでは真実態と現在態ないし現実態とが統一づけられている。両者の世界は和解しており、天上はくだって地上へと移されている』**（413, 316）。

Ⅲ　絶対自由と恐怖

意識は「有用性」という考え方のうちに自分の本質を見出したが、しかしここでの「有用性」はまだ、〝〜にとっての〟あるいは〝〜のための〟諸「対象」（したがって人間にとっての諸「目的」）となるもの）という概念にとどまっており、自己意識にとってその概念の本質が自覚的になっているわけではない（⇩つまり、対象の「有用性」は、意識＝〈主体〉の対自性をその本質とするのだが、まだ「対象」自体が有用である、という形をとっている）。しかしこの自覚は潜在的には現われているのであり（思想の変革として）、それはやがて「絶対自由」という概念の形をとって「現実的な変革」へと進んでいく。

〔一　絶対自由〕【A】

「有用性」の意識は、一切のものはあれこれにとって「有用なもの」として存在する、という観念の形をとる。たとえば、現実のさまざまな諸組織や制度だけでなく、教会といった信仰の世界でさえ、何らかの〝機能〟（有用性）をもっているとされる。つまり、一方であらゆる事物は、有用なものとしての「対象」と見なされる。もう一方で事物は、「自体かつ対自存在」としても認識されているのだが、ここではまだ意識にとっての「純粋な形而上学」、つまり自己意識にとっての「純粋知」（抽象的な観念）にすぎない。もう少し詳しく言うとつぎのようになる。

ここで事物は、まず、それ自体としてすなわち自体存在として、「対他的な存在」（何かに役立つ存在）だと見なされる。言い換えれば、徹底的に受動的な存在（対他）としてその「自体存在」をもつ、と見なされる。しかし論理的には、何か〝他にとっての〟存在がそれ自体として「自体存在」である、とは言えないのであって、「有用なものとしての対象」が、「対他的」なものとしての「自対存在」という観念（⇩すべての事物はそれ自体何かに役立つ存在なのだ、という観念）で現われるのは、あくまで「対自存在」としての意識〝にとって〟、そう現われているだけである。

一方、「対自存在としての自己」（意識）とは、単に個別的な「自我」（個人としての私）というのではなく、あくまで純粋な洞察としての「自己意識」、対象と自己とをどこまでも対象化する、「絶対的な見ること」の主体としての自己、を意味する。いいかえれば、「純粋概念」としての、また「普遍的な認識主体」としての自己である。

自己意識がそのような自己の本質をはっきりと自覚するとき、はじめてこれまでの「有用なものとしての対象」という概念はより深い本質に達する（⇩つまり、世界およびそのうちの諸対象は、単に「有用な諸対象」という「対他的な自体存在」なのではなく、むしろ自己意識の内的な運動の本質こそが、対象のそのような二重の契機を創り出していることを、自己は自覚するにいたる）。まさしくこの自覚によって、自己は普遍的な自己となり、いわば「自己自身のうちに還帰する」ことになる（⇩自分の内的本質を自分のうちに取り戻している）。

さて、自己の本質についての自己意識のこのような自覚の中で、「絶対自由 die absolute Freiheit」の精神が現われることになる。

ここで「絶対自由」の精神は自己意識だが、それは世界（のさまざまな現われ＝諸契機）が本質的に「自己にとって」存在するということ、すなわち、世界を知るとは「自己」の本質の了解でもあるということを自覚した自己意識である。さらに、この自己意識は、自己の自立した「人格性」をも自覚しており、したがって、世界が端的に「自己の意志」に関係して存在していること、さらにこのことが万人にもあてはまることを知っている意識でもある。

これが「普遍意志 allgemeiner Wille」の概念だが、しかしそれは誰かによって（つまり統治者によって）代表されるものとしての「普遍意志」ではなくて、個々の人格としての人間の「意志」の表現としての普遍意志でなくてはならない（⇒「わたしの意志こそは、万人の意志である」、また「万人の意志は私の意志でもある」という感覚）。

こうして「社会」とは、万人〝にとって〟の有用な対象であり、したがって世界（＝社会）は「絶対自由」という万人の普遍意志の実現の場所でなくてはならない、という考え方が現われる（⇒またこの考えは、各人がこの世界のためのそれぞれの限定された役割を果たす、という伝統的な考えを拒否する）。

こうして純粋な「絶対自由」の思想が、（「革命」という）現実的な思想の姿をとって登場する。そしてこの思想がいったん現われると、それはもはや古い権力によって押し戻せない確固とした勢力となる。その理由はこうだ。

社会的制度や権威の実体としての本質は、じつはただ「意識」が世界をどのようなものと見なすかという点にしか根拠を持たない。そこで、さきに見たような「有用性」の考えを通して、制度や権威というものの概念的本質がいったん自覚されると、それを支えていた古い（幻想的）根拠はその制度的実体とともに崩壊し、二度と自分を支えることができなくなるからである（⇒それは共同体的な役割分担＝身分制度を支える聖なる観念によって成り立っていたが、いまやこの観念の幻想性がその概念的本質として理解される。そのことでそれは二度と権威を取り戻すことができなくなる）。

つまりこの思想の展開には絶対的な不可逆性が存在するのだ。『**真実には意識だけが、もろもろの精神的実在と威力が自分の実体をもつ場（エレメント）なのである。**（中略）**意識は、対象が絶対に概念であるという態度をとることになるが、こうなってしまった後には、かつては諸群への分割によって自分を有機的に組織していた精神的な諸威力の全体系は崩壊してしまっている**』（*415, 317*）。

要するに、自己意識が有用性の概念を通して「わたしは世界であり、世界はわたしである」という自己の普遍的意志を自覚すると、それぞれの階層や身分制度に与えられていた役割関係の有意義性はもはや完全に無効なものとなる。「絶対自由」の理念は、個々人の存在本質をむしろ世界（社会や国家）の存在本質と一致すべきものとして示すからである。そこですべての個人が社会・国家の普遍的な存在意義に自分を結びつけようとする。

こうして、この段階では、かつての「有用性」の概念（⇒共同体的な役割関係）は廃棄され、新しい理念へと姿を変えてゆく。意識は、もはや「よそよそしいもの」、疎外された諸対象と対立しつつ自分を取り戻す（信仰と啓蒙との対立）というのではなく、いまや「個別的意識」と「普遍的意識」（⇒言い換えれば、個人の存在と社会の普遍性）という新しい対立性が浮上してくる。

だが、「絶対自由」の理念においては、「個別的意識」は、自己は本来的には「普遍的意識」と一致している、あるいは一致すべきであると考えている。つまりここでは、（かつて信仰がもっていた）此岸と彼岸という対立項は消えている（⇒いまや「世界」、つまり現実の「社会」は、自己にとっての「絶対的なほんとう」の真理として姿を現し、しかも実現可能性をもったものとして意識の前に現われている）。

〔二　**普遍的自由の破壊と恐怖**〕【A】

こうして、役割意識に支えられた伝統的な身分制の理念は、その具体的諸制度とともに解体するが、その後に中心的問題として現われるのは、「絶対自由」という普遍的理念と、その実現を求める個々人の「個別的意識」との関係にほかならない。

革命後の社会において、個々人は自分が『**個別的な意識であると同時に普遍的な意志でもある**』

(416, 318)と意識することになる。これはすなわち、自分の個別的な営為が、直接社会の普遍性につながっていると考えること、したがって個人の意志と普遍的意思が一致すべきである、と考えることだ。しかし、実際には、この考えを実行に移そうとすると、普遍的な理念性においても、具体的な制度の実現という点でも、現実的にはどんな成果も現われないという事態が生じてくる。

ここでの目標は、「普遍的自由」(絶対自由)の実現という課題であるが、それはつまり「普遍的自由」という理念が社会的な制度として持続的な実体(万人の自由を実現する理想国家の創設)へと現実化されねばならないということだ。すると当然、そのような国家の制度的諸機能が特定の任務において分担されねばならないことになる(司法、立法、執行権という思想的区分や、すでに存在していた教養的、文化的な諸区分など)。普遍的な国家を実体として打ち立てるためにはそういう諸区分が必然的に要請されるからだ。

だがそうなると、個々の人間は、その営為を部分的な役割として果すために個別化されねばならない。つまり個々人が普遍的な人格たることはできず、各自の役割において限定された人格性へとおとしめられることになる。

そこで、個々人は、自分たちが作った法に自主的に服しているのだと考えたり、また政府の意志は自分たちの意志を「代表」しているのだ、と考えたりするが、そこにはどうしても大きな乖離が現われてくる。ただ「代表」されたり「代行」されていることによっては、個々人の現実的な意志が実際に生かされていることを実感し納得することができないからだ。

こうして、個別の自由意志は、その代表としての政府のありように対しても、また政府が、個別的に打ち出してくる施策に対しても、自分の意志が表現されていると感じることができない。政府が普遍的な自由意志の理念を現実の営みとして実行しようとすると、具体的には、単一の権威＝権力としてこれを執行せざるをえないし、また勢いそれは、一人の実行者のうちに委ねられることになる。普遍的意志が現実化されるには、「個別的な意志」を通して実行されるほかないからだ。すると、大多数の個々人はこの実行からは締め出され、その結果、一人の実行者の実行は普遍的な意志の実行とはかけ離れたものになってしまう。

かくして、一人の実行者がどれほど肯定的な仕事をなそうとしても、それは普遍意志の理念からは「否定的な行為」となる。また締め出された多くの人間から見れば、実行者が行なおうとする『**普遍的自由とはただ破壊の狂暴である**』(418, 319)(＝実力による横暴な権力の執行)、ということになる。

こうして、「普遍的自由意志」の理念は自分を実現すべく古い理念や秩序に対抗し、これを打ち倒してきたのだが、これがようやく成しとげられたかと思うと、この理念を支えていたはずの個々人の「自由意志」が新しい対立者として現われるのを見ることになるのだ。

これはしかし、じつは「普遍的自由」の理念がその内的な運動の本質として、必然的に自己のうちの二つの契機を分裂させるという事態なのである。つまり「普遍的自由」の理念は、一方で、いわば断固とした「冷酷な普遍性」(⇒「政府＝権力」)となり、一方で、個々ばらばらで頑なな「自由意志」をもった諸個人、という二極へ分裂することになる。

こうして、旧体制を打ち倒した後、「普遍的自由」の代表者たる「政府」は、「自由な個人」を、具体的な所有や生活をもつ人々としてではなく、むしろ自分の絶対的「自由」を自覚してこれを激しく求める存在として、すなわち新しい対立者としてもつのだ。すると、両者の間にはどんな共通項もなくなり、もはや何者も双方を調停することができず、両者は互いに激しく否定しあうほかなくなる。

そしてついに、政治権力の現実的な仕事は、もっぱら反抗する自由な個人に冷酷な「死」を与えること、になってしまう。

こうして、普遍意志を標榜する統治権力は、自分こそ「普遍的自由」の実行者であるという意志を、対立する個別者を「死」の脅威で抑えつけることによって押し通そうとする。そしてそのことで統治権力は、世論の全体（普遍的意志）に敵対する存在となる。このとき、普遍意志を標榜していた統治権力は、結局一つの「徒党」にすぎないという本質を顕わにすることになる。つまりここでは、結局「勝っている徒党が統治と呼ばれる」だけという事態、権力闘争の勝利者が普遍意志を名乗っているだけ、という事態が現われるのだ。

革命の実現が、つねに「徒党」の権力闘争とその制覇にゆきつくこと、またこの政治権力が普遍意志の理念として必ず没落する運命にあることの理由は、つねに見たような事態のうちにあるのだ。

政治権力はもはや一つの「徒党」にすぎなくなるから、「自由」な個々人はいまやこれを「普遍意志」への犯罪として批判し糾弾する。これに対して、政治権力のほうは、そういった糾弾が普遍的理念に対する罪であるという証拠を明確に示すことができない。というのは、反対者である自由な個々人は、ただ思想として「純粋な普遍意志」を主張するだけであるのに対し、権力は「普遍意志」を実現するという困難かつ現実的な課題を担っているからだ。

そこで今度は、政治権力は逆に、自分に明確に反対するのでなくてもその疑いがあるというだけで「普遍意志」の実行に反対することだ、という強弁を行うことになる。こうして政治権力は、自分の立場の反対者と見なしただけで誰彼なしに「死」によって遇する、という強圧的態度を取る。これが恐怖政治の内実にほかならない（⇓言うまでもないが、この節はピューリタン革命におけるクロムウェル、フランス革命におけるロベスピエールの事例が、とくに後者の場合が想定されている。）。

〔三　最高の教養〕【A】

このような恐怖政治の恐るべき経験の中で、自己意識は「絶対自由」の理念が何であったかを知ることになる。

「絶対自由」とは、現実の具体性から離れて何かある絶対的なものをつかもうとする「自己意識」のあり方だった。恐怖政治がもたらす死の恐怖は、自己意識に、自らが抱いていた「絶対自由」という理念と情報の否定的側面をはっきりと教える。自己意識は、はじめはそこに、普遍意志（⇒ここではルソーの「一般意志」、つまり万人の意志が表現される政治体の理念）こそ人間の人格の本質をなし、また人間の人格は普遍意志の中でその本質をもつ、という肯定的な概念を見ていた。しかし今や、これとはまったく違った否定的側面を見出しているのである。

ここで生じているのはつまりつぎのようなことだ。「絶対自由」はそもそも純粋洞察（啓蒙）から現われたものだったが、見てきたように、啓蒙としての自己意識は、自らを肯定的本質（純粋物質＝唯物論）と否定的本質（純粋思惟＝理神論）という二側面へと分裂させた。ここでは「自己意識」は、この両側面における一方から他方への絶対的かつ現実的な転換を行なったといえる。つまり、自己意識はその「肯定性」において普遍意志の絶対的実現を追求したのだが、いまや死の恐怖の前で現実世界の現実性に直面し、今度は自らの「否定性」の側面を発揮して純粋思考としての自分を廃棄するのである。

つまり、自己意識は、「絶対自由」という理念に対して直接的な絶対肯定の態度を取るのをやめ、そこに否定の契機を置き入れる。そしてこんどは、普遍意志理念を実現するために必要な諸区別を認めつつ、すでに準備されている必要な社会的な「実体」を利用しながら、新しい秩序を作りあげてゆこうとする道をとる。

新しい社会（あるいは政府）は、個々の自己意識にとっては敵対的な存在として現われはするが、そのことではじめて社会的制度の新しい役割関係が打ち立てられて行く。一方で、個々人のほうは「死の畏怖」を通して現実の諸条件の重さというものを経験し、過激な理想への情熱をなだめて一定の社会秩序を受け容れ、その中で個別的役割を引きうけていくことになる。

さてここで、あるいは人は、世界というものは、つねにこのような一時的な革命的情熱の高揚からもとの現実社会の秩序への回帰ということを繰り返してきたのだ、と言うかもしれない。また、個人の意識と社会秩序との相互滲透が必然的なものであるかぎり、この高揚と秩序への回帰というサイクルは避けられず、そういうものと知ってはじめて人々は、個人としての自分が社会的（普遍的）制度のうちに役割として組み入れられるという現実を受け容れてきたのだ、と考えるかもしれない。

しかしなにより重要なのは、「絶対自由」という境位では、じつはそういった従来の社会の進み行きとはまったく違ったことが生じている、ということである。

ここでは、個々の場面に限定された教養的思想において、また信仰の純粋思考の世界においてそうだったように、「本当の世界」が世界の外側にある超越的存在として個別意識と対置されているのではない。「世界の本質」は普遍意志という形で、はっきり把握され、自己意識のほうでもこれを自己の内的な本質として自覚している、ということが生じている。

このような「絶対本質」との相互関係を経験した自己意識の「教養」のあり方は、それまでの素朴かつ純粋な自己意識のあり方がもはや存在しえないことの明瞭な自覚の上に立つ、近代の「教養」の最高の境地だと言えるのである（⇒単に社会と個人との対立と秩序への復帰を繰り返すのではなく、両者の本質関係がいったん明瞭に自覚されると、もはや決して後戻りしえないということ）。

そもそもかつての「教養」の世界では、自己意識の否定性は、このような自覚にまで突き詰められることはなく、たとえば「名誉と財富」とか「エスプリと洞察の言葉」とか、また「天上界」（信仰）や「有用性」（啓蒙）といった何らかの内実のイメージとして現われていた。しかしそのような具体的内実（目標）は、絶対自由の「恐怖」の経験の前でまったくの「無意味な死」として否定され、完全に滅びてしまう。

だが、この絶対的な否定性は、もはやギリシャ的な運命の悲劇でも、分裂した精神（教養の世界）の偶然性にもてあそばれる悲しみでもなく、「普遍意志」が現実との相互作用の中で徹底されることで現われた「まったく意味のない死」という絶対的な否定性であるため、かえって「絶対の肯定性」へと転化しうるものである。

つまり、自己意識は、この絶対的否定を前にして、個としての自己と社会的普遍性との「直接的な統一」へのこだわり、つまり自分を特定の点として普遍意志の中に位置づけようとする過激なこだわり（無媒介性）を断念する。そして、この直接性からはなれることで、かえっておのれのうちの普遍意志の契機をより本質的な仕方で自覚し推し進めるのである。

自己意識はもはや、革命派、無政府派、ある党派、反対党派といった社会的な「特定の点」として自分を位置づけようとはしない。かえって、普遍的なものについての「純粋な知ること」「純粋な意志すること」こそが自己の「普遍性の本質」であることを自覚する。つまり「自己意識」は、自己の

「純粋に知ること」（どこまでも世界の本質を洞察しようとする概念の運動）こそが、「普遍的なもの」の本質にほかならないことをはっきりと自覚するに至る。

「自己意識」はここで自らの本質を純粋な「知ること」に定位する。自分が「個別的な自己」（主体）としても存在するのは、一つの形式としてであるということを自己意識は自覚している。さらにまた「対象的な現実」とは「自己」をもたない形式としての存在であること、さもなくばそれは「自己」にとって知られない対象存在であることをも、いまでは自己意識は〝知っている〟のである。

こうして、「絶対自由」の場面で現われていた「普遍意志」対「個別意志」の鋭い対立は、この経験のプロセスの中で調停され統一される。そもそも自分から疎遠になった精神は、自分の意志するものとその対象とが分裂し、しばしば鋭い対立として現われていたが、それが極限まで追いつめられることではじめて自分自身へと立ち戻り、自己の本質についての不可逆的な自覚が成立するという所までできたのである。

教養の世界が、啓蒙と信仰の世界へと必然的に移行したように、ここで「絶対自由」の精神は、現実の過酷な条件を経験することで、その直接性を断念し、普遍的なものの本質を「純粋な知ること」というこのうちで（⇩自己のうちへと内面化する仕方で）確認しようとする。現実社会のうちで完全な「ほんとうのもの」を実現することはいったん断念されるが、それは精神の内的世界の中で生き延びることが可能となる。ここに、「道徳的精神」という新しい境地が現われる。

C　自分自身を確信している精神　道徳性

これまでの進み行きを振り返ると、自己意識は、ギリシャの共同体的な「人倫」的原理（個人と共同体が一体）、ローマでの「法的な人格」、そして近代はじめの「教養」「信仰」「啓蒙」をへて、やがて「教養」の最高の段階としての「普遍意志」（普遍的精神）にまでやってきた。ここまでの道程における特質は、自己がまだ何らかの外的な対象の中に自分の本質を直観する「自分から疎遠になった精神」であるという点にあったが、ここで自己意識は、いわばついに「自己自身」となる。

ここでは、まず第一に、「（知るものと知られるものという）両側面のあらゆる対立」（⇩意識と対象とが別個の存在として対立している）が克服されており、第二に、知の「媒介態」（直接性）と「無媒介態」（間接性）との対立も克服されている。

たとえば、ギリシャ的人倫では、自己意識はあくまで役割関係＝「性格《カラクテール》」という媒介性において自己を規定されていたが、道徳的意識では自分が「無媒介に」（外的な対象性を介して）ではなく、つまり「自分の実体のうちに」その本質をもっていることを自覚している。「絶対本質」は、道徳的意識においてはこのような「無媒介的」（直接的）形態を取る。つまり、「純粋な知ること」こそが自己自身の本質的な実体だと知っている意識であって、ここに「道徳的精神」の特質がある。

a　道徳的世界観

道徳的自己意識にとっては、自己の内的な「義務」こそが「絶対本質」である。何が「義務」であるかを自分で知り、自分の意志でそれに従おうとすること、それが道徳的意識にとっての「義務」の一切である（⇩カントの道徳思想を指す）。しかし、ここで意識はその本質的対象を、自分自身の内的世界の中でだけ持っている。その意味でそれは、現実的「対象」と言えず、意識も自己完結した意識でしかない。

本来、意識は媒介と否定の運動をこととするものだが、ここでは自己意識は内的な純粋義務だけを対象としており、そのため、他として存在する「現実世界」に対して没価値的となる。「世界」は自己の内的な「自由」の世界と、それから独立した「自然」世界とに截然と分離される。これが「道徳的世界観 die moralische Weltanschauung」の基本の枠組みである。道徳的世界観はこの背立的二契機から出発し、その矛盾の展開として進んでゆく（⇩カントの道徳思想では厳密な因果関係に貫かれた「自然法則」の世界から独立したものとして、「道徳法則」の世界が打ち建てられている点を指している）。

〔一　道徳と自然あるいは幸福との調和の要請〕【A】

道徳的意識にとっては、「義務」に従うこと、すなわち「義務」について理性的に判断をなし、それを「行為」によって現実化することが、自己の本質と見なされる。しかしこの意識にとっては、自然はそれ自体で独立している（⇩カントでは、自由と自然とは全く別の秩序であり、自然はそれ自身の法則で自立的に存在している）ものであり、したがって、道徳と自然の法則が一致するという保証は存在せず、徳と福の一致は偶然だと見なされる（⇩「福徳一致」の保証はありえないというのがカント説）。

道徳的な動機をもたない意識にとっては、そのつどの自分の意図はたまたま実現したりしなかったりするものにすぎない。しかし、道徳的意識は、行為の動機を果たすべき「義務」として自分で規定しておきながら、その結果が偶然に左右されることを肯んじえず、この道徳的義務と現実との不確実な一致を嘆かわしいことと考え、そこに苦情を申し立てる。

道徳的意識は、義務の実現が幸福につながるということを純粋義務の目的からきっぱりと切り離すことができない。純粋義務の目的は、本来、義務に対する個の意志と自己納得の意識にある。しかし道徳的意識では、道徳の「絶対的な目的」（絶対的契機）として純粋義務の「現実化」（行為すること）ということをもつだけでなく、道徳的行為の実現とそれによる（個の意識の）納得、そしてその満足と享受ということが含まれている。

さて、じつを言えばこの「享受」は、単に道徳的行為の実現に属することではなく、道徳的「心構え」（心意）にも属することである。道徳的「心構え」とは、道徳的行為に対立して孤立しているものではなく、それを促すものだからだ。したがって道徳の全体的な「目的」を定義するなら、道徳的意識にとって純粋義務の遂行とは、純粋な道徳的行為であると同時にそれが行為を行なう個の実現でもあること、となる。これを別に言えば、自然がこの道徳的目的と一体であるべきである、ということになるだろう。

しかし、道徳的意識では「自然」は道徳から自立したもの（自由）とされていたので、道徳と自然とは一致の保証をもたない。しかしまた自然は自己をもたないという意味で自律的でなく（非本質的）、道徳的義務のみが本質的だと見なされている。そこで、調和（一致）へと向かうという目的こそが現実の全体であるということになるが、しかしこれはじつは、現実そのものではなく、現実についての一つの思想（思考）にすぎないと言える（⇒つまり、自然は「義務」からは切り離されているはずなのに、一方で「自然がこの目的と一体であってほしい」という要求が隠されている、というニュアンス）。

こうして、「道徳と自然との調和」は「道徳と幸福の調和」を意味し、この調和は、道徳的意識にとっては「必然的に存在」すべきものと考えられていることが分かる。言い換えれば、『**この調和は要請されて postuliert いるのである**』（426, 326）（⇒カントでは道徳の可能性の条件として最高善、神の存在が「要請」される)。

この要求 fordern(要請)という言葉が示しているのは、それ自体としては、まだ現実には存在しないものが存在するようになると思考されていること、すなわち「存在の必然性」を意味している。しかし同時に、必然性とは、その本質からして「概念的必然性」でなくてはならない。だから、ここでの「要請」は、基本的には意識の気ままな表象としてではなく、「道徳性自身の概念に基づくもの」として示されている。

すなわち、そこにあるのは、「純粋意識」(普遍性)と「個別意識」(個別性)の現実的な統一を求める意識であり、言い換えると、この統一(徳と幸福の一致)が「自分に対して一つの現実であるようにしたい」という欲求にほかならない(これを「内容」として言えば「幸福」の実現ということであり、「形式」として言えば調和の現実化ということになる)。

こうして、道徳的意識にとっては、「調和の要請」は単なる願望ではなく一つの「理性の要求」、言い換えれば「理性の無媒介の確信にして、前提」である、ということになる(⇒カント的な道徳の思想では、「調和」は必然的に存在すべきもの、つまり当為であって、単なる願望ではない)。

〔二 理性と感性との調和の要請〕【A】

道徳意識は、道徳と自然の不一致を前提としながらその一致への要請をもち出すだけではない。さらに新しい形の要請を引き出してくる。

「自然」は、「意識」にとって自己の外にあってこれに働きかける外的対象であるだけでない。意識自身が、自立的な外的世界にむきあう一つの存在として、一つの「自然」存在でもあるという側面をもっている。すなわちそれは「感性」（＝傾向）と呼ばれるありかた、もろもろの「衝動」「感情」「欲望」としての意識存在のことだが、これらは自分独自の目的を持ち、「純粋な道徳意志」の目的に対立するものと措定されている。

こうして、純粋意識（道徳的意識）にとって次の課題として現われるのは、この両者（思考＝理性と衝動）の統一を実現することである。

純粋意識（純粋な思考＝理性）と感性との関係を言えば、両者は本来一つの意識としてあるべきものとされるが、ここでは純粋意識（理性）がこの統一を自覚しそれをめざす主体と目される。つまり純粋意識がこの「対立」を理性と感性との抗争として自覚し、その「統一」を図るべきなのだが、ここでの「統一」とは、理性と感性が一つの個体のうちにあるという意味の統一ではもちろんなくて（⇒つまり単なる心身の合一ではなく）、両者の「対立」が自覚された上で成し遂げられるような「統一」、すなわち道徳的な「統一」にほかならない。つまりこの「統一」は、自己が一方で自然としての存在であるが他方で普遍的な存在でもあるという「対立」の統一を意味する。つまりここでは「媒介された」道徳的な統一が存在しなくてはならないのだ。

したがって、この対立においては「感性」が否定されるべき存在であり、純粋意識（道徳的意識）こそが本質だとみなされるので、絶対的な統一があるとすれば、それは「感性」を完全に廃棄することによってということになる。しかし、「感性」と「理性」（純粋意識）の「統一」が問題であるかぎり、一方の契機を完全に切り捨てるわけにはいかないので、当面は、「感性」が「道徳」に寄り添うべきものとみなされることになる。

しかし、実情は、ここでも「統一」は一つの「要請」として現われているのであって、現実存在するものではない。しかもこの統一の要請は、第一の要請（徳と幸福との一致の要請）のように純粋意識の外側で「自体的」に成り立つものではなく（⇒つまり最高善という理念の形で）、対立は意識の内部に存在するものなので、「統一」は道徳的意識自身が自分をつねに進歩させるという形でなしとげられねばならない。

しかし、ここで「統一＝調和」の完成は、「無限のかなた」に設定されることになる。なぜなら、この「調和」、すなわち感性が完全に一致するという事態が完成するなら、そのとき道徳的意識はその終着点に到達し、為すべき目標をなくすことになるからだ。つまりそのときには道徳的意識はその本質を失って消滅することになる。したがって、ここでは感性と理性の「一致＝調和」という目標は、あくまで絶対的に彼岸的な「課題」としてのみ存在するのでなければならないことになる。

しかしそうなると、このような道徳性が最終目標に達したとき一体どのようなことになるのかについて、人はけっして「明確なイメージ」をもつことができないし、そうすることに意味があるわけでもない。もしそれについて明確なイメージを持とうとすると、絶対的に存在すべきだがしかし到達してはならない「目標」であるとか、道徳的意識としては決して存在しないものとして、「道徳性」の理想はある、といった矛盾に充ちた観念にぶつかることになるだろう。道徳の完成という目標が矛盾を含むことが明らかになれば、「絶対の義務」という観念自体がその聖性を失う危険をもつのである。

〔三　聖なる立法者の要請〕【A】

（カント的道徳の）第一の要請は、道徳法則と自然法則（感性）との調和であり、それはいわば「世界」それ自体の究極目的といえる。第二の要請は人間の道徳的心性（＝理性）と感性（傾向性）との調和であり、こちらは「意識」（人間存在）の究極的理想である。だから第一の要請は、「即自存在」における調和であり、第二の要請は「対自存在」における調和である。

両者は抽象的な区別としては切り離されているが、人間の現実意識としては相互に関係する対立的な二契機となる。そこで自己意識は、さらにここから、「即自かつ対自的な調和」言い換えれば両者を統合する完全な調和を求めることになる。そしてこの二項をつなぐものとして人間の「行動」という契機がおかれる。

道徳意識では、純粋義務（＝定言命法）だけが、すなわち何が正しいことかについての知こそが重要なのだが、ここに「行動」という契機が入ると事態は変わってくる。人間は現実の行動においてはさまざまな「為すべきこと」の多様な状況的場面にぶつかるからだ。

つまりここで姿を現わす問題は、「純粋義務」と「数多の義務」の対立、また形式面として言えば「知っている意識と意識されていないもの」の対立という矛盾である。「数多の義務」とは、現実の場面で人間に現われる多様な「為すべきこと」（義務）だが、（カント的な）純粋な道徳的意識にとって問題なのは、（定言命法が示す）「純粋義務」だけである（⇒純粋に正しいことのみを為すこと）。しかし、現実的な行動においては、さまざまな「為すべきこと」もまた道徳的な意味（⇒善悪、正邪）をもつべきものであり、だとすれば個々の行為もまた社会総体の中での絶対的な道徳的意味をもっていると考えないわけにいかない。

（⇒）ここでの「純粋義務」と「数多の義務」は、それほどはっきり規定されていないが、人間が日常生活の場面でさまざまな形でぶつかる「為すべきこと」、つまり周りから「為すべき」と要求されたり期待されている多様な「義務」と、カントの定言命法で規定されているような純粋に道徳的な「正しさ」による為すべき「義務」と、考えるのが妥当であろう。

こうして、純粋義務だけをことととする純粋な道徳的意識とは別に、数多の義務の全体を本質的なものとみなすもう一つの（より普遍的な）「道徳的意識」が現われることになる（⇒ここは、数多の義務の全体の連関を知る絶対的な「道徳的意識」、つまり神の意識というものが想定される、とする解釈もある。金子・長谷川訳はこの解釈）。

こうして、純粋義務だけを第一義とする道徳的意識とは違った、「数多の義務」の全体の連関を知り行なうことを本質的なものとするもう一つの道徳的意識が「要請」（＝想定）されてくる。第一の道徳的意識は現実の多様な「為すべきこと」に対しては没交渉な態度を持しているが、第二の道徳的意識は、純粋義務だけでなく、行動の本性として、さまざまな限定された「為すべきこと」の道徳的な必然性まで問題とする。

つまり、それは義務を行動に移して具体的な「なすべきこと」にかかわり、その「正しさ」を確証しようとする意識であって、純粋義務という形式性だけでなく、行為の具体的内容や結果も重要な問題となる。この（いわば行動的）道徳的意識は、道徳の「普遍性と特殊性」（⇒客観性と主観性）を一致させようとする意識であり、「道徳と幸福」の調和を実際求めようとする道徳的意識だといってよい。というのは、そもそも道徳と幸福の不一致ということが意味するのは、主観的な道徳的意識が現実の総体から分離しているために、現実の多様性と純粋義務とは一致しないということだからだ。

もともと「道徳と自然の調和」（第一要請）が意味していたのは、世界の自体的な（それ自体としての、あるいはただそうあるべきというだけの）調和だが、ここでは、この「要請」は、一歩進んで人間がさまざまな「為すべきこと」を通して達成すべき具体的な目標や義務という形をとる。だから自体的な調和は多様な「為すべきこと」（＝数多の義務）が本質的な義務へと統一されることによって、はじめて実現されるべきものとなる。

こうして、今や、この数多の義務を絶対的な義務へと結びつけ統合することができるような道徳的意識（＝神）だけが、この本来的「調和」を可能にするし、またそのことで、「数多の義務」も絶対的に正しいものとして「神聖化」されうることになる。純粋義務のみをこととする道徳的意識では「数多の義務」は絶対的である保証を持たないが、しかし「道徳」の理想をこの世に実現するためには具体的な個々の「なすべきこと」が必要であり、そのために、ある絶対的な（＝神の）道徳的意識によって、はじめてその全体としての正しさが保証されると見なされるのである。

さて行動する意識は、完全に個別者として行為し、個々の具体的な義務がなんらかの成果を生んでいるかどうかを第一の問題とするから（**『意識は成し遂げることを意志している』**(431, 330)）、それが純粋義務に正しく合致しているかどうかについては、神の判断に委ねるしかない。ここでは自分の行為が純粋な義務と一致しているかどうかは、間接的に、絶対的な存在を介してのみ保証される。

こうして人間の道徳意識は、今や本質的に「不完全なもの」でしかありえないものとなる。現実的な（＝行動的な）道徳意識は、自分が義務について全知ではないこと、また自分がつねに傾向性にとらわれている存在だということを知っている。つまりふつうは人間は、自分の不完全さを知り、だから自分が幸福に値せず、したがって幸福をただ「恩寵」として神に頼る以外にないことをも暗々裡に知っている。

道徳的意識は自分が現実においては完全な存在たりえないが、しかし純粋な思考（概念）としては純粋義務こそが絶対的なものであると知っている意識である。こうして「絶対実在」（神）とは、まさしくこの純粋な思考によっておかれた、現実と理想の「一致」の要求にほかならない。だからこそ、不完全な道徳的意識がその「一致」を意志することを「神」は評価して、これを幸福に値するものとみなしてくれるはずだ、ということになるのである。

〔四　道徳的世界観の表象性〕【B】

このように、道徳的自己意識においては、純粋義務（理想）と現実という対立的両極が、最後には意識の中での二契機として統一を与えられる。そのことが最後の要請（神の存在の要請）で明らかになる。最後の要請において、道徳的意識は「純粋義務」の妥当性を神の存在にゆだねるが、それは、道徳的意識が「純粋義務」の内実を、「表象」としてしかつかんでいないことを意味する。つまり道徳的意識は「純粋義務」を、まず道徳が不必要な状態において完成するものと考えているし、つぎに、自己の道徳的な不完全性を、「神」によってはじめて止揚されるものと表象しているからである。

だが、この要請という手段においては、道徳的意識は自分自身の本質（概念）を真の意味で展開することはできない。ここでは、対立する両契機を相互に関係づけて「綜合」することは行われず、ただ、両契機の一方から他方への移動が繰り返されているだけである。道徳的意識は、自己の「絶対本質」を純粋義務という抽象的な「知」としてつかんでいるにすぎないために「概念」の本質的運動に踏み出すことができないのである。

道徳的意識はただ、自己の抽象的思考の中で内的な「自由」を保っている。外的な(＝現実的な)自由は自分から独立した存在として没交渉なものとなり、結局道徳的意識の思い描く「純粋義務」とは、現実的対象ではなく単なる「思考の対象」でしかない。つまり、道徳的意識にとっての「存在」とは、表象されたものとしての「存在」にすぎない。「存在すること」と「思考すること」がこのように媒介や概念の運動なく結びつけられること、まさしくそれが「表象」ということの本質にほかならない。

こうして、われわれの観点から、道徳的意識の発生のありようをもう一度確認することができる。まず、出発点として、「道徳的自己意識が現実に存在する」という命題がおかれた(⇒人間は道徳的存在でありうる)。道徳的意識は道徳の本質を「純粋義務」という仕方で自覚的に〝知っている〟からである。だがつぎに、道徳的意識も「意識」である以上、本性的に自己の「内容」を対象的に「表象」しないではいない。つまり、道徳性と現実とが完全に一致した理想状態としての世界を「表象」する。しかしそれを「現実化」する力をもっていないために、この理想状態は道徳意識にとって一つの否定性として現われる。そこでそれは、一方では「彼岸」の対象として設定され、他方では、思考の中でだけ存在可能性をもつものとして表象されることになる。

つまりこの否定性から、二つの命題が現われることになる。まず「どんな自己意識も道徳的には不完全である。」(『**道徳的に完成した現実の自己意識はない**』(433, 331))つぎにその変奏として、「道徳的に現実的なものはひとつもない」あるいは「この世は道徳的には不完全な存在でしかない」。つまり、道徳的意識にとってはあくまで理想と現実との「一致」が目標となるべきなのだが、その不可能性を知っているために、理想状態は「彼岸」にしか存在しないことになる。そして、そこからむしろこの彼岸的理想こそが「当為」であると主張されるのである。

道徳的意識が、最後の場面で、互いに対立していた両契機を止揚し統一するとされるのは、このような仕方においてであった。たしかにある意味で両者は「綜合」されて一つの「目標」となっている。しかしそれは、内容としては、ただ「表象」として互いに他を含みあい、相互的に交換されているにすぎない。

要するに、道徳的意識においては「道徳的な自己意識が存在する」という命題が、思考の中でだけ成立し、それは現実における「道徳的な自己意識は存在しない」という第二の命題との間で明らかな矛盾を引きおこす。そして最後にこの矛盾が、「神」の存在（他の意識）という表象をおくことによって（「神の要請」という観念によって）〝解決〟されるのだが、じつの所それはただ回避されているのである。

b　ずらかし

「道徳的世界観」では、意識は自分の対象を自分自身の内部で創り出す。そこでは自分が対象を超え出る必要がないために、「意識は安定と満足の状態」に到達するかに見える。しかし、意識は対象を「彼岸」にあるものとして設定しているので、ここで「絶対の存在」はじつは「自己意識」を離れたものでなく、「自己意識のために、また自己意識ゆえに」存在するものとなる。ここから「道徳的世界観」は「道徳の根底にある矛盾」をさまざまな面で開示することになる。『**道徳的世界観は無思想な矛盾の大巣窟**（『純粋理性批判』）**なのだ**』（434, 332）（⇒ここまでの記述自体、「道徳的意識」に対する批判的な論証だったが、ここからはさらに詳細な批判、つまりカント道徳思想に対する批判となっており、かなり繰り返しが見られる）。

〔一　第一要請再論〕（⇒道徳と自然の一致という要請）【B】

まず意識は、道徳と自然（現実）が一致しないという矛盾の意識から出発する。道徳の本質は（道徳法則の形で）認識されているが、現実には道徳と自然は分裂している。

道徳意識は、「行動」によってこの分裂を克服しようとするのだが、ここにまず矛盾＝「ずらかしVerstellung」が生じる。「行動」とはある目標を〝現実化〟すること、つまりここでは道徳と自然の一致を目指すことである。道徳的意識はそのつど（純粋義務としての）「行動」を遂行することで何らかの「一致」を見出し、またそのことで幸福な気持ちになりもする。ところが、このような道徳的意識の「行動」は（あくまで個別的な純粋義務の行動であり）先の自然法則と道徳法則の一致という大きな目的に対しては、「真剣でない」ことになる。

つまりこれは、道徳の本質が、まず内的な「純粋義務」（理性の判断にもとづいてそれを意志すること）におかれ、しかし「純粋義務」だけでは道徳と自然との完全な一致が実現されないという欠陥を埋めようとして、実際にはこれと背反するような「最高善」という絶対目標（道徳世界と自然世界の完全な一致）を、道徳のもう一つの本質として置くために現われた矛盾である。ここから、道徳的意識は、つぎつぎにその矛盾を「ずらかして」ゆかざるをえなくなる。

道徳的意識は一方で内的な「行動」を絶対とするので、「最高善」というより大きな目的には本気でないことになる。しかし、「最高善」の可能性を道徳にとって本質的なものとみなすかぎり、道徳的意識による個々の「行動」は個別的なものにすぎず、普遍性をもてないことになる。つまり「行動」を、何らかの個別的目標を実現するものとみるかぎり、道徳的意識の「行動」は真剣なものではないことになる。

かといって、「最高善」という目標自体も矛盾に満ちたものである。というのは「最高善」とは道徳と現実世界とが完全に一致した状態なのだから、この状態においては道徳の努力は不要になってしまう。つまり、最高善という道徳の最高目標は「道徳が存在しない状態を創り出すこと」になる。

繰り返せば、純粋義務という「道徳」のはじめの定義の欠陥が「最高善」の理想を要請したのだが、この「最高善」という理想の観点からは「道徳」自身が不要なものとなってしまう。つまり「道徳の存在しない状態こそが道徳の絶対目的だ」というおかしな結論に帰着するのである。

〔二　第二要請再論〕（⇩理性と感性の一致の要請）**【B】**

「最高善」という道徳の理想は、この理想状態においては道徳的行為が不要であるというおかしな矛盾を招いたが、道徳的意識はさらに大きな「ずらかし」（ごまかし）を作り出す。

道徳性はそれ自体の本質をもつのだが（⇩つねに道徳的に正しく行為しようと意志すること）、いま見たように、それは世界が完全な理想状態になるとそれ自身の本質を実現しないものとなる。そこで、道徳的意識はむしろ自分の内部に目を向け、自分の中の「自然性」と自分の理性の自由との一致こそが重要なのだ、と考える。こうして道徳的な理性と自然性（人間の感情、欲望）が一致すべきである、という第二の要請が現われる。しかしまずこの「一致」は、じつは感性が理性に「一致」すべきだということであって、両者の調和ということにはならない。

ここでは人間の「感性」が否定されるのだが、ここでも「ずらかし」が生じる。ほんとうは、ここで否定されている「感性」こそは「意識」をおして行動へもたらす真の動因なのであり、これを否定したり抑圧するのではなく、両者の「調和」を求めるべきなのだ。実際、人間が道徳的に行為するときには、必ず一定の仕方で道徳的意識と感性との調和ということが潜在的に生じているのである。

とはいえ、もちろん感情や欲求はそれ自体自立的なものだから、意志の力ですぐ自由になるものではない。道徳的理性からのなんらかの働きかけが必要なのだが、道徳的意識ではこれに働きかけようとするより、むしろただこれを「禁止」するのである。このためこの調和、一致は、その現実的な可能性の道が探されることなく、純然たる思弁上の「要請」となる。

こうして、さきには道徳的行動のうちに「道徳性」と「感性」の調和があると見なされたのに、いまでは「調和」はただ遠い彼岸の目標として設定され、このことでかえって道徳の本質が見失われる。「要請」のうちでは、道徳と感性の「たたかい」や「せめぎあい」のプロセスは存在せず、「感性」はただ「道徳」に一致すべきものと意識されているだけで、その可能性の原理も把握されない。

このような絶対的な「要請」の意識の中では「道徳性」の本質は見失われている。というのは、じつのところ「道徳性」とは、道徳的な目的から「感性」へと働きかける持続的な努力それ自体のうちに、つまりそれまでの「感性」のありようを超え出てこれを変容させようとする絶えざる努力のうちにその本質をもつからだ。だから、第二の要請が、道徳的な可能性について真剣でないと言われても仕方がないのである。

また、道徳的な完成への途上の状態は道徳が「進歩」してゆく状態だと見なされるが、これが「進歩」であるとももはや言えなくなる。この完成に近づくことは、「進歩」どころかむしろその「没落」を意味するからだ。

これもすでに見たが、感性が道徳的意識と完全に一致している状態とは、もはや道徳的たろうとする努力が不必要な状態であり、そこでは人間の道徳性それ自身がなくなってしまう。そもそも、道徳の「進歩」という概念が、道徳的意識の意義にもとるといわねばならない。道徳的意識の「目的」とは、つねに自分が「人倫的目的」（正しさ）を意志しているべき、という「純粋義務」の意識だったのだから、それがどの程度効果的に実現しているかという量的問題を言うのは、その本質からズレることになるからだ。

また、道徳的意識が「途上」の状態にのみありうるという考えは、「第一の要請」の矛盾よりを明らかにする。つまり、ここでは道徳的人間こそ「幸福」に値するとされたのだが、道徳的意識がどこまでも「未完成」でしかない以上、真に幸福に「値する」人間は存在しないことになり、すると人間はただ「恩寵」としてしかそれを願うことができず、このことは道徳的人間こそ幸福に「値する」という前提と矛盾する。じつは、われわれはここに、道徳的意識の「幸福」でありたいという暗々裡の「願望」（動機）をみないわけにいかない。

こうして、「理性と感性の一致」という第二の要請が破綻するとともに、はじめの、「道徳と幸福（自然）の一致」の要請の主張も破綻する。この世では道徳的であることと幸福であることは一致しないという主張は、いまやどんな道徳性も「未完成」でしかないとされた以上、おかしな主張になる。「道徳的な人こそ幸福であるべき」とは、不道徳の人が幸福になるのはおかしいという異議だが、（⇒いまや何人も道徳的に不完全なのだから）この異議も根拠を失ってしまう。

このことはまた、さきの異議が、それが「不正」だからという正当な理由からではなく、むしろそういう人間に「幸福」をもたらしたくないという「嫉妬」から現われていることをよく示している。したがって、道徳的な人間は「幸福」に値するという主張の隠された動機は、ただ、そういう人間には「幸福」を恵みたいし、自分もまたそれに恵まれたいという、きわめて主観的な願望にもとづくものなのである。

〔三　第三要請再論〕（⇒「神〈聖なる立法者〉」の存在の要請）【B】

こうして道徳的意識にあっては「道徳性」は未完成な形においてしか存在しないとされてしまった。道徳が完全な形で存在すべきだとすると、それは「道徳的意識」においてではなく、ただ「純粋実在」つまり聖なる立法者（＝絶対者）においてのみ存在する、ということになる。このように、人間の道徳が不完全であるということから「聖なる立法者」の存在が要請されてきたのである。

そもそも人間の道徳性が不完全であるとは、現実関係の中で人はさまざまな具体的状況との多様な関係をもち、そのつど多様な道徳的な判断にさらされており、そこで個々の行為の正しさについて絶対的な判断を持ちえないということだ。もともと道徳的意識にとって本質的なのは、自分にとっての唯一の純粋義務（道徳律に絶対的に服すること）だけであって、個々の個別的な行為の絶対的正しさの真偽自体が本質なのではない。だからこそ個々の判断の客観性については「聖なる立法者」を要請しその保証を待つほかなくなるのである。

だが、これもまた「ずらかし」である。というのは、道徳的な自己意識とは、自分が道徳的に「正しい」と認識したことを意志することだけが絶対的な義務だと考えている意識、つまり理性の自立的判断以外の何ものも「絶対的（聖なるもの）」とは認めない意識だったはずである。だから本来は「聖なる立法者」という外的な絶対者を、自分を規定する上位者として受け容れることはありえないのである。

そもそも「聖なる立法者」が要請されたのは、個々の道徳的義務の全体的な妥当性を保証させるためだったが、それがまた新たな「ずらかし」を呼んでいるのだ。つまり、ここから、「純粋義務」といったものが真に絶対的に妥当するのはこの「聖なる絶対者」においてのみだという考えが現われてきたのだ。

というのは道徳的意識は「純粋義務」だけを問題にするとは言うものの、道徳的意識が人間の意識である以上それは同時に自然的（感性的）意識でもあり、したがってここでの道徳的判断は、つねに感性に左右される一つの偶然的な自由意志にすぎないし、また意志のあり方自体が純粋であるとしても、その判断は人間の行なうものであって絶対的な知でありえない。こうして、道徳性の本質はいっそう人間道徳的意識には存在しえず「聖なる絶対者」にのみ可能なものと見なされることになる。「絶対者」にのみ「純粋な道徳性」の本質が存在するとされるその理由は、なにより絶対者においては感性（自然）の影響をまったく受けないという点にある（⇒ここには理性と感性の対立ということ自体が存在しない。その点で一種道徳の理想形がある）。しかし、ほんとうは、道徳の「純粋義務」が「現実化」されるとは、人間の感性や自然性が徐々に「道徳化」されていくというそのプロセスの存在を意味するはずなのだ。しかし道徳的意識は、人間の道徳性はそれが感性に肯定的な態度をとるために不完全だと考え、したがって否定的態度をとるべきだと考えるのだ。

これに対して「聖なる立法者」は感性を超越した存在だから、はじめから否定的要素がありえない。するとある意味で「絶対者」の道徳というものがあるとしてそこでは感性への肯定的態度しか残らないことになり（⇩絶対者の感性があるとしてそれはどんな否定性もないはずだから）、この意味で「非道徳的な態度」だということになってしまう。

こう見てくると、われわれが現実性から切り離した形で（⇩絶対者におけるような）「純粋な道徳性」といった概念を立てると、それが単なる思弁上の抽象にすぎなくなってしまうことが分かるだろう。そこでは、純粋に義務を思考し、意志し、感性とせめぎあいながら行為するという「道徳性」の本質は、どこかに消えてしまうのだ。こうして、「聖なる道徳的絶対者」という想定もまた道徳の本質からの一つの「ずらかし」であることが明らかになる。

〔四　道徳的表象から良心への移行〕【B】

道徳的意識は最後に「神」の要請に行きついた。ここでは対立する諸契機が統一されているように見えるがそれは単に見かけにすぎず、両契機が、あれでもあるしこれでもある、という具合に行きつ戻りつしているだけであって、真の綜合が生じているのではない。

道徳的意識は、自分がつねに「感性」に触発されているという自己の不完全さを知っている。感性は、生活上のさまざまな「為すべきこと」、つまり「数多の義務」の場面に直面するので、道徳的意識の判断を混乱させる。繰り返せば、人間はさまざまな「為すべきこと」について、全体的な道徳性の連関をすべて知ることはできないからだ。だから人間の道徳性は、所詮主観的で完全（純粋）ではありえないことになる。

この理由から、真の道徳性は「神」の存在においてのみ「現実存在」する、と見なされる。このとき「現実存在する」とは、「即自かつ対自的」に存在すること、つまり、第一に道徳性が「意識」のありかたとして存在すること（対自的）であり、第二に道徳が現実世界に実現されること（即自的）、を意味する。これをもう少し詳しく言えばつぎのようになる。

まず、人間は感性に捉えられているため道徳的に不完全だという意識は、道徳性（理性）と感性との一致を目指すが、道徳的意識は、両者の調和というより後者が前者に一致することとしてこれを考える。つまり後者は無価値なもの本質的でないものとされる。そこから「神」においてのみ完全な道徳がある、という考えが現われる。

こうして神における完全な道徳性の実現ということが想定されるが、この道徳性の「完成」が意味するのは、第一に、完全な道徳的「意識」の実現、第二に、完全な道徳的「世界」の実現、ということである。しかし、この状態は、「道徳と自然（感性）の完全な一致」という理念なのだから、先に無価値とされた「自然」や「感性」は道徳性にとって不必要なものではなくむしろその本質契機なのである。

ここで完全な道徳性とは、一方で、「神」という純粋な想定においてのみ可能で現実にはありえないもの、とされながら、他方では、その道徳性と感性との一致という目標においてある、と考えられる。これがすでに述べた「混同」（ごたまぜ）ということだ。

ここにあるのは、ある一つのものを必然的であるとしながら、もう一方でそれを本質的でないとする混乱した区別である。道徳的意識は、無価値であるとしたはずの「自然」や「感性」を、完全な「一致」という理想から再び必要なものとするかと思えば、完全な「一致」という道徳性は絶対者のうちにしか存在しないと前提しながら、この「一致」こそ人間の目標であると主張するといった、いわば「区別となしえない区別」を立てる。自分がはじめに分離しておいたものをあとで無理矢理「いっしょに」するという矛盾を犯しているのである。

こうして、道徳的意識が絶対的な外的存在として要請する「神」とは、じつは純粋思考の閉じられた「内部」で呼び出されている存在、それ自身の矛盾から現われている存在にすぎない。まさしくこの存在の矛盾によって道徳的意識は、絶えざる「ずらかし」を行なうほかなかったのである。

c 良心

道徳的世界観のいわば「二律背反」(⇒アンチノミー、つまり「道徳的自己意識は存在する」と「存在しない」)というべきものを見てきた。それは「道徳的意識」は可能である(存在する)という命題と「可能ではない」という命題、あるいは「理想状態」はただ彼岸のかなたにのみ可能となる、とそれは道徳的意識のうちにのみ成立するという命題のあいだの決着不可能性をめぐるものだった。

この二律背反の矛盾から「ずらかし」が生じてきた。この二律背反から道徳的意識は、事態を「表象」、つまり理想状態のイメージとしてとしてつかもうとした。つまり、そこではもはや道徳的努力を必要としない完全な状態こそ道徳の理想像であったり、人間の力では道徳と幸福が一致する理想状態に達することができないので、幸福は神の恩寵にゆだねるほかないといった、「純粋義務」の本来と矛盾するような考えが現われていた。

そもそも道徳的意識は、「絶対本質」についての「自己」の内的洞察と納得を本質とするものだったのに、結局この可能性を、彼岸の「立法者」に全面的に委託するという形になってしまっている。右に見た道徳的意識の二重の二律背反は、結局のところ、それが本来孕んでいる矛盾の内容的、かつ形式的な現われであって、この分裂した両項は、もともと自己意識のうちの現実と自己という二契機が両極へと分裂したものにすぎないといえる。しかし「われわれ」から見ると、このように分裂した「自己意識」も、やがて自らの矛盾を克服し、自己の純粋義務と彼岸としての神聖な立法者＝本質存在とは一つのものであることに気づく過程のうちにある。

このとき自己意識は、一方で個別的な偶然性（傾向性）をもった存在でありながら、同時に純粋な知でありかつ純粋な行動でありうるような存在として、つまり自己を真なる調和の可能性として自覚することになる。このような自己意識のあり方が「良心」（⇒金子訳では「全的に知ること Gewissen」だが、ふつうに「良心」と訳すのがよいと思える）である。

〔一　行動することとしての良心〕【A】

こうして、精神の第三の世界（人倫の世界、教養の世界、そして道徳の世界が第三の世界）から、いわば第三の自己としての「良心」が現われてきた。ここで、これまでの「自己意識」の展開のプロセスの三段階を整理すると以下のようになる。

まず、「第一の自己」は「法的権利主体の自己」（ローマ的市民）である。これは、ただ人格という点でだけ「承認」されているが、その実体は空虚である。つまり、個性をもった個別の人間としては十分に権利をもたず、個別性と普遍性とが統一をなしていない。

「第二の自己」は「絶対自由の自己」。これは教養的人間から発してその最高段階である「絶対自由」の境地にいたった自己である。しかしここでも、自己における「普遍性」と「個別性」はまだ真の統一をもたない。「普遍性」は、「私は世界だ」という形で外的な絶対的対象として存在し（理念としての社会革命を絶対視している）、ある点では自己化の契機を得ているが、しかしこの「普遍的なもの」の内実がまだ現実的な存在となっていない。

「第三の自己」は「道徳的自己意識」から「良心としての自己」にいたる自己である。ここでは、「絶対自由」という理念への絶対的希求としてあったものが、その普遍的内実を得て、自己のうちに立ち戻っている。「普遍性」は自己の内実として（内的義務として）独立的な形をとるが、しかしここではまだ自己の個別性と普遍性という二契機は統一されないため、それを代わるがわる交替させるという「ずらかし」を行なうものであった。

道徳的意識がこれらの経験をへて「良心」の境位にいたるとき、はじめて自己意識は、法的状態における空虚な個体性、絶対自由における空虚な普遍意志、また道徳的意識における空虚な「純粋義務」（理念と現実との内的一致）と進んできた「自己意識」の形式に、本質的な現実性を与える可能性をつかむのである。

『良心となったときに初めて、自己意識は自分の自己確信のうちに（道徳性の）空虚であった法と（絶対自由の）空虚であった「普遍意志」とに対する内容をもっており、しかもこの自己確信は同時に無媒介なものでもあるから、自己意識は定住をさえももっている』（446, 341）（⇒「良心」の境位まで進んではじめて、自己意識は法的人格における空虚な「法」、「絶対自由」における空虚な「普遍性」、道徳における空虚な「義務」という形式に内実を与えて、これを内的な自己確信をとおして「現実的なもの」とする契機をもつ）。

〔行動〕

「道徳的自己意識」は、「良心」の境位に入ると、「ずらかし」の中で現われていた「自体と自己」との分離（絶対的当為の状態と自己との乖離）や「純粋義務」と「自然」との乖離（道徳性と感性の分裂）という矛盾を踏み越えて、いわば「具体的な道徳的精神」となる。すなわち、それは、自己の内なる理想を行動によってどこまでも現実化しようとする「行動する良心」となる。ここではじめて「道徳意識」は自己内閉的なものでなくなり、現実意識に対して背立的な基準を持ち込まず、ただ、具体的な行動を通して、自己の思いと現実とを直接的に結びつけようとする真の意味での道徳的な主体となる。

さて、道徳的「行動」というものがあるとすると、そこには意識の知ることに対する一つの外的対象があるわけだが、「良心」にとってこの対象は、行動を通して直接的に知られる具体的現実である。知が偶然的なものとなるのは、知と対象が別ものとして対立している場合だけであり、「行動する良心」では、知ることのうちに現実と異なった基準が捏造されないために、そこにいわば自然で素朴な知と対象の一致が存在している。

現実は、まずは感覚的な確信それ自体としてあり、「自己」とあるべき「当為」という区別は存在せず、行動はかく為したいという意志と一つになっており、したがってその知は、あるべき現実についての「対象知」ではなく、「創り出される現実」についての現実的な知である。

また「行動する良心」は、個々の具体的場面で諸条件を考慮して、そこに相矛盾する義務を見出したりはしない。もしそうするなら、諸義務が対立して行動すること自体が不可能になるだろう。行動する良心は、いわば「素朴な良心」であり、個々の義務の中にさまざまな価値の違いを見ることなく、そこに単に具体的な「正義」の行動、「単一で義務にかなった行動」だけを見出すところの意識だからである。

もちろん（素朴な）「行動する良心」においても行なわれる事柄についての区別や分析が生じて、その違いが問題になることもある。しかし、それらは単にさまざまな道徳的行為と見なされるにすぎない。「道徳的意識」では、個々の道徳的行為が純粋義務に妥当するかどうかが問題となって、そこから自己意識の矛盾に直面することになったのだが、「行動する良心」では、さまざまな義務は一つのものとされて個々の検証を受けることはなく、行為とその意志との間で分裂の生じる余地がないのだ。

このため、「行動する良心」では道徳的意識におけるような確信の不安定というものは見られない。それは、道徳的意識が純粋な道徳性の保証を聖なる絶対者に担保するような仕方で考えたために、自己と絶対的理想や、感性と道徳といった具合に、自己とその当為との間に絶えざる動揺が生じることによって現われていたものだった。「行動する良心」では、このような分裂は存在しないのである。

〔信念〕

〔**無媒介の確信**〕

「良心」では、「義務」と「現実」を対立的矛盾と捉えることがないので、道徳におけるような「ずらかし」は生じない。道徳的意識では、真に道徳的な行為は、私の行いが完全に純粋義務にのっとって行なわれていることを自分が完全に知っている場合だけということになるが、その結果、具体的な行動においてはそれは成立しないということになってしまう。具体的な行動は、さまざまな現実的要素を、限定された諸要素を含むため、純粋義務の観点からは必ず矛盾を含むことになるからである。

だが「行動する良心」は、このような道徳的意識における純粋義務の観念が一種の「ごまかし」(ずらかし)であることを知っている。というのも、道徳的意識に生じていた事態の真実は、「純粋な義務」という観念が純粋思考の生み出す空虚な抽象体でしかないこと、また、その自己と現実との絶対的な一致なるものの内実が、自閉した自己意識と意識のうちなる現実との一致でしかないということだからである。

これに反して、「行動する良心」にとって本質的であるのは、自己意識の中で作り出された「理想」(に一致すること)ではなく、あくまで自己の内的「自己確信」(⇒確かにこれが正しいという自己の納得。「良心」Gewissen とはこのような自覚された内的「確信」Gewißheit であるというニュアンスをもっている)それ自身である。この直接性の意識は、真理は「道徳的理想」(道徳的義務)という「あちら」にあるのではなく、「自己確信」の方にあることを知っている。あえていえば、これは内容としては、個別的存在としての「自己」こそ重要ということに、また形式としては、「自分自身」の正しさを確信しているという「確信性」に意味があるということだ。

この「行動する良心」の意識のあり方をもう一歩立ち入って考察すると、道徳的意識が自己の真理を絶対者(神)に直観していたのに対して、「行動する良心」では本質的なのはあくまで自分自身の自立した「自己了解」のあり方である。

「行動する良心」では、道徳的意識の分裂は解消するが、これはつまり、矛盾を構成していた区別がもはや区別ではなくなり、両項の区別として現われていたものが、概念の純粋な否定の運動となっていることを意味している。そしてこの「純粋な否定性」それ自身が、まさしく「自己」であることの本質なのである。すなわち意識は、一方で純粋知でありつつ同時に「この」個別的意識として自分を知ることとしての「自己」となっているのである。

こうして、「行動する良心」は、道徳的意識にあっては抽象的なものとして存在していた「純粋義務」の新しい内実をつかむ。「行動する良心」はもはや自分の本質から乖離し対立したものとしての「自然存在」といったものとは違う自己の「現実性」をもっている。つまりひたすら否定の運動を行なう主体として、その内実は絶対的な妥当をえているのである。

〔対他存在　精神的実在性〕

道徳においては、「義務」は外側から自己にもたらされてくる「至上原理」だった。しかし「良心」における自己は、「純粋な自己同一的な知」、つまり絶対的な「自己確信」としての本質をもちつつ、それがそのまま「普遍的」なものと一致しているのでなければならない。要するに、「自己確信」でありつつ同時に普遍的な「義務」をもつものと見なされている。つまり、ここでは「義務」(自分で「おきて」に従うこと)は自己確信から離れてはその存在意義をもたない。「義務」は「正しさ」についての自己の内的な信念と固く結びついていなければならない。『**今や自己のためにあるものがおきてなのであって、おきてのために自己があるのではない**』(449, 344)。

とはいっても、「おきて」(⇒ルール、法)や「義務」は自己〝にとって〟のみ(対自的にのみ)存在しているだけのものではなく、それ自身の本質(自体)をもっている。つまり「義務」の普遍性(客観性)は自ずと「自己確信」と一致するわけではない。「義務」それ自身は、自己意識にとっての内的確信というだけでなく、「対他存在」として、つまりその普遍的な意味、価値において自立的な存在をもつからである。

そうなるとこの「義務」は、「良心」の「自己確信」からは、むしろ絶対的な要素ではなくて一契機にすぎないものとなっているとも言える。だが、自己意識としての「良心」は、「義務」における対自的側面と対他的側面の対立を見出すのであり、むしろこの対立の中で「義務」は現実的なものとして現われてくる。

こうしてここでは「義務」は、道徳的意識にとってそうであったような自分だけに妥当する抽象的な「純粋義務」ではなくなり、それ自体の普遍性をもつ「実体」とみなされることになる。つまり良心にとっての「純粋義務」とは、『**普遍性の態度において他の人々に対してふるまうという本質的な契機**』（*450, 344*）をもつ。言いかえれば、良心は、自己の「義務」（なすべきこと）の内実を、つねに他者たちの承認を通して普遍的なものとしようと努力するのである（『〈他の人々から〉**承認されること** Anerkanntsein **という契機**』）（*450, 344*）。

道徳意識は他者の承認を問題としないため、「純粋意識」といっても「行動」の契機をもたず、したがって「現実性」をもたない。これに対して、「良心」にとっての「現実」とは、自己の対他的ありようと深く結びついた「現実」であり、つまり、他者の承認を通して普遍性へとめがける「行動」として自分の「現実」をもつのである。

といっても、さしあたりここでの良心の「行動」は、自分の個別的考えを、「対象的な場面」のうちに「定立すること」（⇒ここではさしあたり自分の信念を表明し、行為すること）であり、その内容が一般的に認められることによって、はじめてこの「行動」は「現実的」なものとなる。言い換えれば、ある行為が現実的なものとなるのは、何が真に「なすべきこと」（義務）であるかが自己確信（信念）を通して表現され、それが他によって承認されることにおいてである、といえる。あるいはまた、「義務」は、自分はこれが正しいと信じるという「自己確信＝信念」（の表現）を通して「行動」にもたらされるとき、他者の承認を通して普遍的なものとなりうる可能性をもつ。ここに良心における真の意味での「義務」が存在する。

したがって、善き意図とその実現（あるいは手段）の間の矛盾や、善人が不幸せになりうるといった矛盾（⇓カント的な福徳一致のアポリア）は、「良心」においてはもはや問題とならない。内的な確信が「行動」によって表現され、それが承認を通して普遍性を獲得してゆけるかどうかだけが問題となっているからである。ここでは「義務」は「自己確信」という内実から切り離して考えることはできないものであり、それを単なる「対他的存在」として考えるなら、およそ実質のない空虚なものとなってしまうのだ。

さてここで、およそ「精神的実在性」ということが立ち現われてきたその歴史的なプロセス（⇓「精神」の本質が社会的な現実性の姿を取って現われてきた諸段階、つまり「理性」から「精神」へと進んできたプロセス）を、大きく振り返ってみよう。

「精神的実在性」とは、ひとことで言うと、個人の表現の内実が同時に普遍的なもの、現実的なものとしても存在することを意味していた。それは、具体的には「誠実な意識」という形をとって、さまざまな「事そのもの」の形態にかかわるものだった（⇓「誠実な意識」は「理性」章「事そのもの」における、さまざまな対象に「絶対本質」〈ほんとうのもの〉を求める自己意識のありよう。ただここでは、「精神」における「人倫」「教養」「道徳」という諸契機も指示されているように思える）。そしてそれらは、ここまではいわば多様な「述語」（つまり追求される対象）でしかなかったが、「良心」の段階に至ってようやく「主語」あるいは「主体」としての性格をもつにいたる。

というのも、ここで「自己意識＝主体」は、「事そのもの」が形式としてとったすべての契機が、自己の内的な本質として存在していたことを自覚しているからである。これを整理すると以下のようになる。

「人倫」（ギリシャ・ローマ的）においては「実体性」という形（⇒個人と共同体との美しい調和）。

「教養」においては、「外的な現実存在」という形で（⇒絶対自由）。

「道徳」においては、自分自身を知る精神という形で（⇒純粋義務）。

そして最後に、「良心」においては、自らのうちに普遍性の存在を確信している「主体」という形で自らを現わす。

ここまでの「誠実な意識」では、「事そのもの」はいつもある種「空虚な」対象として現われたが、「良心」では、「事そのもの」のすべての契機が内実として自分のうちに含まれていることが自覚されている。「良心」という境位の大きな威力は、まさしくこのことについての明確な自覚、「自己確信」に由来する。

〈絶対的自主性の至上権〉

意識が純粋意識に安住している間は矛盾は現われないが、「行動」が問題になるや必ず対立と矛盾が生じる。この観点から良心が出会うことになる諸相を考察してみよう。

良心においては「行為」の普遍性が問題となるかぎりで、良心における「知ること」は、行動の個々の場面とその状況についての知が重要となる。「行動」することは、「現実」をまずその行動に関わる状況として捉えねばならないからだ。その意味で良心が承認をうるのは、状況に対する知の力においてである。

しかし、良心にとっては、「知ることの普遍性」（事態を正しく知ること）は、一つの契機にすぎない（⇒むしろ、自分が正しい信念に従って行動するということのほうが良心にとってはより重要）。そこで良心は、現実が無限に多くの事情からなっていて、多様な状況判断がありうること、つまりその知が完全に普遍的なものではありえないことに対して自覚的である。この全体知が存在しえないことについての知も、良心の重要な内実の一つでもある。

いわば、状況についての絶対的な知が存在しえないにもかかわらず、しかし自己にとって自分の信念に基づくなんらかの「行動」をなすことこそが本質的であると良心は考える。そこで、良心の行動は自分自身の知的な選択と決断に委ねられており、それ以外には決断の絶対的根拠が存在しえないことも自覚されている。このような（純粋義務についての）「自己確信」こそ行動する良心の本質であり、それが良心がある意味で「全き知」であるとされることの理由でもある。

良心がぶつかる個々の具体的な場面においても、この事情は同じ形で現われる。行動することには、さまざまな具体的場面（ケース）にぶつかって、それについての個別的な判断や選択や決断に直面するということがつきまとう。ここではそれらの判断や選択は、自己に委ねられた個々の自己決定以外のものではないというかぎりで恣意的であって、ただ「純粋義務」ということ、自分がその信念に従って行為するということだけが、決定的に重要である。

だが、この信念もまた、「もろもろの衝動と傾向」とにつきしたがう「自然的な意識」を根拠としている、と言うほかはない。それはいわば直接の自己確信なのであり、その意味では、個人の恣意的な「感性」以外のものではないのだ（『ある内容を無媒介な自己確信から得ようとするときには、手許にあるものはと言えば、感性以外のものはないわけである。』（453, 347））。

これまでの意識の形態として「可と否」（国権と財富における善と悪）や「おきて」（ギリシャの人倫）、「法」（ローマの法）という形で現われていたものは、そのときにはそれぞれ「普遍的なもの」と意識されていたが、いまやそれは「対他的な存在」（～にとっての存在）にすぎなくなっている。あるいは、それらはかつてはある普遍的な「対象」であったが、いまでは意識とその本質の間に介入する余計なものとなっている。

ここで、自己の内的確信こそ義務の内実を決定する決定的根拠であるという良心の本質は、ある意味できわめて素朴なものであり、個別者の自然存在（⇒自分の感性、傾向、信念＝「真実態」に従うこと）に、つまり偶然的なものにその普遍性の根拠を置いているということでもある（⇒これがまず良心が出会うことになる大きな対立＝矛盾である）。

こうして、良心は、さまざまな個的な事情や状況の場面では、自分の信念に従うことを絶対的な「義務」とするので、その具体的な内実はさほど重要ではないという側面が現われる。つまり、義務が内的な確信として存在するということが「主語」であり（重要であり）、義務の内実は「述語」にすぎなくなる。だから、どんな内容でも、それが「私」の真なる確信であるかぎり良心にかなっている、ということになる（⇒しかしその結果、他者からはそうはみえないということもまた出てくる）。

たとえば、ある人が、自分の財産を殖やそうとして努力しているとしよう。一般的に言って、自分や家族を養うために稼ぐことは義務（為すべき善いこと）であるが、また、困っている人に慈善行為をすることも良心としての「義務」だと言える。そして彼は、これらがともに義務であることを知っているが、その上で自分の場合にはかく為すのが「善いこと」だと考えて行為している。だが、他人は彼のそういう振る舞いを「欺瞞」と見るかもしれない。当人は自分なりの仕方である具体的な行為の「義務」（よし悪し）を判断するが、他人はまた別の観点から見るからである。

そういうわけだから、逆に、たとえば他人からは「暴力や不正」と呼ばれることが、本人にとっては自分の独立を勝ちとるための「義務」（よいこと）だと主張できる。またまわりが「臆病」と見ることも、本人には命を守るために当然であり死んでしまったら他人によいこともできないのだから、やみくもな勇気はこの二つの義務を配慮しないものだ、などと抗弁することもできる（⇩嘘の証言をしなければ殺すと王様に命令された臣下の例がカントにある）。もちろんこの場合には、生命を守ることと、他人の役に立つことがともに「正しいこと」（義務）であることについて明確な「信念」をもっていることが必要であって、その上での判断でなければ彼の行為は単なる不道徳にすぎない。

ともあれここでは、「道徳性」とは自分の行為が「義務」（よいこと）に適合しているという主体の信念に本質をもつので、一般には「臆病」あるいは「勇気」とされることも、主体の確信（信念）においては道徳的な行為と見なされうる。つまり、ある道徳的行為は、彼の「信念」の表現を通して他者の承認を受けたりまた受けなかったりするが、しかしそのことによって良心の「行動」は、社会の中での現実性の地盤をもつことになるのである。

こうして、「良心」は、義務についての純粋な内的確信（知ること）であるという本質を得るから、この「自由な確信」自体が本質的なものであって、特定の義務内容をこれに優越させることはできなくなる。

というのは、どんな義務の「内容」であれ、必ず一定の限定をもっているからだ（⇩たとえば、子供により多くの授業を与えよという命題は、教育の〝ある面にとって〟はよいがある面では悪い）。

実際には、現実的な場面で「義務」（為すべきことの善悪）はさまざまに対立するし、また一般に義務は個別的なものと普遍的なものそれ自身の対立をもつから、義務の内容を普遍的なものにすれば個別的義務の対立という難点を克服できるだろう、と考えたところで無駄なのである。

たとえば、右の論法でいくと、「公共的福祉」の方が普遍的な義務だというわけで、つねに「公共の福祉」を「個人の幸福」に優先させるべきだということになるかも知れない。しかし、ここでの「普遍的義務」とは、すでに「法」や「制度」として一般的に存在しているものにすぎず、良心の義務の信念というものは、そもそも既成の善悪からは独立したものである。

良心の本質は（⇩分かり切った「正しいこと」に従うことではなくて）、むしろあることが正しいかどうかを自分の判断、決断、信念にかけて表明し、そして行為することにあるから、そういう一般的な「普遍性」に「義務」を置くことはむしろ良心にそわない。また、内容的に言っても、ここでは「公共の福祉」自体が「個人の幸福」に対立するものでありうる。すなわちある限定（不十分さ）をもっているからである。良心とは、本来これら既成の「法」や「制度」（の不十分性）から自分が自由であることを知っている意識だから、そもそもこれに従うかどうか自体が良心の内的判断の対象なのである。

さらに言えば、普遍的なものと個別的なものという区別自体が、それほど判然としたものでも固定的なものでもないことが分かる。つまり個人のためになした行為が公共のためになるということもあるし、個人の満足がすなわち他人のためになる、という形をとることもありうる。個（自分）に対する義務を果たすことが、社会に対する義務をはたすことでありうるのだ。

すると、いまどういう行為がどの程度社会に役立つものであるか、といった『**諸義務の考量と比較**』(455, 349)という考えが現われるが、本気でそういう考えをとれば、道徳性とは当人の判断力のあるなしに還元されてしまうことになるだろう。良心はそういった客観的な判断に根拠をもつものではなく、本来自己意識が主体の自発的な選択と決断に信念をもち、行為するところにその本質をもつのである。

(⇓)ヘーゲルのニュアンスは以下。ここでは、絶対的、客観的には正しさの知は存在しない、にもかかわらず、主体は自分で考えて、自己の正しさの信念にかける。そのあり方が良心の「絶対的至上権」の本質だということ。ここは重要。カント的「道徳」では、あることがらが正しいか正しくないかはほとんど自明のこととされる、つまり誰が考えても分かるようなことが道徳的判断の対象となっている。その前提の上で自分にとってつらい選択でも正しいと知るかぎり行なうというのが道徳性の本質とされる。ヘーゲルでは、何が正しいかは絶対的には分からない。とくに社会的な正しさの局面ではそういう場面がきわめて多い。ひょっとしたら間違うかもしれないが、しかしそれでも自分はこれが「正しい」という内的な信念をもつ、そのかぎりでこの「正しさ」の信念を表明し、その上でそれを行ないたい。これが良心の本質ということになる。

こうして、良心は、自体存在と対自存在との統一のうちで、言いかえれば、「純粋な思考」(=普遍性)と「個性」との統一として「行為」の本質をもつ。すなわち良心とは、自己とその判断の個性の中で、社会的な普遍性をつかみそれを体現しようとする道徳性の意識であると言える。その積極的な本質は、何が「正しい」ことかについての判断を、客観的で自明な基準に照らすのではなく、自分の個性（感性・傾向性）を通した内的確信、自己納得を通してもつ点にある。したがって、良心にとっては、自分とは独立して（対立して）立っている既成の諸制度（⇩おきて、法の正しさ）は、むしろ克服されるべき一つの契機にすぎない。

こうして、良心にとっては「何が正しいか」についての「普遍的な知」（絶対的、客観的な知）が問題なのではない。「純粋義務」とは、良心にとっては一つの枠組み、理念にすぎない、むしろその内実を、自己の個体性、自己の内的納得を通してつかみとること、あるいは自己の個性においてそれを生きる、という点に決定的な重要性がある。まさしくこういった契機によって、「純粋義務」（普遍的な正しさ）という概念の抽象性は、良心において止揚され、豊かになるのである。

繰り返せば、良心はおよそどのような義務の内容からも自由であって、その絶対的根拠を、何が正しいかについての個人の個性を通した内的な納得と信念という点にもつ。そのような意味でそれは「絶対の自主性という至上権」をもっているのである。

（⇩）こうみてくると次のような文章もさほど難解ではなくなるはずである。『こうして良心は自分を確信している精神であり、自分の真実態を自己のうちに、義務についての知としての自分の知のうちに、備えているのである。そうしてこの精神がこのような自体存在と対自存在の統一のうちに自分を維持しているのが何によるかと言うと、およそ行動のうちにある肯定的なものは、義務の内容にしても、義務の形式ないし義務についての知にしても、いずれもひとしく自己に、すなわち自分だという確信に所属していること、これに対して自己にとって自分とは違った独自の自体としてあくまで対立しようと欲するものは真ではないものとして、ただ止揚せられたものとしてのみ、すなわちただ契機としてのみ妥当するということ、まさにこのことによっているのである。』（456, 349）

〔断言の言葉〕

かくして、「良心」は、自己のうちにその真理をもつ純粋な知になったが、それはそのまま「他者に対する存在」としての本質をもっている。「良心」における純粋な知は、「没価値的なおきて」（自分自身のうちでのみ自立している命令）ではなく、他者の承認を必要とする。だが、ここで「良心」はひとつの矛盾に出会う。

「良心」は道徳的意識とはちがって自分の知を行動に移そうとするが、どんな行動も「ひとつの限定された行動」であって、この行動の普遍性について、すべての人の賛同をうるというわけにいかない。ここで、「良心」は、その「内的な義務」と「具体的な行動」というふたつの契機のあいだで分裂することになる。

「良心」にとって「行動」は自分の「義務」についての信念の表現であるが、この「行動」の結果は他者からは限定されたものとしての評価をうける。そのため、「良心」の方では、「行動」とそれを支える自己の内的な「純粋知」との間で「ずらかし」を行うこともまた可能となる。というのは、他者は「行動」をある思想の表現と見てさまざまに評価するのに対して、良心は良心でその内的な動機を自分で何とでも正当化することができるからである。

そのような事情があるため、この「行動する良心」が果たして真に「善」なのかそれとも「悪」なのかを決定することが自他ともに極めてむずかしくなる。他者はそれを「悪」だとみなすことがありうる。他人の方もまた、良心の「行動」とその内的動機をなんとでも解釈する。彼らは彼らで自分たちの立場から好き勝手に良心の「行動」をあれこれ評価する自由があるからだ。

しかし、良心が良心たる所以は、自分の内的な義務が自分自身を支えとしている、という点にある。自分の「行動」がほんとうに「善」であるか「悪」であるかの正当な評価を他者から受けられないとき、良心はそれをどうでもよいこととせず、何らかの仕方でその根拠を自ら支えようとする。もしこの自分の普遍性についての内的な自己確信がなければ、良心のすることは、単なる「自己満足」ということになるであろう。

こうして、良心は自分の行動と義務の普遍性を、別のかたちで、つまり「言葉」によって支えようとする。この場面では、自分の普遍性を確信するその「言葉」(断言)が、良心における精神的な「現実存在」(そこの存在)となる。

「言葉」は自分を自ら外化するものだが、そのことで人は自己の内実を対象化し、他人たちの中でその承認を聞き取る道をつくりだす。つまり、言葉による自己外化によってはじめて、他者を通して自分の本質を「聞き取る」ことが可能となる。これが「言葉」が良心にとって持つ運動の形式性である(⇒ヘーゲルでは「断言」とされているが、これはおそらく信念の単なる表明ということを越えて、その根拠を意を尽して「言葉」にすること、を意味している)。

このような良心は、また内実としてはもはや「教養」の分裂した自己ではなく、真の意味で自己に帰還した自己となっている。

人倫的精神における言葉は「おきて」であり、また、「歎声」つまり「必然性(さだめ)」についての落涙」だった。道徳的意識における言葉は、自分の内面にとじこもった無言の（義務の）「声」だった。ここでは自己はまだ「現実存在」（定在）をもっていなかった。だが、良心における言葉において、自己は、他者に承認をうける普遍性をもった自己という存在可能性をつかむのである。**『良心の場合の言葉の内容は、自分が本質であることを知っている自己である』**（459, 351）。

つまり、良心はそのようなものとして自己の内実を言明する。そしてこの言明が、良心の信念、および行動の普遍的な妥当性の可能を、はじめて保証する。行動というものはたしかに限定されたものだが、それを支える信念の内実が言明されることで、行動の限定性は乗りこえられるからである。いわば言葉においてのみ、その「行動」が義務にかなうものだという信念の普遍性が証される。言葉においてのみ、信念は、その自己確信が普遍性を保っていることの現実性をつかみうるのである。

ここでの言葉はだから、ただ信念の内実を「抽象的」な概念の形式に置き換えるというのではなく、自分自身の直接的な確信を「断言 Versicherung」という形で外化し、そのことで自己の信念の内容を他人の承認のうちにさらしつつ、そのことでまたこの信念を自分のうちの現実的な存在として確定するという意味をもつ（⇩**『したがって、この断言が断言しているのは、意識は自分の信念が本質であることについて信念をもっているということである』**（459, 352））。

ところで、行動が義務の信念からの行動であるということが、ほんとうに「真実」であるかについて疑問が生じたのだが、その理由は、言明された信念が真の動機から出たものかどうかという疑い、じつはその動機は普遍的なものではなく、「個別的な自己の動機」に発するものでないかという疑いによっていた。しかし、ここではもはやそのような個別性と普遍性の区別は「撤廃されている」ことが分かる。

じっさい、良心はこの区別の撤廃のうちに成立する。良心の本質は、自己の普遍性についての自己確信ということにあるので、良心にとって最終的に必要なのは以下のことだからである。つまり、**『自己がかく正義であるのを知るということ、また自分の知と意志が正義であるという信念を自己が言うこと、ただこのことだけである。この断言という言明がそれ自身において自己の特殊性という形式を撤廃する所以のものであり、自己は言明することにおいて自己にとって必然的な必要な普遍性を承認しているのである』**（460, 352）。

「良心」は、こうして、自己の義務の信念を言明することを通して、はじめて本質的に「良心」たる存在となる。この言明（断言）こそが、良心の本質、自分自身の正しさの内的な自己確信を普遍的な承認において得ることの前提条件だからである。この断言だけが良心の普遍性を根拠づける。

しかし、それが根拠づけうるのは信念の普遍性であって、個々の「行動」の内実や結果それ自身ではない。個々の行動の内というものは本質的にそのつど限定されたものであるから、それは普遍性の確信からは決定的な重要性をもたないものとなる。普遍性は行動の内容においてではなく、行動の形式のうちにのみ存在することになる。それを表現するのが「言葉」なのである。

（⇓）ヘーゲルによれば良心は何が絶対的に正しいかについての全知のありえないことを知っている。にもかかわらず良心は、自己の内的な正しさの信念にかけて、それを行為にもたらそうとする。そのとき二つの問題が現われる。一つはこの信念の「普遍性」を何が保証するかということ、もう一つは、この信念の動機上の真偽である。ヘーゲルの答えは、良心が自分の信念を、それが正しいと思える根拠を「言葉」によって表現し尽そうとすること（＝断言）、このことが二つの問題を解決する。というのは、まさしくこの試みによって各自の信念は「事そのもの」の相互承認的営み〈批評〉の中に投げ入れられ、そのことで〈その成否は別にして〉他者の承認の契機を確保するからである。またこの試みによって自分の個別性を通して普遍性につながりうる道すじを見出すからである。

〔二　美しい魂〕【C】　〈西〉

〔道徳的天才〕

このように言葉による承認を得て、良心は、限定された掟や特定の内容を超え出た「至上権」を獲得し、自分の好むままの内容を自分の知と意志のうちへと差し入れるようになる。すなわち、良心は「道徳的天才」となって、みずからの直接知の内なる声〈かくかくすべきだとじかに迫ってくる内心の声〉を、神の声とみなすのである。だから良心の行為は、「神への奉仕」という意味をもつことになる〈⇩当時のロマン主義の哲学者ヤコービの立場が念頭に置かれている。へーゲルからみれば、神の声に従うこの道徳的天才も、じつは恣意的な内容を義務とみなしているにすぎない〉。

〔教団の神奉仕〕

この孤独な神奉仕は、しかし本質的には、「教団の神奉仕」という集団的な形態をとることになる。「純粋に内面的に自分自身を知りかつ聴く」という孤独な神奉仕は、「意識」〈⇩対象意識のもつ対象性〉の契機を獲得することが必要だからである。すなわち良心は、人々に対してみずからの知と意欲を普遍的なものとして言明し、彼らの承認を獲得する。そうすることで良心の自己は〈対象的な場面において〉妥当し、その行為にも現実性と存立性とが与えられるのである。ここでの人々の結びつきは、『彼らの良心性や意図の善良さを互いに確認し断言しあうこと、互いの純真さを歓びあうこと』(461, 353) というものである。

こうして意識は、本質実在が自分のうちに無媒介に現在していると感じているが、しかし、本質実在と自己とはやはり異なったものだとみなしている。対象意識(本質実在の意識)と自己の意識とはまだ区別されているのである。しかし良心は完成すると、この区別を撤廃し、本質実在とはまさに「この自己」なのだ、という自覚へと至る。『意識は自分の自己が、生きている自体であることを知り、そしてこの知をもって宗教であるとする』(ibid.)。この宗教とは、具体的には、教団が自分の精神について行う語らいとしてある。

(⇩) 金子武蔵によれば、ここで念頭におかれているのは、ロマン主義的な宗教学者シュライアーマッハーであり、彼が属していたヘルンフート派の教団である。内容的に重要なのは、互いの魂の美しさを教団内で語りあうことで、実際の行為という契機が不要になること。この点は次項で指摘され批判されることになる。さらに、教団の語らいのなかで「自己と本質実在とが一つだ」という自覚が得られるが、これが対象意識と自己意識との統一でもある、とされる点で、ここでの良心がすでに「Ⅷ 絶対知」にきわめて近づいていることが示唆されている。

〔「美しい魂」の崩壊〕

こうしてあらゆる外面性が消失し、自己意識は「自我は自我である」という直観のうちに還帰し、自我があらゆる本質態となる(⇩自己と対象との同一性が成立し、絶対知にきわめて近いところに達している）。こうして「絶対の自己確信」が成立したのだが、しかしそれは「絶対の偽り」でもあって、おのずと崩壊せざるを得ない。

なぜならこの絶対の自己確信は、完全に内にこもっていて対象性をもたないからである。対象化したとしても、帰ってくるのは自分の木霊だけだ。すなわち『**この自己には外化する力、すなわち自分を物となして存在に耐え忍ぶ力が欠けている**』（462, 354）。この意識は、自分の心胸の純潔を保とうとして現実とのふれあいを忌避しており、為すことは「憧憬」だけである。

意識はこうして、不幸ないわゆる「美しい魂」となるが、結局は、不定型な蒸気のように消えてしまうのである。

（⇒）ここでは、ロマン主義の小説家ノヴァーリス（『青い花』は有名）が念頭におかれている。また、「美しい魂」という言葉は、最初シラーが用い、さらにゲーテの『ヴィルヘルム・マイスターの修業時代』の第六巻「美しい魂の告白」で広く知られるようになったもので、内面の美しさを大切にするあまり、現実との接点を失ってしまう魂のありかたを指す。ここでいったん滅んでしまった「美しい魂」は、次節で、「批評する良心」という仕方で復活する。

〔三　悪とその赦し〕【A】

「良心」という意識の「対象」は「普遍的な意識」なのだが（⇒普遍性を求めること）、これに対して意識それ自身の本質は、「自分自身を知っていると知ること」（自己了解しつつある自己）とされた。

そこで、すべての人々が互いに良心的に行動していることを「言葉」によって承認しあうという場面において、対象としての知の普遍性（＝同）は、個別的な意識の間で「不同」（さまざまな信念の対立）とならざるをえない。ここから自己確信（信念）としての「良心」における、「個別性」と「普遍性」という二つの契機における対立が生じることになる。

「良心」は、最初は、限定された一般的な義務（かくなすべしという一般的「おきて」）に対しては否定的な態度をとり、自分はそういう個別的義務から自由であると考えている。そうして「良心」は、自分自身の内部で捏造した「普遍的なもの」を、この個別的義務に関わらない「純粋義務」（普遍的な義務）の内実として打ち立てる。

しかし、やがて「良心」は、この「普遍的な意識」としての「純粋義務」の内実が、じつは「限定された個体性としての自分の自己」に由来するものにすぎないことを意識する（⇒この「ほんとう」は結局自分だけの「ほんとう」＝自己信念にすぎない）。こうして「良心」は、自分が持っている「純粋義務」なるものが、対自と対他（他者にたいして）の間で解きがたい対立のうちにあることを知ることになる。

〈**行動する良心の悪**〉

「良心」は「行動」する良心という態度をとるとき、右にみた「個別性」と「普遍性」という両契機の本質的な対立を自覚する。この対立は、良心の内側では二契機の内的対立だが、現実的な場面においては、一つの「行動する良心」と他の「行動する良心」との対立として現われる（⇒「良心」どうしの信念対立として）。

「行動する良心」の特質は、「自分自身だという確信」の側面が本質的であり、その行動の内実の普遍性（⇩絶対的な正しさ）のほうは一契機にすぎない（二次的）と感じられている点にある（⇩「行動する良心」にとっては、自分が正しいと信じるところを実際に行動する、ということが大事。それが絶対的に正しいかどうかは、全知がない以上二の次になる。理論よりも実践することが大事、という感度）。

そこで、これに対抗して、行為の「普遍性」こそが本質であり、個別性としての「自己確信」が一契機にすぎない、という考え方が現われる。この考えでは、純粋義務の立場（⇩信念の内実が普遍性をもつこと）が重要なので、不確かな「自己確信」に固執していることは「悪」と見なされる。

なぜなら、行動する良心の「自己確信」の意識は、そこに生じている「不同」、つまり矛盾と対立を意識しているにもかかわらず（⇩多様な信念が存在し、そのどれも絶対的正しさを確証できないことを意識しているにもかかわらず）、あくまで「自己の信念」の絶対性を主張するからだ。このためはじめの行動する良心は、もう一方の良心から「偽善」や「悪」と見なされることになる。

さて、この対立の運動は、まず悪と批判された行動する良心が、その「自己信念」とそれが言明する「普遍性」とをとりあえず「一致」させようとする試みとして進展する。つまり、まず行動する良心の「偽善」があばかれ、自覚されることになる。

「偽善」という意識においては、じつは何が普遍的なものかは暗黙のうちに知られており、かつ認められているのだ（「個別意識」と「普遍性」との潜在的な一致がある）、という説があるが、それは間違っている。偽善とは、ある普遍的なもの（善）を、自分を利するために他者に対する「何らかの手段」として利用しているにすぎないから、じつは普遍的なものを軽蔑しており、そんなものは虚妄にすぎないという意識を示しているのである。ともあれ、この偽善の克服は、個別的意識が自分に固執するかぎりは不可能だし、また普遍的意識が外側からこれを批判することでただちに成就するわけでもない。

個別の行動する良心が、自己の内の「普遍性」の契機を無視して外からの普遍的意識の批判を受け容れず、自分の行動を自己の内的良心に従った正しいものだと強弁しても、まわりはこれに納得せずただ個別的意識の一方的な「断言」と見なすだけである。そして、行動する良心が自分の行動はあくまで「自分の内的な良心」に誠実に従った結果だから正しいと自己を正当化するとき、じつは自分を「悪」と認めていることになる。このとき行動する良心は、自分の個別性でしかありえないものを、普遍的な法則であると強弁していることになるからだ。

だから、自分は、人の利益を損なっても自分の良心にしたがってじつは「正しい行為」を行っているのだと言う者は、じつは自分は自分の勝手な「信念」のために人々を利用している、と告白しているに等しい。「良心」とは、本来的に、内的な自己確信に固執するのではなく、あくまで「普遍的なもの」に根拠を持とうとすることだからである。内的な「自己確信」が「現実性」を獲得するためには、このことこそ不可欠であり、したがって、自己確信の言葉は、あくまで他者たちから「承認せられた義務」としてその実を示さねばならないのである。

しかし、他方、普遍的な意識、つまり「批評する良心」が一方的に相手を「悪」とする自分の判断に固執しているだけでは、相手の「偽善」を自覚させてこの矛盾を解決する道にいたることはできない。批評する良心は、行動する良心の矛盾と偽善を見て、「不可」とか「下賤」とか非難の言葉を浴びせかける。しかしこのとき、この判断の根拠となっているのもじつはまた批評する良心の「自分の法則」(=内的信念)だということが明らかになる。

批評する良心は相手の信念の「個別性」をついてこれを批判するのだが、この批判自体が、必ずしも普遍的な承認を得ていない一つの「内的信念」にすぎぬことが露呈してくるのである。そしてそのことで、行動する良心の「内的信念」のあり方も相対的に正当化されてくる。つまり、どちらも結局は自分の内的信念じゃないかということになるのである。

〔**批評する良心の悪　告白に対する頑なな心**〕

しかしそれでも行動する良心を悪とする批評する良心の批判は、矛盾を推し進めて対立を克服する契機をもっている。

批評する（判断する）良心は、「行動」という現実的な場面に踏み込まないゆえに、行動する良心がぶつかる個別性と普遍性の対立という矛盾にぶつからないですむ場所にいる。つまり、それは具体的に行動せず、ただ「判断」するという態度をとっているだけだ。だがこれはこれで、すでにひとつの「偽善」的側面を含んでいる。そこで、行動する良心の方でも、相手に自分と同じ欺瞞の存在することに気づくのである。

というのは、義務の意識がただ「受け取る」（判断する）という受動の態度だけをとるなら、それは、絶対的な自己決定性（自分で判断し、この判断にもとづいて自分で行動する）という「純粋義務」の本質に矛盾することになるからだ。

批評する良心は「判断」するという領域から踏み出さないことで、はじめて自分の「純潔」を保っているのだ。しかもそれは、「判断すること」をもって現実の行動（の代わり）として受け取ってもらいたいという心意を動機とする。すなわちここには、相手の「悪」を指摘する「卓越した心情」を表現することで自分の「純潔」を認めてもらいたいという私的動機の「偽善」がある（⇒行動する良心も批評する良心も、普遍性を僭称しつつ、その内実は、自己の「正しさ」を他者から承認されたいという自己動機からそうしているにすぎない、ということ）。

こうして、批評する良心のほうでも、行動する良心が孕んでいたのと同じ偽善、その言うこととその実際（行為）とを一致させようとしないという偽善が生じている。両者の違いは、一方その「行動」が利己的であるのにたいして、他方では「行動」そのものが欠けているという点にある。義務（正しさの判断）と行動とは不可分のものなのに、ここでの「義務」は実行を欠いているのだ。

とはいえ、批評する良心における「判断」（批評）の側面は、それ自体がある意味で「行動」であるという積極的側面をもっている。そしてこの側面を介して、批評する良心のもつ矛盾もまた両者の同一面（欺瞞・悪の面）もより明らかになってくる。

行動する良心は、ある具体的「行為」を自分の「義務」だと言明するが、批評する良心もこれを完全には否定できない。「義務」はいわばどんな内容をも受け入れる形式であり、どんな「義務」も、特殊的な側面（私的な側面）をもつと同時にまたある意味で普遍的側面をもつと言えるからだ。

ところで、批評する良心が行動する良心を批判するその仕方は、相手の行動の私的な一面だけを拡大することによってである。つまり、批評する良心は、相手の行動を、ただその「意図や利己的な衝動のばね」だけから「説明」する。どんな美しい犠牲的行為、献身的行為、英雄的行為もじつはそのうちにある自己満足性、自負の念、名誉欲等から出たのだと説明されてしまうからだ。どんな行動にも、その行動の功績を自らのものとして喜ぶという自己意識の側面がつきまとっている以上、この批判を完全に否定することは難しい。

ここをついて批評する良心は、行動する良心の「動機」が個別的なものであり、不純なものであることをいつでも指摘できるのだ。たとえば、「侍従には英雄なし」ということわざがあるが、これは英雄が問題というよりもむしろ侍従のほうに問題がある。どんな立派な人間（の行為）にも自己動機の側面があるが、侍従の目からは、つねにこの動機だけが人間のあらゆる行為の真の理由と見えるということなのだ。

こう見てくると、じつは批評する良心も「下賤」（偽善的）であることが分かる。この意識もまた、相手の動機の自己中心性を言い立てることで、じつは自己の純粋性と普遍性を相対的に確保しようとしているからである。つまり、批評する良心はこの批判によって、『**実行の伴わぬ自分の語らいをひとつの卓越した現実として受け取ってもらいたいと要求している**』（468, 359）。

このような経緯で、行動する良心は、自分の偽善を批判している批評する良心のほうも自分と同じく欺瞞的存在であることに気づく。そこで、行動する良心は、この「同」（両者がじつは同じ存在であること）を直観しつつ、自分の矛盾の「実情」を告白し、自分のほうでそのことを認めたのであるから、相手もまた自分と同じく矛盾をもつことを告白し、そのことで互いに「承認」しあうことを求める。

つまり、ここで行動する良心は自分の「悪」を認めその「告白」を行う。しかしそれは一方的な悪の告白、懺悔ではなく、自分も君もともに矛盾を持っているので、そのことを認めあおう、そのためにまず自分から自分の非を認めよう、というたぐいの告白なのである。

ところが、これに対して批評する良心は、この申し出を頑固に拒否する「頑なの心胸《むね》」の持ち主という態度をとる。そして、「これによって舞台は一変する」。

告白した側は、この態度をみて、不正であるのはむしろ自分より相手であることを知る。批評する良心は自分のほうは内面を表現せず、ただ「魂の美しさ」だけを押し出して相手を非難するという態度を取っている。ここに及んで「自己自身を全的に知って確信している精神」(良心)の「至上の反抗」が生じる。

行動する良心は、相手に、自己だけに固執する内閉的な精神のありかたを直観する。相手もまた一つの普遍性を求める「思想」としての精神であるはずなのに、また行動する良心が偽善を告白し、自己の孤立性を捨てて他者とのつながりを求めたにもかかわらず、批評する良心は、観念的な純粋知として相互的な承認を拒んでいるのである。

このことによって、むしろ批評する良心こそが「精神」の本質を見損ない、否認する意識であることが明らかになる。ここで批評する良心が認めようとしないのは、「精神」とは絶対的かつ全的な自己確信としてその行為と現実の本質的な根拠であり、したがって行為や現実の過ちをつねに取り戻しうるような存在であるという、まさしくこのことにほかならない。

また批評する良心は、行動する良心の告白を言葉(語らい)のうちでの「放棄」にすぎず真実のものではないとしながら、自分のほうは自らの「確信」を「行動」に移さず、ただ内面の言葉としてだけもつというひどい矛盾に気づこうとしない。この非寛容こそ、批評する良心が「精神」としての本質を失っていることの証しである。

さて、このように、「自分自身であることを確信している精神」もそれが「美しい魂」という形をとっているうちは、自分自身の「魂」という純粋性にしがみついていて、自らを外化する力をもたず、自己を現実的な存在とすることができない。「美しい魂」はこの自己矛盾を越えることができず錯乱して狂気に陥るほかはない。これを克服できないかぎり、ただ純粋に美しいものへの「憧れ」に焦がれることの中でやつれて消えうせてゆく運命にあるのだ。

〔赦し〕

かくして、行動する良心と批評する良心との「真実な同一化」がなしとげられねばならないが、そのためには、「頑なの心胸《むね》が砕けること」、それが「普遍態」にまで高まることが必要である。つまり、批評する良心のほうも、行動する良心が告白において果たしたと同じ態度を取るのでなければならない。

そもそも「精神」の犯す誤ちというものは、それが正しい仕方で自覚され了解される限り本質的に止揚され取り戻されうるものなのである。行動する良心は自分の個別性に依拠する意識だが、その具体的な個々の行為の意味は「道徳性」全体における個別的な契機としてすぐに消失してしまうはかないものだ。しかしこれと同様に、自分の本質を個別性ではなく普遍性にあると考える批評する良心も、じつはやはり全体のなかの一契機にすぎない。したがって、双方が自分への固執を放棄し、自分が契機にすぎないことを認める必要がある。

すでに「行動する良心」は相手のうちに自分（と同じ側面のあること）を認めて、自分の非を告白することで存在の現実性をつかんだのだが、同じように、批評する良心もまた自分の非をみとめねばならない。そのことによってはじめて「赦し」は成立する。

行動する良心は、いわば自分（の強固な立場と信念）を投げ捨てることで、一歩先に自己の普遍態を獲得する可能性をつかんだ。批評する良心のほうも、相手のうちに自分自身を認識して相手に「赦し」を与えることではじめて自分の普遍性を取り戻すことになる。

この「赦し」は、批評する良心が相手のうちに認めていた「悪」の要素を自分自身のうちにも認め、自分の絶対的正当性を投げ捨て相手を「善」と認める、というかたちではじめて実現される。この相手に対する「然り」という和解の言葉は、自分を普遍性だと認識するものが、同時にその反対の「個別性」でもあることを認めることを意味する。このことによって、対立するものどうしの相互承認が成立する。そしてここに「絶対精神」の本質が示されるのである。

このように、「絶対精神」とは、「自己確信」(自分自身への純粋な知)のあり方が同時に自己自身との対立や交替として現われる運動の経緯をへて、その頂点に現われるものだ。

いまこの過程をたどり直してみると以下のようになる。

精神は、自分自身を普遍態として、つまり純粋な普遍性に繋がっている存在として確信しているときには(⇒つまり批評する良心としてあるときには)、行動する良心をそこから離れた個別性としての「自己確信」、つまり「悪」と見なす。逆に、自らの個別性のうちに「自己」の本質をつかむ行動する良心は、相手を「ただ他の人々に対して」という契機の中でしか存在せず、「自己」の本質を失なったものとして批判している。そのような形で、両者はともに自分の中で自己確信を絶対化して対立している。

両者ともに「自己を確信する二つの精神」なのだが、はじめ両者は、たがいに絶対的な「普遍性」(批評する良心)と絶対的な「個別性」(行動する良心)のうちに「自己確信」の本質をみているため、対立を克服することができない。この対立は、両者の概念の対立、つまり、自分自身の本質をどう捉えるかの相違から現われている。

両者はともに、純粋な「自己確信」として(純粋な概念として)存在している。だが互いがこの関係のうちに対極的な本質を見て対立するのは、やはり互いの「自我」を通してである。「自我」を通して、両者は現実の関係の中で対立を意識し、その対立の意味を自覚する。そしてこの対立の運動だけが双方の自覚を深めて対立と分裂を克服する方向へと導くのだ。

対立の両項をなしているのは、純粋な「自己確信」が本来孕んでいる二つの本質的契機である。そして互いの「自我」を介した対立の運動の中ではじめて、相手のうちに自分のもう一方の本質的契機が存在することを認めあうことが可能になる。

この「然り」（⇒相互承認の）言葉によって互いの自己放棄が生じ、そのことで、分裂していた「自己確信」の本質がはじめて統一と調和を見出す。それはつまり、知の普遍に繋がる連続性が純粋に孤立した内面の対立を介してはじめて確保される、ということである。この「然り」のうちにこそ、純粋な「自己確信」＝「自己自身を確信する精神」が、対立の必然的運動の中で分裂を克服して見出すところの「神」（⇒実体としての精神）の本質が現われている。『**この「然り」は、自分が純粋知であるのを知っている両方の自我のただなかに現われてくるところの神である**』（472, 362）。

第五章
宗教

「宗教」章頭解説（竹田）

◆「神」を自己の本質として知る精神

ヘーゲルでは、世界は「精神」それ自体であり、人間は「精神」の本質を分有した個別の精神である。そこで、『精神現象学』において「宗教」は独自の位置をもっている。すなわち、世界を自己の対象的な意識において経験する「理性」や「精神」と違って、「宗教」は、世界を直接「絶対者（神）」すなわち自己自身の本質として認知しようとする精神なのである。

ヘーゲルの宗教論は、まず彼のこのような体系の構図をつかんでおくと理解しやすい。後の『宗教哲学講義』でヘーゲルの宗教観をもっと明瞭に理解することができるが、たとえば、『宗教とは〈精神の本質を意識し自分自身を意識した精神〉である』という簡潔な定義がある。また彼はこう書いている。

宗教とは、『人間が取り組むことのできる最高のテーマであり、絶対的な対象である。（中略）それは永遠の平安の境地であって、この境地に達してこそ人間は人間なのである』（山崎純訳『ヘーゲル宗教哲学講義』創文社二〇〇一年p7）。あるいはまた、『人間が神のことを考えるということは、人間が感覚的で外面的で個別的なものを超えて高まっていくという歩みを言い表している。つまり、純粋なもの、自己と合一したものへと高まることが言い表わされている』（前掲書p47）。

そういうわけで、ヘーゲルでは、人類における宗教の歴史とはいわば「本体」から分離された個別の人間精神が、本体としての「精神」（絶対者＝神＝「実体」）を自らの本質として深く認識してゆくプロセスを意味する。また、「自己意識」→「理性」→「精神」という系列は、人間が、現実世界との関係の中で自己の本質をより深く認識してゆくプロセスだったが、「宗教」では、意識は、直接本体としての「精神」（実体）を対象とし、それを認識してゆくのである。

だからここには、もと一体だったものの再分割と和解、統合、また、悪と赦し（愛）、個別性の普遍性への再統合、といった特徴的なモチーフが繰り返しみられる。

◆宗教の最高の階段としての啓示宗教――キリスト教

さて、宗教はその発展の形式として、「自然宗教」（インド、ペルシャなど）、「芸術宗教」（ギリシャ）、「啓示宗教」（キリスト教）という段階をもつが、このプロセスは、人間精神の自己認識の「意識」→「自己意識」→「理性」という展開のプロセスとほぼ対応させられている。だからヘーゲルでは、啓示宗教としてのキリスト教は、人間が自己の本質として「神」という「実体」を〝知る〟その最高の段階である。

現実的「意識」の自己認識の展開は、さまざまな思想のかたちをとって最後に「哲学」に至るが、宗教的「意識」の認識の展開は、あくまで「表象」（イメージ）という形式のうちを進む。だからたとえば、創世記における神の世界と人間の創造、人間の堕落と堕罪は、人間精神が「個別性」として絶対的な「実体」から分離し、「悪」となったという事態の「表象」である。

同じように、神が子（イエス）をこの世に送ったこと、それが卑小な存在として人々の罪を担ったこと、そして昇天したあと再び復活したこと、また、宗教がそのような創世の「物語」をもち、礼拝や祭祀をもつことなども、すべて、絶対的一者からの「個体」の分離、悪、個別性と普遍性の葛藤、和解の試み、赦し、統合、調和といったことがらの、「イメージ」的表現だと見なされる。

とくに「父——子——精霊」のキリスト教的三位一体は、始原の「一」(神)、そこからの「個別性」の「精神」の分離(イエス)、赦しと復活を通して個別性としての「精神」が「共同的=普遍的」なものとなること、を意味する。

こうして、ヘーゲルでは、啓示宗教としてのキリスト教は、個別性としての人間精神が普遍的なもの、絶対的なものを自らの本質として認識する最高の段階を意味する。しかしそれが宗教であるかぎりでこの認識はあくまで「表象」の形式をとる。このために「宗教」のあとに、その「表象」としての自己認識を克服する契機として、「宗教」と「現実的精神」(=哲学)との和解、統合を意味する「絶対知」がおかれることになるのである。

繰り返すと、「現実的精神」は、自己と現実世界との関係の認識を深めてゆき、自己の個別性の本質を自覚しつつ、同時に他者との承認の契機を引き受けて自分自身の普遍的な本質を了解してゆく。その最後の地点が「良心」とされた。これに対して「宗教的精神」は、世界の本体=実体それ自体に向かう人間の意識であり、その認識は世界史の中で徐々に高まってキリスト教的段階にまで達する。そして、人間精神の「自己」についての本質の認識(現実的精神)と、「世界」それ自身についての本質の認識(宗教精神)が和解しかつ一致するところに、「絶対知」の境位が成立するのである。

A　自然的宗教【D】

ヘーゲルによれば、宗教とは「精神の自己意識」、「精神を知る精神」だが、その記述は、精神がその内的な運動によって徐々に自己の本質である「精神」(=神=絶対者)についての知(了解）を深めてゆく、という歴史的なプロセスという形を取る。その順序はつぎのようだ。
①宗教のはじめの（素朴な）概念それ自体。無媒介的宗教、つまり「自然的宗教」。
②はじめの素朴な自然性が「自己性」において止揚された形態。つまり「芸術宗教」。聖なるものについての人間の感覚と創造性の現われ。
③最後に、この二つの形態が統合、止揚された形態。つまり「啓示宗教」。

ここで、「自然宗教」は「意識」の形式における宗教、「芸術宗教」は「自己意識」の形式における宗教、そして「啓示宗教」はその統一態、つまり精神が自己の本質について自覚的となる形態と見なされる。

しかし、ヘーゲルでは宗教は「精神を知るところの精神」の展開ではあるが（⇒たしかに、ヨーロッパ中世では精神の自己理解は「宗教」以外の形をとらなかった）、あくまで「表象」（イメージ）という形式を通して行なわれるのであり、ここに、精神の本質の自覚の最高形態としての「啓示宗教」が、「哲学」へと移行して（あるいは統合されて）ゆくべき理由がある。

まず「自然宗教」は、「光」（の宗教）、「動植物」（の宗教）、そして「工匠」（の宗教）という進み行きをもつが、これは典型的には、ペルシャのゾロアスター教（光の神と闇の神）、インドのバラモン教（シヴァやヴィシュヌなど、聖獣的イメージを持つ多神教）、そして自分たちが作り上げた建築物や創作物（ピラミッド、スフィンクス、オベリスク、神殿など）を聖化し礼拝するエジプトの宗教を指している。

ふつう、われわれにとっては中国、インド、オリエント、ギリシャなど、異なった文明における「宗教」の多様性は、風土や歴史環境の違いによるものにすぎない。しかし、ヘーゲルはこれらの多様な文明の宗教の形態を、ある〝必然的発展〟の展開として描いている。

その理由は、ヘーゲルによれば、精神が自己を知るそのプロセス、つまり精神の自己理解のプロセスには段階的な〝必然性〟があり、世界史はこのプロセスの必然性を――ときには時間的な先後関係が逆になることがあるにせよ――、諸宗教の歴史としてたどることになるからである。

この考えの背後には、世界は「絶対精神」の運動であり、したがって必然的な発展形態をもつというヘーゲル独自の体系がある。現在の観点からは、このような歴史（宗教史）理解が受け容れがたいものであることはいうまでもない。しかし、さしあたりヘーゲルを読み進むためには、この枠組みを理解しておくと大いに助けになる。

たとえば、「意識」章においてわれわれは、「意識」が自己知を高めてゆくプロセスとして、「感覚的確信」→「知覚」→「悟性」という進み行きを見たが、この意識の展開の必然性が、ここでの「光の神」→「動植物の神」→「工匠の神」という宗教の展開のプロセスにも重ねられている。

ヘーゲルのニュアンスでは、「光の神」は、はじめに意識が世界を受け取る形態で、まず世界を一つのものとして、つまり「一元論的」に捉える。光はさまざまな存在者を存在させる根本的な「一者」である。しかしつぎに現われるのは、これに対立するものとしての「闇」であり、こうして「光と闇」の二元論は、はじめの素朴な一元論からの必然的展開である（⇓先に触れたように、ヘーゲルがさまざまな自然宗教の類型をどのように見たかについては、後の『宗教哲学講義』でもっと整理された形で書かれている）。

インドの聖獣神（ヴィシュヌ神やシヴァ神など）の範型はヘーゲルによると、世界の多様性の展開（神がさまざまなものに流出するという汎神論）を意味する。それは植物の平和と調和の状態から動物の世界の敵対性へと移行し、死と生の過酷な転変としての世界の表象となるが、これはまた同時に、カースト制に象徴される人間の隷属の意識の表現でもある。

エジプト的な「工匠」の宗教は、意識における「悟性」の段階を、すなわち意識が世界と事物の意味を「概念」によって対象化してゆく段階に対応する。ここで、ピラミッドやオベリスク（太陽神信仰を示す角柱）などが象徴するのは、隷属する人間が工作を通して、自己の存在と運命を意識化してゆくそのプロセスである。

エジプト的「工匠」の宗教は、人間が自己存在を「魂」として自覚するその萌芽があり、それは「スフィンクスの謎」という象徴的な項目で締めくくられる。つまり、その謎の「答え」は「人間」すなわち「自由な自己を知る精神」、あるいは「自己の分裂を知る精神」ということになる。

B　芸術宗教【D】

さて、「芸術宗教」は、人間が「自己意識」の段階へと踏み入ったことを象徴する。ヘーゲルは、ギリシャにおける宗教的事象だけでなく芸術表現を主要な考察の対象として提示しているが、その理由は、世界史の中でギリシャ文化のもつ独自の意味、つまりそこで一種の「擬似市民社会」が成立し、そのため人間の個体的な自覚が花開いた点を考えるとよい。

そこでヘーゲルは、まずギリシャの芸術的創造性・表現性を、人間が自己自身の神的な本性を自覚する一つの「宗教的」段階として置き、さらにこれに、「人間的宗教」の最高の形態であるキリスト教（＝啓示宗教）への媒介者の役割を見ている。ギリシャには人間の自己意識の形態としての「哲学」が登場するが、ヘーゲルの定義では、「宗教」は「イメージ」の形式での自己の本質の自覚の形式なので、芸術表現がそれを代表するのである。

「芸術宗教」の進み行きは「抽象的芸術品」（ギリシャ建築・彫刻や祭祀）→「生ける芸術品」（密儀・祝祭的競技）→「精神的芸術品」（叙事詩・悲劇・喜劇）となる。ギリシャの建築や彫刻などの芸術の意味は、ギリシャ的神々を芸術的に造形することを通した、ギリシャ人の民族精神の自覚の現われにある。

さらにそれは宗教密儀やオリンピアの競技的祭祀によって、人間の存在（本性）の神化という場所にすすむ。そして、ギリシャ的自由の精神は、その人間性の表現を、叙事詩、悲劇、喜劇という形式において最高度に示すとされる（神殿→彫刻→賛歌→祭祀→密儀→美しい身体→叙事詩→悲劇→喜劇という流れ）。

「叙事詩」において表現されるのは「神々」と「英雄」であり、また民族間の戦争である。この中で描かれるのは民族精神、歴史的出来事（戦争）の必然性、そしてそれらを通して現われる「人間」存在の普遍性とその「運命」だが（たとえばトロイ戦争におけるアキレウス）、しかしそれはまだ、人間的生活の「内容」を十分に表現するには至っていない。

詩人が人間生活の「内容」に立ち入るようになると「高次の言葉」が生じ、それは「悲劇」となる。悲劇が叙事詩と区別されるのは、悲劇においては人間の「性格」（個性）と情念（パトス）が物語の核心をなす点である。

「叙事詩」では、より上位の「必然性」が人間を運命の戯れの中に投げ込み、それは動かしがたいものと表象されるが、「悲劇」で問題なのは、個々の人間の欲望（パトス）と意志、そしてその「目的」である。このことで悲劇は、家族や国家といった現実関係の実体的な諸力を、その矛盾のありようを表現する。

矛盾はたとえば「国の掟」と「神々の掟」の避けられない対立という形を取り、行動する人間は「知と無知」という対立に直面し、過誤を犯し、そして最後に登場人物の没落がこの矛盾・対立のひとつの解決（浄化）として現われる。

このようにして「悲劇」は人間を、個的な「性格」（キャラクター）と「パトス」として描くとともに、それを現実の実体的関係の中で表現する。

「喜劇」はもう一歩をすすめる。喜劇では演じ手は仮面を外して、裸形の人間、生活の享楽をもとめる普通の市民として現われる。悲劇を支配していた現実関係の動かしがたさ、永遠性は退き、ここでは人間の絶対的主観が現われる。

人は欲望やより上位のものの必然にもてあそばれるが、それでも、そのような自分自身を客観視し、滑稽化し、ソフィスト的詭弁やソクラテス的イロニーの視線で自らを見つめる存在となる。国家と個体性の対立さえ、この関係自体が対象化され、嘲笑され、相対化される。こうして人間はその自己意識によって、自らがおかれた境遇を含めて自己自身の「主人」となるのである。

C　啓示宗教（キリスト教）【B】

「芸術宗教」を通して、人間精神は「実体の形式から主体の形式」へと移っていく（⇒自己自身の精神的本質についての明確な自覚の形をとること。世界は、「実体」と「主体」の運動として展開する、というヘーゲル図式に対応する)。その完成態である「喜劇」が象徴していたのは、「自己が絶対実在である」(⇒自己こそ真に存在するもの＝すべてを対象化する自己意識が世界の主人である)、という命題である。しかし一方で、ここではまだ「精神」はイロニーのうちにあり、一種のニヒリズムが生じていた。

〔一　**啓示宗教出現の条件**〕

ギリシャの美的宗教は、そのうちに古典的な「人倫」の精神を含んでいた。しかしイロニーの意識の中でいまやそれは没落する。共同体と人間の素朴で美しい倫理的結びつきは壊れ、つぎに世界を対象化する「自己意識」が登場するのだが、しかしローマの支配状態においては、人間の「自己」はただ「抽象的人格」として成立するにすぎない。

ローマの法的状態において、人間は「市民」という人格的主体となる。しかしこの人格は、じつは圧倒的な専制支配のくびきのもとにあり、主体が主体であるための真の生活条件をもてず、したがってただ、「思考」と「意識」のうちでのみ「主体」たりうるにすぎない。

こうしてここでは、劇的芸術、ストア主義の空疎な「人格」、動揺つねなき懐疑主義などが現われる(⇒プラトン、アリストテレスのあと、ギリシャ、ローマでは、ストア派、エピキュロス派、懐疑主義者などの哲学流派が登場する)。しかし、まさしくこれらが、「自己を精神として意識する精神」、すなわち、キリストの誕生のまわりを取り囲んでいた背景的諸条件となったのだ。そしてついに、イエス・キリストが、人間の「不幸な自己意識の苦痛とあこがれ」を体現しつつ、人間の姿をとった「精神」

の誕生、として登場する。

〔二　**絶対宗教の概念**〕

この「精神」、つまりキリストの誕生には二つの面がある。一つは、『**実体が自己自身を外化して自己意識となる**』（525, 403）という側面（⇩実体＝神的なものがキリスト＝人間の自己意識の姿をとって現われる側面）。もう一つは、逆に、『**自己意識が自己自身を外化して自分を**（中略）**普遍的な自己に為す**』（ibid.）という側面である（⇩主体＝自己意識が自分を展開して実体へ近づこうとする側面）。

そして、この両側面が歩み寄って「真の統一」が成立する。言いかえれば、真の「人間精神」を体現するものとしてのキリストが登場するには、人間の自己意識が自己こそ世界の主人であると自覚する側面と、実体としての世界のほうで、そのような精神を登場させる現実関係を準備する側面とが統合されるのでなければならない。まさしく、原始キリスト教においてそのことの条件が現われていたのだ。

キリスト教において重要なことは、人間の自己意識が神的なものを世界に投影してそれに熱狂するということではなく（⇩伝統的な熱狂の宗教、あるいはグノーシス派など）、「神」がまさしく「人間」の姿をとって（＝受肉）、現実に現われてくる、ということである。このことこそ、「啓示宗教」としてのキリスト教の決定的な重要性を示す。

つまり、『**この精神がひとつの自己意識として、即ちひとりの現実的な人間として定在すること**』（527, 494）、精神が無媒介の確信に対して存在すること、また『**信仰する意識がこの神性を見ること、感ずること、聞くこと**』（ibid.）のうちに、キリスト教の核心がある。

このことが表わしているのはまず「神が人間となること」、にほかならない。言いかえれば、「神的な精神」である「実体」が、自己意識の形態をもつこと。人間の偶有性や有限性をもってこの世界に現われるということである。このことで人間ははじめて、「神」もまた「精神」という本質をもつことを知るのだ。

ギリシャの宗教や『旧約』においては、絶対神はまだ、善、正義、運命、天地の創造主といった言葉で表象（イメージ）されていたにすぎず、まだその真の概念は知られていなかった。つまりそれは、「物語」と存在を形容する一般的な術語においてしか規定されなかった。しかし、人間の姿をとった神の登場は、まさしく「神」なる「概念」の本質を、まだ潜在的にではあるが人間に啓示することになる。

現実の人間として現われたイエスは、人々に人間の内的本質を教える。このイエスの像を通して人間は、自己の精神の本質が「神的」であるということを直観する。そのことが啓示宗教にとって本質的な点である（⇒『宗教哲学講義』でヘーゲルは、キリスト教は「愛の宗教」として現われたが、そのことの中心の意義は「人間の内面性の無限の価値」をはじめて明らかにし、啓示した点にあるとして評価している）。

しかし、イエスはその「神的側面」を人々に示すが、同時に生身の人間であるかぎりで、目的をもち、格闘し、苦悩し、最後に十字架にかけられて死ぬ、という否定的な有限性の側面をも現わす。だがまた、イエスは「復活」（ヨミガエリ）する。

「復活」が意味しているのは単なる奇蹟以上のことである。人々に人間の神的な本質を示したイエス自身は人間として死ぬが、しかし信仰をもつ人々の前にのみもう一度姿を現わす（復活する）。この復活によってイエスは、人間の神的本質に対する信を一定の人々（教団の共同体）に与え、そのことで現実的な「精神＝精霊」それ自体として〝よみがえる〟のである。

イエスの死後、イエスの本質としての「精霊」が人々の中に生き続けるが、それが「教団」（教会）の基礎となる。しかし、この「精神＝精霊」としてのイエスの生成の意味は、人々にとってまだ「表象」（イメージ）の形式にとどまっている。イエスが人間に示したもののうちには「神」（絶対的な実体）の本質的な概念が含まれている。しかし、それはここでイエスと「精霊」というイメージ（表象）の形でつかまれているのである。

宗教の歴史は、「精神」の本質的な運動の展開であるから、このイメージとしての「精神」の自覚がその「概念」にまで推し進められねばならない。

〔三　絶対宗教の概念の展開〕

〔純粋思考の境地〕

まず、「神」は「純粋思考の境地」（純粋な思考において考えられた神の存在）では、「実体としての精神」としてつかまれる。つまり「一にして、永遠なる実在」、言いかえれば「永遠の存在としての父なる神」である（⇒一にして永遠、無限なる実体としての神、はスピノザの「神」の定義）。

しかし、「永遠、かつ同一なる」存在とは一つの抽象的な規定にすぎないから、「精神」たる神の存在にはそぐわない。そこで、実体としての「神」はその本質的な「否定力」の運動によって自己を展開し、自ら一つの外的対象として外化する。そしてそのようなものとしての神は、表象としては「父なる神がキリストを遣わす」という一つの「出来事」として現われる。

この「出来事」が含む内的な意味は以下の三つである。①は、「実在」の契機（すなわち絶対的実在としての「父なる神」）、②は、実在の対象としての対自存在（神から現われて神に向かう自立的存在としてのキリスト）、③は、他者のうちに自分自身を知る契機（聖霊あるいは教会）。

つまり、絶対的実在としての「神」は、精神の本質として自ら運動するのだが、人間にとってそれは「神」が「キリスト」をわが子として地上に送るという出来事として表象される。これはちょうど、発された言葉が、言葉を発した者を残して言葉として自立し、言葉それ自身として聴かれることによってその本質を示す、という事情と似ている。

神を信じる人間はこの事態を「概念」としてでなく「表象」としてつかむ。つまりあくまで「父と子」というイメージにおいて理解する。絶対者たる「父」とその「子」の関係が意味する概念の本質は理解できず、これをたとえば歴史における奇蹟的出来事やその遺産として、つまり外面的な仕方でしか把握することができない。ここにあるのは本質的な「対立関係」ではなく、いわば素朴な形での「愛による承認」の関係にすぎない。

〔表象の境地〕

絶対存在としての「神」は、単に一にして永遠な存在ではなく、現実的な「精神」であり、そのかぎりでそれ自身本質的運動として自らを展開する。しかしこれは宗教ではあくまで「表象＝イメージ」として育てられるために次のような物語の形式をとる。

まず、それは天地の「創造」、そして人間の創造、という物語の形をとる。

はじめに創造されたのは、個なるものとしての自己（アダムとイヴ）である。この存在は、はじめはただ「無垢」なる存在であって、「善」とは言えない。そこでこの存在は「善悪の知恵の木の実」を食べることで悪に堕ちる、というイメージの中でその精神の運動を開始する。「善と悪」という相克の関係はここで「楽園からの追放」というイメージとして表現される。人間は自分の本来の存在から切り離され、そのことで「悪」なる存在となるのである。

神から人間が創造され、そこから善と悪が現われるという表象は、さらにさまざまな（数多の）新しい表象（神の子や天使や「四位一体」、「五位一体」など）を生み出すが、しかしその内容自体には重要性はない。

「善悪」の二力は、こういったイメージの中で人間に内在する本質的対立として表現される。宗教的表象としては、それはまた、自ら「身を低くした」存在としての、慎ましい人間性をもったイエス（善）、あるいはまた同時に「神の怒り」を受けた存在（悪）としての人の子、といった仕方で現われる。

このようなイエスの物語のうちに表現されているのは、本来的には、「絶対的実在」が自らを対象的な契機として分化（区別）し、しかしそれ自身においては一つの「絶対的統一」として存在しているということである。しかし表象の境地では、あくまでそれは「絶対的な善」としての「神」と、これに対している悪としての「人間」（あるいはキリスト）という像でつかまれる。

こうして、疎外され分裂した要素を克服し乗り超えようとする運動が、絶対者から自立的存在として分かたれたイエスの自由な意志による行為として示される。ここで重要なのは、自由な主体としてのイエスが、自らの行為によって「死へとおもむき」、それによって「神と和解する」という事件である（キリストの十字架上の死）。

この事件において、絶対的な精神は、その本質を「創造者」といった抽象的な存在においてではなく、具体的な人間精神として示す。またこのことによって、絶対的な「神」のいわば自己還帰の運動がひとめぐりする。キリストの「死」は、したがって「精神＝聖霊」としての神的な精神の「ヨミガエリ」（復活）を意味するのだ。

こうして「絶対者」は、「自己意識をもつ存在」という現実的な存在をいったん止揚し、「共同の意識」（教会の設立）となる。精神はいわばその存在の第二のイメージの境地（＝キリスト）から進み出て、「第三の境地」へと移行する。

もう一度確認すると、この表象の境地の進展において、まず神の存在が人間の姿をとるということは、「神と人間とが本来別ものではない」ということの表現である。また、悪の創出の物語は「悪の存在がもともと絶対者と縁なきものでない」ことをも示唆する。さらに、イエスの「受肉」（絶対者が現実の人間の形をとること）、イエスが自己を犠牲にして天にもどることは、神の存在の「自己還帰」という精神の運動の「表象」なのである。

神と子との「和解」の物語はまた、「善と悪」の本質的な相克の運動の表象とみなすことができる。

ここでたとえば「善」とは、「単一な絶対者」へ向かう心として、また「悪」とは「純粋な自立存在」つまり、神から離れて、自分自身に向かう心として表象されもする。しかしイエスの物語が表象するのは、そのような人間の精神における「善と悪」とが本来完全に対立的なものではなく、「精神」の本質としてその運動の本質として必然性をもち、したがって「統一」つまり「和解」の契機をもっているということにほかならない（⇓善と悪は、しばしば「同一＝ある」とか「非同一＝ない」といった実体的な抽象概念として置かれるが、どちらかに真理があるのではない。単一の同一体に区別が生じ、この区別が自らを区別して再び自己に還帰する、という運動にこそ真理がある)。

〈自己意識の境地〉

こうして「精神」は「第三の境地」、つまり「普遍的な自己意識」(=教団の精神)の境地へと進み出る。「教団」における自己意識の運動は、表象の境地に現われ出たものをさらに「顕在化」し、創出しようとする。イエスの死と復活はここで、「個的な自己意識」の消滅、そして「普遍的な自己意識」の生成であることが示される。

人間は、自然な生活を送る素朴な自己意識として生きるが、そのために人間は、いわばつねに「悪」であるという契機をもっている。だから自己意識は、自分がつねに「悪」の契機をもつことを知っている。一方で人間は、もはやイエスによる神とこの世界の悪の和解の物語に依拠することができなくなる。このため自己意識は、自己のうちの「悪」の自覚を、さらに人間存在に内在する「悪」なる本質、つまり「原罪」という仕方で表象することになる。

しかし、それはまた「和解」のはじまりでもあるとも言える。人間の「悪」の自覚は、自分自身を超え出ようとする内向の運動であり、はじめはまだ無媒介で単純な思いでしかないが、「教会」において一つの「媒介された運動」となるのだ。

はじめ、この内向の運動は、表象の境地として、つまり「神性」の「受肉」としてのイエスとその死と復活、といったイメージの中で行われていた。しかしここでは(「自己意識の境地」=教会)、イエスの「死」はその意味についての普遍的な「知」としてつかまれることになる。

表象としての「物語」においては、ここで、イエスの「死」は神と人間との和解を架橋する「仲介者」の死であり、そこには「神そのものの死」という不幸な意識の苦しみの念が込められている。つまり、この感情は、「実体としての神の死」の感情、したがって「絶対神」との対立の終焉の意識でもある。しかし同時に、イエスの死は「個人の消滅」という直接の意味を超えて「浄化」され、むしろ「実体」（神の本性）についての普遍的な「知」となる。

こうして精神は『**自分自身を知るところの精神**』（546, 419）となる。ここで教会の言う「聖霊」Geist とは文字どおり「精神」Geist（神的実体）の本質を意味する。このことで、「聖霊」は抽象的な実在としての神ではなく、「現実的な精神」として理解されることになる（⇒ヘーゲルでは、単なる実在としての神、「父なる神」は宗教的な表象としての「神」のイメージであって、「絶対精神」としての存在を示したものではないが、キリスト教はイエスの物語を通してこれを絶対精神についての本質的な知へと展開する、と考えられている。「聖霊」の概念はそれを象徴する）。

さて「精神」は三つの境地をくぐり抜けてここまで進んできたが、これが「啓示宗教」における「精神」の必然的運動のプロセスにほかならない。

つまりそれは『**悪を赦し、また赦すことにおいて同時に自分自身の単一性と頑なな普遍性とを止めにする**』（547, 420）ような「精神」の運動を意味する。またそれは、対立し合うものがじつは互いに同じものであるという認識の運動であり、そのことで相手を許し合い和解にいたる運動でもある。まさしくこのような意味において啓示宗教における「精神」とは、「主体」であるとともに「実体」でもある精神の運動にほかならない。

「教団」あるいはキリスト教会は、潜在的には、見てきたような、「主体であるとともに実体」であるという精神の本質的運動の契機を保っている。しかし、教会はこの契機をあくまで諸「表象」(イメージ)としてつかんでいる(キリストの受肉、堕罪、十字架、罪のあがない、復活など)。しかし、このことによって、絶対的な実在としての神が、単なる抽象的存在なのではなく、一個の「精神」(純粋な内面性)でもあることが人間に示されるし、またそのことが自己意識をして「善悪」の相克を通した内向へむかわせるのだ。

潜在的には、もちろんここに「人間」と「神」との和解のイメージがある。しかし教会はあくまで「敬虔な意識」であり、このことが示唆する潜在的な「和解」の意味を正しく捉えることができない。しかもこの和解の意識は分裂した意識であり、まだ「彼岸とこの世との対立」という枠組みのうちにある。つまりそれは、一つの「遥かに遠いもの」つまり、遠い未来の審判と救済の約束としてつかまれているだけである。

キリストが神の子でありながら現実の(この世の)父と母をもっていたように、「教会」もまた父と母、つまり永遠の愛の約束とともに日々なすべき行為としての課せられた義務とをもっている。だから、現実にある世界はいまだ矛盾にみちた不完全な世界であり、神との和解はただ潜在的なものにすぎない。

こうして自己意識にとっては、現実的な「精神」は実現されないままにとどまっており、本来あるべき「統一」はいまだ未完である。啓示宗教としてのキリスト教は、そのうちに「精神」の本質的運動の諸契機を展開させているのだが、「教団の精神」それ自体としては、まだ宗教的精神の本質的自覚にまでは達していない。

第六章

絶対知

「絶対知」章頭解説（西）

さて、私たちもとうとう最後の絶対知の章に入っていくことになる。この章はしかし、きわめて読みにくく錯綜した章でもある。詳しくその歩みをたどる前に、まずは、絶対知とは何か、についてふれたうえで、全体の流れを簡単に述べておくことにしたい。

◆絶対知とは何か

そもそも、絶対知とは何だろうか。それは第一に、対象と自己との同一性の達成である。対象意識と自己意識との統一、対象のなかに自己を見いだすこと、といっても同じである。これはもともと、理性の最後においても成立していた態度であって、その点で、絶対知は広義では理性に含まれるといえる。

しかし現時点では、理性から精神、そして宗教を経てきている。この絶対知の章は、これまでの歩みをすべて視野に入れながら、「対象のなかに自己を見い出す」ということがどのようにして成り立ってきたかを振り返っている。

絶対知とは、第二に、精神がみずからの本質である無限性の運動を自覚することでもある。精神の本質である無限性の運動は、まずは、「意識」章の悟性の最初に登場し、「理性」章の冒頭ではカテゴリーとして出てきていた。精神は、静止した固定的なものではなく、直接的な存在→他との関連→本質、という三つの契機をへめぐる仕方で運動する。このことを、われわれが知るのではなく、精神自身が自覚するのでなくてはならないのである。

この二点を同時に達成しようとするために、ヘーゲルの実際の叙述はきわめて複雑なものとなっている。つまり、①「意識」章を振り返って無限性の運動の三契機を取り出し、②三契機のそれぞれについて「対象と自己との同一性」が達成されていたことを、これまでの歩みを振り返って確認し、③さらに、三契機における対象と自己の同一性がすべて良心のなかに自覚的な行為として含まれていたことを確認している。つまり、絶対知とはじつは良心においてすでに達成されていたのである。④さらに、啓示宗教において「表象」という仕方で語られていた精神の運動も、すべて良心において自覚的に把握されていたことが確認される。

以上でもって、絶対知は成立する。結論的にいえば、良心＝絶対知、なのである。なーんだ、と思った人もいるかもしれない。そう思った人には、ヘーゲルが行っている細かい手続きをたどる意味はあまりないのかもしれない。

しかし、絶対知が世界の事実をことごとく知る「全知」ではなく、精神がみずからの本質を展開し自覚することを意味し、具体的には、良心におけるモラルの内的な自覚として達成される、という点は、つかんでおいてもらいたいと思う（さらに付け加えるならば、理性の最後の「事そのもの」も、精神の本質の自覚において良心と並ぶ最高の境位である、と西は考えている）。

◆以後の展開

以上が、この章における「絶対知の成立」だった。

この章はさらに、「絶対知の歴史的前提」について述べていく。絶対知が成り立つには、現実の歴史において実体である精神がみずからの内容を展開し、自覚的な主体となっているのでなくてはならない。こうした、現実の精神のたどる歴史がきわめて圧縮した形で述べられる。これはいわば「ミニ哲学史」なのだが、あまりにも圧縮されているのできわめてわかりにくくなっているのが残念。

最後に述べられるのが「体系の概観」である。絶対知は、対象と自己との区別を取り去ったうえで、精神が精神自身の運動を自覚すること、であった。これは精神の思考の運動を純粋に取り出して叙述する「論理学」へとつながっていく。そこからさらに、「自然の学」と「歴史の学」とが続く。ここは、ヘーゲル体系とはそもそも何だったのか、を考えるうえで、興味深い箇所といえるだろう。

Ⅶ 絶対知【A】

〔一 絶対知の成立〕

〔対象性の克服という課題〕

啓示宗教の精神は、内容としてはすでに絶対精神だったが、まだ、意識そのもの（⇩自分と対象とを異ったものとして区別する、という意識の特性）を克服していない。精神全般もそれの諸契機も「表象」に属しており、「対象性」という形式にとどまっている。そこで、残っている課題は、この対象性という単なる形式を止揚するということだけである（⇩主観的確信と客観的真理との区別を最終的に止揚して、自己と対象との同一性を打ち立てることこそがここでの課題であり、これによって絶対知は成立するのである）。

そのさい、対象の克服を、対象が自己の内へと還帰する、というふうに受け取るのは一面的である。これは同時に、自己意識が外化して物性を定立することでもある、と受け取らなくてはならない。自己意識の外化は、自分を失うという否定的な意義をもつだけでなく、『**自分の他的存在そのもののうちにあって、自分のもとにとどまる**』（549, 422）という肯定的な意義をも、もたらすからである。しかも、こうした肯定的意義が、「われわれ」にとって、つまり自体的に成立するだけではなく、自己意識自身にとって成立するのでなくてはならない。

〔**意識の運動の三つの契機**〕

さて、意識のもつ対象性の克服、という課題に取りかかるにあたって、まずは、意識の諸形態（感覚的確信・知覚・悟性）の運動をふりかえってみよう。そこには、対象性という形式の真実態（本性）が現れているはずだからだ。

まず、感覚的確信においては、対象は「無媒介の存在」であり、意識もまた「無媒介の意識」であった。次の知覚においては、対象は「他との関連つまり対他存在」（⇓他の物と共通するもろもろの一般的な性質をもつもの）であると同時に、「対自存在」（⇓他との関連を断ち切って自分だけで存在するもの）でもあった。こういう仕方で、物は「限定態」としてあった。次の悟性においては、対象は「本質」であり「普遍的なもの」であった。

この運動を総括してみれば、対象は全体として、普遍的なものが限定を介して個別態へと至る推理、ないしは、個別態から限定態を介して普遍態へと至る推理、だといえる（⇓無限定で無媒介な普遍態が、限定されて、具体的普遍であるところの個別になる、とも言えるし、まったくの個別的なものから、限定を経て、普遍的なものになっていく、とも言える）。

この三つの契機（①直接的存在ないし個別性、②関連ないし限定態、③普遍態）の総体性（Totalität）

こそが、対象を潜在的に「精神的本質」（精神的実在）となすものである（⇒対象は三契機を経過する推論の運動だが、この運動のなかには意識も参加し編み込まれているのであり、その点で、この運動は無自覚ではあっても「精神」の無限性をあらわしている。しかしこれは三契機を総体としてみたときにはじめてわかってくるものである）。だから、意識が対象を自己として知るにさいしても、この三つの契機の各々について対象を自己として知るのでなくてはならず、さらに、三つの契機の総体を自己として知るのでなくてはならない。

〔三つの頂点〕

では、これまでの歩みをふりかえって、三つの契機のそれぞれについて対象を自己として知るに至った意識形態を取り出してみることにしよう。

①「自我の存在は物である」（観察する理性の頭蓋論、直接的存在としての対象を自己として知る）

さて、観察する理性は、「直接的で没交渉な存在」つまり物のうちに自己を探究し見出そうとしたのだった。その頂点は、頭蓋論における「自我の存在は物である」という無限判断（⇒自我と物のように、なんらの共通領域をもたない両項を直接に結びつける判断のことをいう。まったく異なった両項目が一つになる、という点で、無限性を表現するものでもある）である。自我をまったくの感性的・直接的な物とみなすこの判断はきわめて没精神的なものだが、しかしその概念からみると、「精神に富んだもの」である。それは「内なるもの」であってこの判断の表面には出てきていないが、これを次の二つの契機が言明することになる。

②「物は自我である」（啓蒙の有用性、関連・限定性の契機）

先の無限判断は自我を物とするものだが、そこには主語と述語を入れ替えた「物は自我である」という判断も含まれているはずである。そうなると、物は止揚されてそれ自体としては存在しないことになり、「自我への関係」を通してしか意味をもたないことになる。これに対応するのが、啓蒙における有用性である。それは**『諸物は端的に有用であり、ただ有用性にしたがってのみ考察されるべきである』**（557, 423f.）とする立場であった。ここでの自己意識は、自分から疎遠になった精神の世界において自分を外化することによって物を自分自身として生み出した（⇩国権や財富などの対象をつくりだした）のだから、物が本質的に対他存在でしかないことを知っている。自己意識は物をたしかに対自存在（独立して眼前にある感覚的存在）として言明するが、しかしこれが消失する契機にすぎないことをも、言明するのである。

③「物は本質・内なるもの・自己としても知られねばならない」（自己確信的精神、本質という契機において物を自己として知る）

物を存在の直接態において、さらに限定態において自分として知るだけでは不十分であり、物は「本質、内なるもの、自己」として知られなくてはならない。これは道徳的自己意識において実現される。道徳的意識にとっては、道徳法則を知り意欲することが絶対的本質態であり、これこそが真の「存在」であり現実である（⇩いわゆる現実つまり定在は道徳的意識にとっては意味をもたない）。しかし道徳的意識は本質と定在との分裂のもとにあり、定在を自分の外に放置したり取り戻したりする「ずらかし」の欺瞞を行ったが、良心に至ってその分裂は終焉する。

『良心は自分の定在そのものが純粋な自己確信であることを知っている。良心が行為しつつ自分を押し出して行く対象的場面《エレメント》は、自己がおのれにおいてもつ純粋知以外のものではないのである』（552,

424）（⇒良心は行動しつつみずからの信念を語り、そうすることで人々から承認されるのだった。ここでの「定在」は互いを承認しあう場面であり、自己知つまり自分は正しいという信念が対象となった場面といえる）。

〔三契機の統一＝無限性の顕現〕

さらに、以上の三契機が統一されることが必要であり、それこそが「精神とその本来の意識との和解」（⇒前述の啓示宗教においては、内容としての絶対精神と意識という形式とがすれちがっていたが、これが合致すること、つまり自己と対象との一致）を可能にするものである。そしてこの統一も、最後の意識形態である良心のなかにある。

第一に、「直接的な定在」という契機の点で、現実は純粋知である。「行為は義務であるという信念に従ってなされる」という声明が行為を妥当させる（まわりから承認される）のであり、知と現実は一つになっている。

第二に、「限定された定在」ないし「関連」という点も、良心のなかにある。ここでは「純粋に個別的な自己についての知」（行動する良心）と「普遍的な自己についての知」（批評する良心）が対立し、両者は関連のうちにあるが、この関連と対立も、やはり知におけるものである。

第三に、「普遍性」という契機も、知という仕方で良心のなかにある。行動する良心の悪を指摘してやまない批評する良心の頑なさは、赦しにおいて放棄されたのだった。そこでは、両者いずれもが「自我は自我である Ich=Ich」の知となる。この個別的な自己は、ただちに純粋知であり、普遍的なものでもある（⇒赦しにおいては、普遍性と個別性の二つの極のあいだに承認が成り立つことによって、精神の無限性が顕現したのだった）。

（⇒）以上で、事実上、絶対知は成立した。ここで重要な点は、まず、直接的存在・関連・普遍性、という三つの契機がすべて良心のなかにある、ということである。三つの契機は、統一されることで精神の本質である「無限性」となる。第二のポイントは、三契機がすべて「知」となっていて、良心自身の自覚するところとなっている、ということだ。三契機は「われわれ」だけが知っているのではなく、良心が自覚している。つまり、無限性という精神の本質を、良心は自覚的に知りかつ行為するのであり、それこそが絶対知なのである。第三に重要なのは、すべての契機が知のなかにあるのだから、自己と対象との対立が終焉した、ということである。もちろん、対立ないし関連ということが全く消失してしまったわけではないが、それはあくまでも知の内部に含まれる一つの「契機」（個別的自己の知と普遍的自己の知という二つの契機）となっているのである。

〔啓示宗教と良心との合一〕

以上によって、「意識と自己意識との和解」（対象性と自己との和解）は、二重の側面から成就されていたことになる。一つには、宗教的精神におけるものであり（啓示宗教のこと）、これは自体存在の形式における和解であったのに対し、もう一つは、「意識としての意識そのもの」におけるもの、すなわち良心における和解であって、これは対自存在の形式におけるものである。『**この両側面の合一こそが、精神の諸形態の系列を完結させる**』（553, 425）のであり、この合一によって、精神は「自分が何であるか」について、自体的かつ対自的に（絶対的に）知ることになるのである。

じつはこの合一は自体的には（潜在的には）すでに達成されているのであって、それは、良心の自覚的反省的な行為のなかにある。以下、そのことを確認していこう。そしてこのことは、これまで見てきた三つの契機を「概念」の諸契機として統一的に理解することにもなるだろう。

さて、もう一度良心をふりかえってみる。すると、そこでの「美しい魂」は、『**精神が純粋で透明なものを直観すること**」にとどまらず、「神的なものを自己として直観すること」でもあった。これは宗教におけるような「神的な統一のうちにおいて自分自身を知ること**』（554, 426）であった。これは「概念の単一な統一態」であり、啓示宗教での「永遠なる本質」つまり絶対本質としての神に相当する。

この単一な概念は絶対の否定性であるから、みずから二つに分裂し「概念の対立態」へと移行する。その一方が、この単一な概念から離れて「自己内還帰」したものであり、行動する良心であった。他方の、本質（実在）についての純粋知でありながら行為せず非現実的な態度にとどまっているものが、批評する良心であった。この前者が「悪」であって啓示宗教では人間として表象され、後者が「善」でありイエスとして表象されたのだった。つまり、啓示宗教の内容が、良心においては意識的自覚的なものとなり、かつ、意識自身の行為となっているのである。

最後に、行動する良心は「自己内存在と普遍性との不同」を放棄し告白し、批評する良心もまた、「赦し」において「抽象的普遍性と（個的）自己との不同」を放棄し、抽象的普遍性の冷酷さを断念したのだった。こうして概念は実現され、「真実態における概念」つまり「自分の外化（反対）との統一における概念」（⇩普遍的な良心は個別的な良心と一つになっている）となっているのである（⇩啓示宗教では、これはイエスと人間との和解、さらには精霊＝教団の精神と対応する）。

このように、啓示宗教の内容はすべて、良心の運動のなかに、「自己」として、つまり自覚的な行為として存在しているのである。こうして、啓示宗教の真実な内容に自己という形式を与え、概念を実現するところの精神が、「絶対知 das absolute Wissen」なのである。

〔絶対知とは概念的に把握する知〕

絶対知においては、真理は「自己確信」という形態をもつ。つまり、真理がその「定在」(対象性)において、「自己知」という形式をもつようになるのである。このように、定在でありながら自己というあり方をもつものを、「概念 Begriff」と呼ぶ(⇓『大論理学』では、存在・本質・概念などのさまざまなカテゴリーとして記述される)。

絶対知とは「自分を精神の形態において知る(精神の無限性を自覚的に知る)ところの精神」なのだが、それは「概念的に把握する知 das begreifende Wissen」というあり方をもつのである。この概念という場面《エレメント》のうちにおいて現象している精神こそが、「学 Wissenschaft」である(⇓狭義には「論理学」。学の体系構想については後述)。

この絶対知の本性と運動とは、次のようなものである。まずこの知は「自己意識の純粋な対自存在」であるが、このさいの自我は、「この自我」でありながら直ちに「普遍的な自我」でもある(⇓第一段階)。次に、この知は一つの内容をもち、これを自分から区別する。この知は純粋な否定性でもあり、自分を両項へ分裂させるからである(⇓第二段階の分裂)。しかしこの区別された内容もまた自己であり、ただちに区別された内容から自己に還帰している(⇓第三段階)。

(⇓)絶対知は「概念」的な学という形態をもつ、とはどういうことか。精神が精神としてのみずからのあり方、言い換えれば、無限性としての自己の運動を、啓示宗教のように表象としてではなく、自分自身についての純粋な「知」として把握するものが、絶対知であった。そして、この自己知は概念という形をとる、といわれる。概念とは、存在・無、本質・現象、個別性・特殊性・普遍性等々であって、感覚的な具体性を一切脱落させた純粋な思惟の諸規定であり、「理性」のさいに出てきた言い方ではカテゴリーのことである。思惟の規定は、対象とされても、そのままみずからの知であり自己であるから、そこでは対象と自己とを異なったものとみる「意識」の態度は克服されていることになる。しかし、この『精神現象学』の「絶対知」では、概念の運動は、単一態―対立態―外化との統一、または、存在―関連―普遍という仕方でごく簡単に素描されたにすぎない。この概念の運動を詳細にたどった「学」は、『精神現象学』の後に出版される『大論理学』(一八一二、一八一六)となるのである。

〔二　絶対知の史的前提〕

〔世界精神の完成が学に先立つ〕

しかし、精神が精神としての自覚に到達して概念的に把握する学が現れるのは、精神が自己意識と対象意識とが等しくなる地点にまで、歴史のなかで自己を形成する労苦をまっとうした後のことである。現実においては、最初は、実体を(もろもろの具体的な形象として)表象する意識のほうが、実体を概念的に認識する自己意識よりもはるかに豊かな内容をもっている。しかし自己意識は次第に自分を豊かにして、実体の全体を自己のほうへともぎとっていくのである。

時とは「定在する概念」であり、把握されていない「外面的な自己」でもある(⇩精神は歴史のなかでさまざまな精神の形態を遍歴し、そのことによって自分が何であるかを自覚していくのだから、時とは無自覚な自己でもある)。まだ完成していない精神にとっては、時は、運命(宿命)として必然性として現れてくる。概念が自分自身を把握するようになったとき、時という形式は止揚されて、「概念的に把握する直観」が生まれてくることになる。

おなじことを、『**およそ経験のなかにないものは何ものも知られない**』(558, 429)と言うこともできる。経験とは、精神の内容が自体的(潜在的)に実体としてあり、意識の対象である(⇓自己とは異なったものとしてある)かぎりにおいて成立するものだからである。さまざまな経験をつみつつ自己へと還帰していく歩み、つまり、自体を対自へと、実体を主体へと、意識の対象を自己意識の対象へと、対象性を概念へと、変換していく歩みにおいてのみ、精神は精神なのである。

『**したがって精神が自体的に完成する以前には、すなわち世界精神として完成する以前には、精神は自己意識的な精神として完成を遂げることはできない。**(中略)**宗教の内容のほうが学よりも時において先立つのはこのためである**』(559, 429f.)。

〈**精神の自己認識の歴史**〉

(⇓)この箇所ではキリスト教から近代哲学の歴史が、原書でわずか三頁ときわめて圧縮されて述べられていて――出版のために原稿を急いだという外的な事情しか考えられないとイポリットは言う――そのため特に晦渋なものとなっている。ここでは理解しうるかぎりでその概略をたどっておく。

さて、『**精神が自己についての知の形式を駆り出そうとする運動は、精神が現実の歴史として成し**

遂げる労働（労苦）**である**』（559, 430）。

まず最初に絶対精神の実体となるのは、教団であるが、それは内にひそむ精神が深ければ深いほどますます粗野な意識であり、（「不幸な意識」のさいに述べられたように）自己と疎遠な本質との過酷な格闘を演ずることになる。

しかしこの意識も、疎遠な存在を、外的な疎遠な仕方で（⇩キリストによる罪の贖いという仕方で）廃棄しようとする希望を捨てたときに、自己意識へと還帰する。そして、自分自身の世界と現在へと向かい、世界を自分の所有として発見することになる（⇩観察する理性）。

意識は、観察によって定在を思想となしそれを概念的に把握していくが、また逆に、思考のうちに定在を見出すことになる。そして意識は、「思考と存在との、抽象的な本質と自己との、無媒介の統一」を、抽象的に言明する（⇩デカルトの「われ思う、ゆえにわれあり」）。これは、（自然的宗教の）「光」を、より純粋に「延長と存在との統一」（⇩延長と思考の統一、の誤記か）として再生し東方的実体を再興することにつながっていく（⇩延長と思考とを、同じ実体の異なった属性とみなしたスピノザ）。しかし同時に、このような没自己的な実体性に反対する個体性の主張も登場する（⇩ライプニッツのモナド）。

さて、精神はこの個体性を教養において外化し、かえって個体性をあらゆる定在のうちへと貫徹してゆき、そこに有用性の思想が生まれ、そして絶対自由において定在を自分の意志として（⇩現実の制度を人民の一般意志に基づくものとして）把握した。

こうしたのちに、精神は自分のもっとも内面の深みにある思想を取り出して、本質実在をもって「自我は自我である」と宣言することになる（フィヒテ）。

自我は、単に自己であるだけでなく、「自己の自分との同一」でもある。この、自分との完全な無媒介な同一、という点を捉えれば、この自我は同時に（同一性のなかで一切の区別が消え失せてしまう点で）「実体」でもあることになる（シェリング）。しかし実体は、それだけでは「内容なき直観」「絶対的な統一」であって、あらゆる具体的内容はその外に出ることになる。具体的な内容は、絶対者という「空無な深淵」のうちに投げ込まれるか、外面的なやり方で感覚的知覚からかき集められる。（⇒シェリングにおいては実体がみずから運動し自己を定立していく「主体」として把握されていないため、絶対者と具体的内容とは分離したままで両者の有機的な関連が示されない。だから、あらゆる具体的内容はすべて絶対者という「空無な深淵」のうちに投げ込まれて、一切が絶対者の現れとされるにとどまる）。

しかるに精神の歩みがわれわれに示したのは、「自己意識として純粋な内面のうちにしりぞくこと」（フィヒテ）だけでも、「自己意識をただ実体のうちへと沈めこむこと」（シェリング）だけでもなかった。自己は自分自身を外化して実体のうちへ沈めるが、主体として実体から出て自己内に還帰してもおり、実体を対象とし内容とすると同時に、対象性と内容とが自己に対してもつ区別を止揚する。精神はこういう運動としてあるのである。

〔三　体系の概観〕

（⇒）精神は、純粋な概念の境地を外化・放棄して自然と歴史となる。これがそのまま、論理の学・自然の学・歴史の学という三部からなる体系概観を示すことになる。

〔1．**論理の学**〕

現象学は、（主観的）知と（客観的）真理の区別を前提としたものだった（⇩緒論を見よ）。それに対して（論理）学の境地は概念であり、そこでは、真理は対象という形式をとりつつ、それがそのまま自己知でもある。この学は概念の有機的な運動として現れるが、そこでの進行は（知と真理とのずれをバネとした）意識の運動とはちがい、**『ひとえに概念のもつ純粋な限定性のいかんにかかっている』**（562, 432）（⇩概念のなんらかの限定性を、概念がみずから否定し超え出ていくという仕方で運動していく）。

さて、**『学の抽象的な諸契機の各々には、現象している精神一般のひとつの形態が対応している。**（中略）**学の純粋概念を意識の諸形態において認識することは、概念の実在性という側面を形作るのである』**（ibid.）（⇩『論理学』と『精神現象学』とが対応することがいわれているが、どのように対応するかは明確ではない。『精神現象学』執筆時期に想定されていた論理学の体系構想においては緊密に対応するはずだったが、完成した『大論理学』の構想はそれと異なってしまった、という説もある〈原崎道彦『ヘーゲル「精神現象学」試論——埋もれた体系構想』、未来社、一九九四年〉）。

〔2．**自然の学**〕

学は、純粋な概念という形式を外化（放棄）する必然性を、つまり、概念から意識への移行を自分自身のうちに含んでいる。

自分自身を知る精神は概念を把握するものだから、「自分との無媒介の同一性」でもある。この同一性が区別されると「無媒介なものの確信」となり、これが「現象学」の始まりとなる（⇩『精神現象学』の冒頭では、主客が一体になった状態から、意識とこのものとが「離れ落ちる」のだった)。『**精神が自分を自己という形式から放免することは、精神の自己知の最高の自由であり安泰さである**』(563, 432)。

しかし、この外化はまだ不完全であって、そこにはまだ自己確信と対象との「関係」がある。対象はこの関係からも自由にならなくてはならない。同じことだが、知は自分を知るだけでなく、自分の限界を知り、自分を否定するもの(⇒自然や歴史のこと)を知らなくてはならない。これこそが、ほんらいの外化である。この外化において、『**精神は自分が精神となる生成を自由な偶然的な出来事という形式において表現する**』(563, 433)(⇒概念の必然的な進行とは異なった、偶然的な出来事という形式をとることもまた、精神が精神として生成していくために必要である)。これには二つの仕方がある。①自分の純粋な「自己」を自分の外に「時」として直観する仕方(歴史)と、②自分の「存在」を自分の外に「空間」として直観する仕方(自然)とである。

後者は自然であり、「精神の生ける無媒介の生成」(⇒精神が生命として、反省を欠いた無媒介な仕方で生成すること)である。だから自然は「外化された精神」なのだが、しかしそれはまた、「主体を再興する運動」でもある(⇒自然は精神の運動だが、しかしそれは生命の運動という、あくまでも無自覚な仕方であるにすぎない。しかしこの自然の運動のなかで、主体と意識とがうみだされてくる)。

〔3. **歴史の学**〕

精神の生成のもう一つの側面が「歴史」である。これは自然の生成とは異なって無自覚なものではなく、自己を自覚していく生成である。この外化は「外化することの外化」でもあって、外化によって一つの精神の形態が生み出されると、それを否定して次の精神の形態が生成していく。これはいわば「もろもろの画像からなるひとつの画廊」であり、非常にゆっくりと進みながら、精神が何であるかを知っていくのである。

精神の新しい形態が生まれると、一見まったくの新規まきなおしで新しく始めるように見えるが、そうではない。以前の経験は内面化され記憶されているのであって、実際には一段と高い形式となっているのである。

この継起の目標は絶対知であり、「精神の深淵が顕わになるという啓示」である。この深淵とは絶対概念のことであり、この啓示（顕わになること）は、自己内に存在する深淵を止揚して精神を広げながら（空間的）、しかも同時に、自分の深淵つまり自己のうちにあるようなものである（時間的）。

さて、精神は目標に達するまでの道程として、これまでのもろもろの精神がどのようなものであったかについての思い出をもっている。これは、偶然性の形式における自由な定在という側面からみれば「歴史」（現実の歴史の歩みそのもの）であり、概念的に把握された組織という面からみれば「現象する知の学」（「精神現象学」）である。両者を合わせたものが「概念的に把握された歴史」（歴史の学）となる。

この概念的に把握された歴史は絶対精神の「思い出」であり、こうした歴史的な生成こそが、絶対精神の王座の現実性と真理性と確実性とを形作っているのである。

このもろもろの精神の国の盃から
泡立つのは絶対精神の無限

（⇒シラーの詩『友情』からの自由な引用）

（⇒）『精神現象学』執筆時点での体系構想は、「学の体系第一部」が現象学であり、それが前提となって「学の体系第二部」である論理学が続き、さらに自然学と歴史学が続く、という形であったことがここからはうかがえる。しかし完成したヘーゲルの体系である『エンチュクロペディ』（一八一七年）は「論理学・自然哲学・精神哲学」からなるものであって、『精神現象学』はそこからはみ出してしまうことになった。しかしこれは『精神現象学』が無価値なものであるということでは決してない。この『精神現象学』について、金子武蔵は「体系序論であるとともに体系総論である」といっているが、精神がみずからを定立し自覚していく歩みという形のなかに、これまでヘーゲルが考えてきたことすべてを投入したものであり、ヘーゲル哲学全体の一つの表現とみるべきだろう。以降に書かれたものはすべて、ここでのアイデアを展開していったものとみることができるのである。

おわりに――「至高なもの」をめぐって

『精神現象学』が出版されたのは約二〇〇年前のことだ。そんな昔の本が、現在を生きる私たちにとって切実な何かを伝えてくる、などということがあるのだろうか？　そう思っている人が、この本のテーマは近代人にとっての「至高なもの」なのだ、と聞けば、びっくりするかもしれない。

至高なもの、といえば、バタイユに『至高性』という最晩年の書物がある。そのバタイユはニーチェの後継者と自分をみなしていたが、同時にヘーゲルから（直接には一九三〇年代にパリ高等研究院でおこなわれたコジェーヴのヘーゲル講義から）多くの影響を受けた。

このバタイユとヘーゲルのことを、この「あとがき」の場を借りて述べてみたいと思う。

＊

バタイユの思想は、動物と異なった人間に固有な欲望とは何か、という点に関するヘーゲルの思想に大きく触発されたものだ。

『精神現象学』の「自己意識」の章の冒頭で、ヘーゲルは人類の「歴史」のはじまりを描いている。歴史は、自分を相手に認めさせようとする「承認をめぐる死を賭した戦い」に始まり、その結果、「主と奴」という支配・隷属の関係がもたらされる。奴隷は「言うことを聞かねば殺す」という主人の命令に怯えつつ、そのつどの欲望を我慢して田畑を耕すこと、つまり「労働」することを学ぶ。人は未来のために配慮することを学び、自分の身のまわりの自然を人間の住みやすい世界へと造り変えていくのである。

この箇所には、ヘーゲルの人間存在の本質に対する鋭い洞察が表明されている。

一つは人間が、自我の欲望（竹田の用語では「自己価値」の欲望）と承認の欲望をもっている、という点だ。

動物は未来を配慮せず、「いまここ」を生きている。そしてその欲望は基本的に身体の快不快に動機づけられている。しかし人間はちがう。身体の快不快も大事だが、同時に「価値ある自分でありたい」という強い欲望をもち、価値ある自分であることを他者から承認してもらいたいと願っている。この自我への欲望と承認の欲望が歴史のなかで最初に現れるとき、「承認をめぐる死を賭した戦い」という形をとる。自己意識どうしは「オレを認めろ」といって争い、この争いのなかで身体の不快を耐えて自我の欲望（プライド）を貫き通した側が「主人」となる。身体の不快に耐えきれなかったほうは負けて「奴隷」となる。

そして奴隷は労働を身につけるのだが、この労働にヘーゲルは大きな意味を見ている。そもそも労働するのは人間だけだ。人間だけがいまここでの欲望を遅延させ（ようするにガマンして）未来の生存のために配慮する。人間だけが「死」を知るのであり、死なないように配慮しつつ生きる。

このようにヘーゲルは、死を知りつつ生きること、現在の欲望の遅延と未来への配慮、といったことを、まさに人間的な生の特質と見た。そして労働は、人間が未来の目的に向けて現在なすべきことは何か、と合理的に考えつつ行う行為だから、人間をしだいに「理性」的な存在にしていくものだと考えた。

＊

ではバタイユは、この思想をどう受けとめたか。彼は、人間だけが「労働の世界」を成立させる、というヘーゲルの洞察をきわめて本質的なものとみた。しかし同時に彼は、未来を配慮しつつ行う労働は人間存在の「半面」にすぎない、と考えたのだ。

人間はたしかに、未来における自分の生存を確かなものとするために、あれこれ配慮しつつ生きる。「この仕事を明日までに終わらせなければ」と思いながらがんばっている。私たちは他者からの評価と自身の未来とをたえず「気遣って」生きているのであり、それは、絶えざる不安に動機づけられてもいるのである。

こうした労働の世界の秩序を生きる人間は、しかし同時に、こうした未来への絶えざる気遣いをすっかり取り払って「いまここ」を十全に享受したい、という欲望をも育てあげている。そうバタイユは考えた。

これ以上何もいらないと感じ、いまここに完全に充足しひたっている奇蹟的な瞬間。そうした状態を彼は「至高性」と名づけている。それは典型的には、エロチシズムや祝祭という仕方で現れるが、ときに私たちの生活に訪れてくる「うっとりさせる瞬間」でもある。それは「たとえばごく単純にある春の朝、貧相な街の通りの光景を不思議に一変させる太陽の燦然たる輝きにほかならないということもありえよう」（バタイユ『至高性』湯浅博雄他訳、人文書院、一九九〇年）。

バタイユがこのような思想を展開したのは、その晩年（一九四〇年代〜五〇年代初頭）のことだが、そこでバタイユが対峙しようとしたのは、生産性と労働とが唯一の価値として認められるような時代の風潮だった。このような、いわば「生産主義的近代」に対抗しつつ、あらゆる有用性の彼方にある、それ自体が充足であり悦びであるような生の次元を掘り起こすこと。これを彼は果たそうとしたのである。

人間が、自我を守り未来を気遣おうとする欲望をもつだけでなく、同時に、自我の努力を解き放っていま・ここの充足を求めようとする欲望をもつ存在でもあること。そうした二重の欲望をもつ存在として人間を捉えたことは、ヘーゲルにはないバタイユの独創であって、これはバタイユの大きな功績といえる。彼が有用性を超えたそれ自体としての充足と悦びとを人間存在の根柢に据えたことも、現代の私たちにとって説得力のあるものだろう。

＊

私たちはいま、格差の拡大を懸念しながらも、高度成長終焉後の「豊かな社会」を生きている。職場で勤勉に働いている人も、「生産主義的な価値」を第一とするような見方からはすでに離れていて、それぞれが悦びや享受といった次元を大切にしようとしている。先進国においては「生産主義的な近代」が終わりを告げつつある、といえるかもしれない。その点で、バタイユのメッセージは私たちには受け入れられやすい。

しかしまた、一方向の価値観を失ってしまった私たちは、何を大切なものとして生きればよいのか、どこに向かって努力すればよいのか、という次元でとまどっている。どこにも〝ほんとうのもの〟がない、というニヒリズムの感覚は、私たちの社会に薄く、しかし確実に広がっている。

そういう現在からみたとき、ヘーゲルの思想はもう終わったのか。いや、そうではない、とぼくは思う。

至高性の次元を人はどうやってつかんだらよいか？　そう問うたとき、バタイユは、エロチシズム、祝祭、またふと訪れてくる〝恩寵〟のようなもの、を挙げるだろう。それはよくわかるし、ぼくも共感する。しかしその思想には、私たちが生の方向をどう形作っていけばよいのか、という問いに対する答えがない。「めがけ」たり「努力」したりする次元が、バタイユにはない。それに対し、ヘーゲルの思想はそういう次元を提示している、と読めるのだ。

＊

じつはヘーゲルも、単なる生産主義的価値を打ち立てようとした人ではない（バタイユの論を読むと、しばしばそう受け取られてしまうが）。彼もまた、「至高なもの」をめぐる人間の欲望について『精神現象学』でとことん考えている。しかしそれは、バタイユ的な「自我の解体」という仕方ではない。詳細はここでは述べられないが、人間存在の特質である自我の欲望と承認の欲望が〝ほんとうのもの〟（「絶対本質」と呼ばれる）をめがける欲望へと〝転形〟していく、というふうにヘーゲルは考えるのである。

「理性」の章では、近代における「至高のもの」をめぐる意識の範型として、恋愛・革命・表現の三つが取り上げられ、「精神」の章では、近代の具体的な歴史に沿って、信仰と啓蒙、フランス革命、カントの道徳性、ロマン主義的「良心」といったものが、絶対本質をめがける人間的な欲望がいかなる形をとっていくか、という観点から叙述されていく。『精神現象学』は、だから、「至高のもの」をめがける人間的意識の冒険なのである。

ヘーゲル自身は、ではどういうあり方をこの冒険の〝最終形〟として考えたのか。その一つが「理性」章の末尾における「表現」であり、もう一つが「精神」章の末尾における「良心」である。ここでは表現についてのヘーゲルの思想にこだわってみたい。

＊

「理性」の章でとりあげられる、恋愛・革命・表現。これらは近代における「至高のもの」としてあったものであり、それをヘーゲルが見事に捉えていることにあらためて驚かされる。そしてこの三つは、明らかに、近代的な自由の感覚とともに訪れたものだ。

よく知られているように、近代文学の最大のテーマは恋愛である。一八世紀半ばのルソーは『新エロイーズ』という小説を書いているが、彼は恋愛を、孤独な互いの魂が透明に通じ合う特権的な体験とみなした。近代の個人は、共同体の固定的な役割関係から解放されて、「どんなふうに私は生きるか」をたえず考えずにはおれない。だから、近代人は孤独な内面の領域を大きく育て上げることになる。こうした内面はふつう他人とは共有できないものだが、もしそれがだれかと通じ合えるとしたら？　こうして近代における恋愛は、二つの魂が一体になるという特権的意味をもつものとしてイメージされるのである。

では「革命」はどうか。抑圧的な政権に対して抵抗し革命をめざす、ということのなかには、この社会のすべての民衆と苦難をともにし、ともに戦っている、という意味が含まれている。社会のすべての人々と自分が一体になる、という特権的な幻想を、革命はもたらすのである。

では、ヘーゲルが最終形とみなした「表現」の領域はどうだろうか。

近代になると、学問や文学や思想や芸術をめぐって市民たちが議論しあう「公共圏」が形づくられたことはよく知られている。それは、一七世紀イギリスのコーヒーハウス、一八世紀フランスのサロン文化、一八世紀末に始まるドイツでの読書協会といったさまざまな具体的な形をとった。

でもなぜ、そういう場所を人々は求めるのか？　これもやはり、近代的な生の条件と関わっている。私はどんなライフスタイルを生きていけばよいのか、そこでは何が〝大切なこと〟なのか、私の苦悩にどう対処すればよいのか、私は社会とどのように関わればよいのか。そういったさまざまな問いを近代人は抱え込まずにおれない。
こうした問いを孤独に抱え込むことなく、相互に交換しあうこと。なによりも、表現の営みはこうした人々の要求から生まれたものだ。自分の考えを表現して、他者に受け取ってもらい反応を返してもらう。もしこの表現を作品の形にできるならば、自分の個人的な内的なものが他者の存在と共振しあい、さらに時代や社会へとつながる可能性がある。

もちろん、表現の努力は九割が「労働」といっていい。頭を使いさまざまな言葉を工夫しなくてはならない。しかし書いている最中に、自分の存在の深いところとつながったと思えることがある。「ああ、私はこう感じていたのか」と気づかされることがある。さらにこうした自己了解を作品の形にして他者と交換することで、互いの存在が共振したりつながったりすることが、ときに起こる。

＊

ヘーゲルは、このような表現の営みを〈事そのもの〉という言葉で特徴づけている。――彼はいう、最初は自分の内なる想いを作品にするだけで楽しい。しかしできあがった作品を見て自分でも不満に思ったり、他人の作品をみて「ああこれはすごい」と思ったりする。そこで人は普遍性を備えた作品、つまり「ほんもの」をめざそうとするようになる。こうして表現の行為は、他者からの批評と承認とを含んだ、文化的な営み（文化的なゲーム）となる。

ここでめざされる「ほんもの」という理念を、ヘーゲルは〈事そのもの〉（これぞ文学、これぞ落語、と言いうるもの）と呼んでいる。これは表現を営む人々の脳裏にあるものだが、同時に、具体的な古典的ないくつかの作品としても存在している。

ぼくがつけ加えるならば、この〈事そのもの〉をめざすゲームには終わりがない。ドストエフスキーの『カラマーゾフの兄弟』がいかにすごくても、いまを生きる私たちの表現というものはまたちがったものになるだろうから（さらにいえば、カラマーゾフのすごさをなんとか言ってみようとするとき、それはまたその人なりの独自な表現となるだろう）。

　こうした、普遍性をめざす表現の営みが個人を社会へとつなぐ、というのが、ヘーゲルの考えた至高なものの形であり、それはバタイユ的な「自我の解体」とは異なった道筋といえるだろう。

　では、だれもが表現しなくてはいけないのか？　そんなことはない。しかし、作品という仕方ではなくても、自分の感じたことや考えたことを語り、それが他者によって受けとめられ、そして反応がかえってくる、という〝表現―理解の関係〟が、生きていくうえで必須なものだとぼくは感じる。おそらくぼくだけでなく、自由な個人として生きる私たちは、自分自身に深くふれたという感覚と、他者の存在にふれて共振する感覚とを必要としているのだ。

　そのような、私たちがふだん行っている〝表現―理解の関係〟の延長上に、作品を通じた文化的な営みがある、と考えてみればいいと思う。

＊

　いまぼくは、ヘーゲルの〈事そのもの〉を狭義の表現の営みに結びつけて語ったが、これをもっと広く受け取ることもできる。ここに「ほんとうの教育」「ほんとうの看護」といったものを含めて考えてみることもできるのだ（ヘーゲル自身の書きぶりは微妙だが、狭義の表現のイメージからスタートしながら、それを次第に人間の行為一般へと拡大している、と言えるだろう）。たとえば教育に携わる者が「教育にとって大切なことは何だろうか」と考えつつ実際の現場でいろいろと試し、生徒や他の教員からの反応をもらって、さらに工夫を続けているとしよう。そういう努力のなかでは、どこか「ほんとうの教育」というものが信じられ、めざされているはずだ。

このようにして、個々人の努力のなかにも一般の人々のなかにも、「ほんとうのもの」への信が生き続けていく、ということが大切なのだ。もし様々な人間的な営みが、いわば広義における表現と相互批評のゲームとして育っていくならば、近代の自由はニヒリズムをもたらさない。むしろ、こうした自由な試行と他者との交流こそが、「ほんとう」を育てる基盤となっていくだろうから。

このようなヴィジョンを、ヘーゲルは抱いていた。そしてこれは、バタイユの「至高性」とは、人間的な努力（めがけるもの）という点では正反対だが、どちらも、人間が生きるうえで等しく大切なものだと思う。

＊

「生産主義的近代」が終わりつつあるいま、ヘーゲルの『精神現象学』からは、近代の自由の行き着く先に、広義・狭義の表現の営みが豊かに展開される社会が生まれてくる、というヴィジョンを読みとることができる。日本の社会を生きる私たちは、互いの生き方に立ち入らない「不干渉」の自由を得てきた。しかしそこにとどまらず、さまざまな仕方で互いに関わり合い共振しあうような、そういう生の次元をつくりだすこと。そういうあり方のなかに真の自由をヘーゲルはみていた、といえるように思う。

バタイユとヘーゲル、この二人はともに、動物とは異なった人間的な欲望と悦びの独自なあり方を取りだそうとした。いま私たちが求めているのは、人間的な欲望と悦びとを深い次元で捉える新たな〝実存〟の哲学、一人ひとりが各自の生をあらためて了解しなおし、かつ、生の方向を構想することをサポートする哲学である。その点からみたとき、バタイユとヘーゲルの思想を交錯させつつ考えることは、哲学としての大きな本質的な可能性があると思う。

さらに、いま私たちが求めているのは、これからの社会構想を支える〝社会〟の哲学である。ヘーゲルは、自由を基盤とした社会を構想した。人々の自由がどのような条件のもとで豊かに展開されうるのかを徹底的に考えた彼の思想は『法の哲学』（一八二一年）のなかで詳しく展開されている。これは竹田が「まえがき」で述べているように、人間存在の本質論（欲望論）を根柢に据えた社会の制度論という独創的なものであり、私たちがこれから、あらためて自由で対等な社会という近代の初発の理念を生かそうと思うとき、大きな可能性をもつものとして読み直すことができる。

このように私たちが新たな実存と社会の哲学とを求めるとき、ヘーゲルの哲学はその首尾一貫した徹底した構想の一つであって、必読のものだ。しかし竹田もいうように、その独得な読みにくさによってほぼ〝アクセス不可能〟になっていた。この『完全解読』によって、多くの人たちがこのヘーゲルの思想にふれてもらえるならば、うれしく思う。

＊

最後に、お礼をいっておきたい。

最初にぼくが『精神現象学』を読んだのは二〇歳くらいのころで、先日亡くなられた小阪修平さんの主催するヘーゲル研究会（略称ヘ研）でのことだった。竹田さんと出会ったのもそこがはじめてである。小阪さんはいまのぼくと竹田さんの「読み」をどう思うかなあ、などと思ったりする。感謝をこめつつ、ご冥福をお祈りしたい。

ヘーゲルをともに読んできた友人たち、とくに現象学研究会のみなさんと朝日カルチャーセンターの竹田・西の講座の受講生の方々にも感謝したい。この本は、竹田・西と多くの人たちとで長年ヘーゲルを読んできた結果であって、その歩みを記念する一冊になったと感じている。

また、この『完全解読』が可能になったのは、先人たちの仕事のおかげである。なかでも金子武蔵の訳書（『精神の現象学』上下、岩波書店）には最大の恩義を感じている。あらためて強調しておきたいが、金子の訳文と解説とは世界的な水準のものだ。意を伝えようとして訳文がふくれあがっている面はあるが、単純な誤訳はほとんどない（考え抜いた末に誤ったかなあ、という箇所はあるけれど）。『精神現象学』本文を読み進むためには必須だと思う。

また、イポリットの詳細なコメンタール（イポリット『ヘーゲル精神現象学の生成と構造』上下、岩波書店）、加藤尚武氏のヘーゲル論（『ヘーゲル哲学の形成と原理』未来社、『ヘーゲル「精神現象学」入門』有斐閣選書など）にも教えられた。

本をつくっていく過程では、編集の山崎比呂志さんには大変なお世話になった。山崎さんは研究会にも出席して、私たちのヘーゲルの読みにつきあってくださった。深く感謝したい。

二〇〇七年一一月

西　研

完全解読版『精神現象学』詳細目次

第三章　理性

第五章　宗教

第六章　絶対知

ヤ

ラ

マ

ナ

ハ

タ

サ

索引

完全解読《かんぜんかいどく》ヘーゲル『精神現象学《せいしんげんしょうがく》』

二〇〇七年一二月一〇日第一刷発行　二〇二五年　三月一二日第一〇刷発行

著者　竹田青嗣《たけだせいじ》・西研《にしけん》

発行者　篠木和久

発行所　株式会社講談社

東京都文京区音羽二丁目一二―二一　郵便番号一一二―八〇〇一

電話（編集）〇三―五三九五―三五一二　（販売）〇三―五三九五―五八一七

（業務）〇三―五三九五―三六一五

装幀者　山岸義明　本文データ制作　講談社デジタル製作

印刷所　株式会社新藤慶昌堂　製本所　大口製本印刷株式会社

定価はカバーに表示してあります。

ISBN978-4-06-258402-9　Printed in Japan

N.D.C.134.4　340p　19cm

講談社選書メチエ　刊行の辞

書物からまったく離れて生きるのはむずかしいことです。百年ばかり昔、アンドレ・ジッドは自分にむかって「すべての書物を捨てるべし」と命じながら、パリからアフリカへ旅立ちました。旅の荷は軽くなかったようです。ひそかに書物をたずさえていたからでした。ジッドのように意地を張らず、書物とともに世界を旅して、いらなくなったら捨てていけばいいのではないでしょうか。

現代は、星の数ほどにも本の書き手が見あたります。読み手と書き手がこれほど近づきあっている時代はありません。きのうの読者が、一夜あければ著者となって、あらたな読者にめぐりあう。その読者のなかから、またあらたな著者が生まれるのです。この循環の過程で読書の質も変わっていきます。人は書き手になることで熟練の読み手になるものです。

選書メチエはこのような時代にふさわしい書物の刊行をめざしています。

フランス語でメチエは、経験によって身につく技術のことをいいます。道具を駆使しておこなう仕事のことでもあります。また、生活と直接に結びついた専門的な技能を指すこともあります。

いま地球の環境はますます複雑な変化を見せ、予測困難な状況が刻々あらわれています。

そのなかで、読者それぞれの「メチエ」を活かす一助として、本選書が役立つことを願っています。

一九九四年二月　　野間佐和子

KODANSHA